2022年江苏省主题出版重点出版物

共同富裕苏州行动

方世南 / 主编

图书在版编目（CIP）数据

共同富裕苏州行动／方世南主编. — 苏州：苏州大学出版社，2022.9
 ISBN 978-7-5672-4055-1

Ⅰ.①共… Ⅱ.①方… Ⅲ.①共同富裕-研究-苏州 Ⅳ.①F127.533

中国版本图书馆 CIP 数据核字（2022）第 158285 号

共同富裕苏州行动

主　　编：	方世南
责任编辑：	孙佳颖　周建兰
出版发行：	苏州大学出版社（Soochow University Press）
社　　址：	苏州市十梓街 1 号　邮编：215006
印　　刷：	苏州工业园区美柯乐制版印务有限责任公司
网　　址：	www.sudapress.com
邮购热线：	0512-67480030
销售热线：	0512-67481020
开　　本：	700 mm×1 000 mm　1/16
印　　张：	19.75
字　　数：	266 千
版　　次：	2022 年 9 月第 1 版
印　　次：	2022 年 9 月第 1 次印刷
书　　号：	ISBN 978-7-5672-4055-1
定　　价：	78.00 元

若发现印装错误，请与本社联系调换。服务热线：0512-67481020

目 录 Contents

总论　苏州推动共同富裕的辩证逻辑和行动价值　/001
　　一、苏州推动共同富裕的主要历程　/002
　　二、苏州推动共同富裕的辩证逻辑　/006
　　三、苏州推动共同富裕的行动价值　/015

第一章　以经济高质量发展支撑共同富裕/021
　　一、夯实共同富裕物质基础："经济强"促进"百姓富"的"苏州阐释"/021
　　二、系统协调重大关系：做大"蛋糕"的"苏州之道"/029
　　三、全力打造"韧性城市"：展示提"质"稳"增"的"苏州逻辑"/038
　　四、突出创新核心地位：奏响新时代"富民强市"的"苏州强音"/042

第二章　发挥农村集体经济富民强基的重要作用 /049

一、苏州发展农村集体经济　探索共同富裕的发展历程 /050

二、苏州农村集体经济发展壮大的经验做法 /054

三、新时代加快农村集体经济高质量发展推动共同富裕的展望 /070

第三章　让勤劳创新致富成为助推共同富裕的动力引擎 /076

一、勤劳创新致富是苏州实现共同富裕的"双引擎" /076

二、推动勤劳创新致富的苏州经验 /080

三、走好新时代勤劳创新致富的奋斗之路 /093

第四章　共同富裕道路上的高水平优质均衡教育 /098

一、教育发展与共同富裕的内在逻辑 /098

二、优质均衡发展的苏州教育经验 /102

三、立足新时代的苏州教育展望 /115

第五章　筑牢共同富裕的健康根基 /120

一、高质量卫生健康事业与共同富裕的逻辑关系 /120

二、发展高质量卫生健康事业的共同富裕苏州行动 /125

三、瞄准共同富裕目标　建设健康典范城市 /140

第六章　扎实推动人民群众精神生活共同富裕 /145

　　一、找准推动人民群众精神生活共同富裕的路径方向 /145
　　二、苏州推动人民群众精神生活共同富裕的实践举措 /149
　　三、扎实推动人民群众精神生活共同富裕的未来展望 /165

第七章　共同富裕视域下的苏州社会治理创新 /170

　　一、社会治理创新蕴含着深刻的共同富裕发展逻辑 /170
　　二、新时代苏州以社会治理创新促进共同富裕的做法 /177
　　三、开启助推共同富裕的市域社会治理现代化新篇章 /185

第八章　为共同富裕织密织牢社会保障"安全网" /190

　　一、更可靠的社会保障是推动共同富裕的必要条件 /191
　　二、苏州构建高水平社会保障推动共同富裕的主要做法 /194
　　三、苏州构建高水平社会保障推动共同富裕的基本经验 /204
　　四、更好发挥社会保障推动共同富裕的展望 /207

第九章　让慈善事业在共同富裕道路上发挥更大作用 /209

　　一、发展慈善事业：推动共同富裕的必然要求 /210
　　二、苏州慈善事业发展的经验成果：做大、分好"慈善蛋糕" /214
　　三、苏州慈善事业发展的未来展望：打响"乐善苏州"品牌 /226

第十章　紧抓良好生态环境这个"最普惠的民生福祉" /233

一、建设生态文明与实现共同富裕的逻辑关系 /234

二、在生态高质量发展中推动共同富裕 /236

三、为共同富裕打造生态现代化的"苏州样本" /248

第十一章　在促进跨区域共同富裕中扛起使命担当 /253

一、促进跨区域共同富裕的苏州行动 /254

二、促进跨区域共同富裕的苏州经验 /268

三、促进跨区域共同富裕的苏州实践展望 /276

第十二章　在推动共同富裕中加强党的全面领导 /279

一、强化政治引领　确保共同富裕始终沿着正确方向前进
　　/279

二、强化思想引领　凝聚起共同富裕的强大精神动力 /284

三、强化组织引领　夯实推动共同富裕的组织基础和人才基础
　　/291

四、强化党风廉政建设　以有力有效监督扎实推动共同富裕
　　/297

后记 /304

总　论
苏州推动共同富裕的辩证逻辑和行动价值

历史上有"苏湖熟，天下足"的谚语，苏州更享有"上有天堂，下有苏杭"的美誉，但是，那时的苏州之富，与今天的共同富裕还相距甚远。追求共同富裕和不断实现共同富裕，是社会主义的本质要求和显著特征，是中华人民共和国成立以来苏州人民在党的领导下矢志不渝的奋斗理想。改革开放之初，苏州以不断发展壮大县域经济促进经济跨越发展的行动、不断推动文化繁荣兴盛促进精神文明的行动、不断推进社会治理促进社会和谐的行动、不断加强生态文明建设促进人与自然和谐共生的行动，汇聚成为一股推动物质文明、政治文明、精神文明、社会文明、生态文明协同发展的强大合力，播下了共同富裕的种子，奠定了共同富裕的坚实基础。党的十八大以来，苏州人民牢记习近平总书记的殷殷嘱托，在全国率先"勾画现代化目标"，在全面建成小康社会后，率先开启社会主义现代化新征程，加快建设充分展现"强富美高"新图景的社会主义现代化强市，共同富裕取得了更为明显的实质性进展。"天堂苏州"的美誉，在苏州人民扎实推动共同富裕的行动中，转化成了可感可知的现实形态。

一、苏州推动共同富裕的主要历程

苏州推动共同富裕的历程既与中国改革开放的进程相一致，具有普适性的特征；又与苏州在改革开放中自觉地按照党中央、国务院、江苏省委要求和自身发展实际不断率先探索实现共同富裕的有效路径相关，具有特色性、创新性、率先性的特征。从生产力和生产关系的矛盾运动推动发展方式不断发生深刻嬗变的角度看，苏州推动共同富裕的行动始终聚焦于满足人民群众美好生活需要，围绕让人民群众在发展中有更多的获得感、幸福感和安全感这个主题，聚精会神搞建设，一心一意谋发展，将经济建设、政治建设、文化建设、社会建设、生态建设作为一个有机整体，经历了从农业文明向工业文明转型、为共同富裕奠定物质基础的起步阶段，到从内向型经济结构向外向型经济结构转型、为共同富裕拓展更加广阔空间的发展阶段，再到从量的扩张到整体性高质量发展、推动共同富裕取得更为明显的实质性进展的阶段。

（一）苏州率先实现"农转工"，开启奠定共同富裕物质基础的起步阶段

改革开放之前的苏州，是一个典型的农业城市和消费型城市。1978年，苏州的地区生产总值（GDP）只有32亿元，工业总产值不足50亿元。人民群众的物质生活处于温饱不足的状态，精神生活也相对单调。1978年，党的十一届三中全会做出以经济建设为中心、实行改革开放的历史性决策，中华大地拉开了伟大变革的帷幕。改革开放以来，在党的坚强领导下，苏州人民用双手在江南大地上书写了推动共同富裕的壮丽史诗，这首壮丽史诗是由推动乡镇企业大发展开篇的。苏州率先实现"农转工"和农民身份转化与综合素质提升的历史性转变，为全面建成小康社会以及在此基础上推动共同富裕开辟了一

个新空间。

在改革开放春风的吹拂下,以苏锡常为代表的苏南地区,率先推进农村工业化、城镇化和市场化,大力发展乡镇企业,区域经济突飞猛进,创造了被誉为中国县域经济发展主要经验模式之一的"苏南模式"。"苏南模式"的概念最早由苏州籍著名社会学家费孝通先生提出。1984年费孝通先生在《小城镇 再探索》中说,苏、锡、常、通的乡镇企业发展模式是大体相同的,他称之为"苏南模式"。其主要特征是:农民依靠自己的力量发展乡镇企业;乡镇企业的所有制结构以集体经济为主;乡镇政府主导乡镇企业的发展;市场调节为主要手段。从费孝通先生的研究中可以看出,"苏南模式"最重要的生力军是苏州,最显著的特征是通过兴办乡镇企业大力发展壮大集体经济,走共同富裕之路。坚持无农不稳和无工不富,农民"离土不离乡,进厂不进城"。苏州乡镇工业异军突起,在奠定苏州制造业发展根基的同时,也极大地推动了共同富裕。20世纪80年代末,苏州全市拥有乡镇企业16 000多家,在苏州经济份额中已经达到了"三分天下有其二",乡镇企业总产值占全国的1/20。乡镇工业的蓬勃发展,有效促进了苏州市域工业化生产要素的相对集聚,优化了生产力布局,将大批文化水平不高的农民培养成为高素质的熟练技术工人,并从中培养出了一大批有技术、懂经营、善管理、能带富的企业家,为推动苏州形成国际制造业基地提供了坚实的物质基础和人力资源基础。在改革开放前期的大约15年时间里,苏州经济总量保持了15%左右的年均增长速度,可以说,在苏州从农业文明向工业文明转变、从城乡二元对立向城乡融合发展转变、从单一发展物质文明向物质文明和精神文明协调发展转变、从传统社会向现代社会转型、从普遍贫困到扎实推动共同富裕的行动中,苏州的乡镇企业厥功至伟。

(二)苏州率先实现"内转外",以国际视野用好国内外两个市场,进入为拓宽共同富裕之路积蓄强大能量的阶段

苏州有紧邻上海的区位优势。苏州乡镇企业的发展是与充分利用上海的"星期日工程师"和上海的大市场等分不开的。1990年4月，在中国改革开放的总设计师邓小平的积极推动下，国务院正式宣布开发开放上海浦东，上海浦东成为中国改革开放的前沿阵地。1992年年初，邓小平的南方谈话，深刻总结了党的十一届三中全会以来的基本经验，明确回答了长期困扰和束缚人们思想的许多重大认识问题，是把改革开放和现代化建设推向新阶段的又一个解放思想、实事求是的宣言书。邓小平的南方谈话不仅对当时中国的改革和发展具有十分重要的指导作用，而且对整个社会主义现代化建设事业都具有重大而深远的意义。中国进一步改革开放的浪潮极大地促进了苏州的思想解放和观念更新，唤起了苏州大地潜伏着的巨大生产力。苏州紧紧抓住上海浦东开发开放这个重大发展机遇，认真贯彻落实邓小平的南方谈话精神，进一步坚定了不断解放思想、大力发展生产力、坚定不移地深化改革、披荆斩棘勇闯新路的决心和信心。1992年，苏州确定了"三外"齐上（"三外"指外资、外贸、外经）的外向型经济带动战略。1994年2月，经国务院批准，在苏州城东设立了中国和新加坡两国政府间的重要合作项目——苏州工业园区。苏州工业园区被誉为中国改革开放的重要窗口和国际合作的成功范例。苏州工业园区率先开展开放创新综合试验，成为全国首个开展开放创新综合试验区域。在苏州城西，按照国务院"保护古城风貌，加快新区建设"的批复精神于1990年11月开发建设了苏州新区。1992年11月，该区被国务院批准为国家高新技术产业开发区。以上海浦东开发开放为标志，伴随着外资大量涌入苏州，先进的技术、设备和科学的管理方法也随之进入，大批技术含量高、资本密集、生产规模大、产品竞争力强的制造业企业如雨后春笋般出现，极大地促进了苏州工业产品和结构的调整优化。苏州由此进入了全球经济分工合作体系，并一跃成为世界性工业城市，经济地位和竞争力得到了大幅提升。与此同时，苏州各地推动发展和迈向共同富裕的精气神越来越强劲，形成了由"张家港精神""昆山之路""园区经验"组成的苏州"三大法宝"。2010年，苏州工业总产值达2.8万亿元，位列全国第2位；进出口总额占全国近1/10。这个阶段苏州经济社会蹄疾步稳的发展，为拓宽共同富裕之路积蓄了强大的物质能量和精神能量。

（三）进入新时代，苏州以新发展理念为指导，加快"量转质"步伐，迈向推动共同富裕取得更为明显的实质性进展的阶段

苏州始终将共同富裕建立在发展的基础上，坚持发展数量和发展质量的辩证统一观，并以此作为推动共同富裕取得更为明显的实质性进展的重要价值目标。2011年，苏州GDP首次突破万亿元，达到10 670亿元，在全国6个"GDP万亿元俱乐部"城市中排第5位。当年，苏州地方一般预算收入也首次突破千亿元，达到1 100.9亿元，位居全国大中城市第6位。苏州在发展中不断强化问题意识，针对影响共同富裕实现的诸多因素，如产业转型升级难度大、资源环境制约性强、外来人口激增、社会管理难度加大等一系列深层次矛盾和问题攻坚克难，在不断克服各种障碍中前行。党的十八大以来，苏州以新发展理念为指导，以率先建设社会主义现代化强市为目标，把创新放在全市发展大局的高度来统筹谋划、一体布局，大力推进以科技创新为核心的全面创新。与此同时，为了促进共同富裕取得更为明显的实质性进展，将富民和强市有机统一起来，在坚持以公有制经济为主体的同时，大力促进非公有制经济发展。苏州民营经济不断壮大，活力不断迸发，强有力地促进共同富裕的实现。2014年，苏州成为江苏省首个民营经济注册资本突破1万亿元的城市，也是江苏省首个民营企业税收占总税收比重达到60%的城市。在2020年全球同步发布的《财富》世界500强排行榜上，苏州有恒力集团、沙钢集团和盛虹集团3家企业上榜，恒力集团位列107位，沙钢集团位列351位，盛虹集团位列455位。苏州有23家企业入围"2019中国民营企业500强"。苏州的亨通集团、信达生物、科沃斯、食行生鲜等一大批民营企业成为新兴行业中的佼佼者。苏州的民营经济与外向型经济、国有经济一起相融互促，增强了经济的稳定性和协调性，夯实了苏州的经济基础，成为城乡居民劳动就业和收入增长的重要保障，更加拓展了苏州共同富裕之路。苏州在"十三五"期间，地区生产总值年均增长6.1%，迈上了2万亿元的新台阶。从1952年的4.38亿元到1986年突破百亿元，在1996年又一跃至千亿元，再到2011年突破万亿元，直至2020年迈上2万亿元台阶，苏州地区生产总值实现了4次重大历史性跨越，人民群众的获得感、幸福感、安全感得到了切实增强。与此同时，苏州不断充实共同富裕的基本内涵，坚持公平正义的原则，促进城乡居民以及社会各阶层之间的收入分配公平，推进基本公共服务均等化，促进机会均等，保证人民平等参与和平等发展的权利，以高质量的体育、文化、卫生、教育事业的发展，推进文化资源普惠共享和人民群众精神生活共同富裕，更好地满足人民日益增长的美好生活需要，促进人的自由而全面发展。

二、苏州推动共同富裕的辩证逻辑

逻辑是对客观事物本质和规律的理性反映，辩证逻辑则是协调各种客观关系所体现出来的辩证法则。苏州推动共同富裕的辩证逻辑，既是对苏州推动共同富裕的基本经验和主要做法的理论提炼，也是对苏州推动共同富裕的若干重大关系予以协调优化的理性反映。苏州推动共同富裕的辩证逻辑最主要的体现为协调六大关系彰显出的辩证法则。

（一）坚持以经济建设为中心和坚持以人民为中心高度统一

苏州推动共同富裕是在始终不渝地坚持以经济建设为中心与始终不渝地坚持以人民为中心两者高度统一中进行的。苏州将以经济建设为中心与以人民为中心紧紧关联起来，作为在扎实推动共同富裕的行动中必须协调好的重大辩证法则。苏州在实践中认识到，共同富裕这个重大的时代课题，深刻地反映了生产力和生产关系的辩证关系。

"富裕"更多地体现在通过经济建设促进生产力发展获得的物质成果上，表现为"物的尺度"，充分显示以经济建设为中心的重要性。只有坚持以经济建设为中心，才能推动勤劳创新致富，做大和做优"蛋糕"，满足人民群众对美好生活的需要，从而将以人民为中心的发展思想切实地落实在推动共同富裕的行动上。如果将以经济建设为中心做片面性理解，就会见物不见人，经济建设这个中心也就毫无意义。如果脱离经济建设这个中心谈论以人民为中心，就会见人不见物，没有坚实的经济作为基础和保障，人民这个中心也毫无根基。"共同"则更多地表现在协调人与人相互关系的生产关系上，突出"人的尺度"，说明人的发展是经济发展的根本目标，人的发展也是推动经济发展的强大动力，人的发展还是发展的价值旨归。发展是造福于全体人民的发展，富裕并不是少数人富而大多数人贫困，也不是平均数意义上的富裕和建立在高的基尼系数上的富裕，而是造福于全体人民的富裕。以经济建设为中心和以人民为中心都要在推动共同富裕的实际行动中体现出来，而不是只停留在语言文字上。为人民福祉而苦干、实干、巧干，推动勤劳创新致富，是苏州扎实推动共同富裕的重要经验。1992年，作为苏州县级市中经济发展和富裕程度最为落后的张家港市提出了"三超一争"的目标——"工业经济超常熟，外贸超吴江，城市建设超昆山，各项工作争第一"。一石激起千层浪，张家港的挑战激发了苏州其他县（市、区）发展的激情。1993年12月15日《人民日报》头版头条文章《苏州跃起六只虎》写道："一虎呼啸，群虎出山。张家港的挑战，不但使常熟、吴江和昆山感到了紧迫，连吴县和太仓也坐不住了。苏州大地，变成了'六虎'争雄的角逐场。"这一报道客观如实地反映了苏州人民为实现共同富裕而奋力拼搏的场景，说明了苏州的共同富裕之路是在坚持以经济建设为中心和坚持以人民为中心的"两个中心"相互作用的辩证逻辑中开辟出来的越走越宽广的道路。

（二）坚持以公有制为主体、多种所有制经济共同发展不动摇

苏州在扎实推动共同富裕的行动中注重协调好公有制经济和多种所有制经济的关系，将推动高质量发展、提高共同富裕程度作为公有制经济和多种所有制经济共同繁荣发展的目标。在实践中自觉地贯彻落实习近平总书记关于"公有制经济和非公有制经济都是社会主义市场经济的重要组成部分，都是我国经济社会发展的重要基础"的重要指示精神，明确人民群众是推动共同富裕的主体和根本力量，将实现好、维护好、发展好最广大人民根本利益作为发展的根本目的，将坚持党的全面领导、坚持国家的社会主义性质作为维护最广大人民根本利益的政治保证。苏州在实践中认识到，由于经济基础对上层建筑起着决定性作用，必须毫不动摇巩固和发展公有制经济，只有保持公有制经济的主体地位，才能保证社会主义的发展方向和实现共同富裕的根本目的。国有企业属于全民所有，国有资产是全体人民的共同财富，是推进现代化事业、保障人民共同利益的重要力量，必须坚定不移把国有企业做强、做优、做大。必须毫不动摇鼓励、支持、引导非公有制经济发展，充分调动社会各方面的积极性，更好激发非公有制经济的活力和创造力，推动苏州经济社会持续健康发展，促进各项社会事业发展和人民群众生活水平不断提高。为此，苏州不断地深化国有企业改革，完善中国特色现代企业制度，加快形成以管资本为主的国有资产监管体制，有效发挥国有资本投资公司、运营公司的功能作用。为了解放生产力，苏州注重不断破除影响非公有制经济发展的体制机制弊端，消除各种隐性壁垒，营造出鼓励和支持公平竞争、促进企业健康发展的政策和制度环境。在实践中注重健全归属清晰、权责明确、保护严格、流转顺畅的现代产权制度，促进法治成为最优营商环境的最硬内核功能，依法保护企业家财产权和创新收益。在推动共同富裕的行动中注重健全支持民营企业、外商投资企业发展的法治环境，完善构建亲清政商关系的政策体系，激发企业家精神。由于始终不渝地坚持以公有制为主体、多种所有制经济共同发展的"两个毫不

动摇"的辩证逻辑，苏州推动共同富裕的行动在经济总量不断优质增加中实打实地进行。

（三）坚持在积极构筑"人才高地""创新高地"中推动共同富裕

苏州始终将实现共同富裕建立在坚持推进整体高质量发展的基础上。整体高质量发展，根本问题要落实到促进社会生产力持续高质量发展上，这样才能达到物质财富丰富，保障人民群众在过上富足的物质生活的同时，过上民主自由的政治生活、高尚富足的精神生活、和谐稳定的社会生活、舒适宜居的生态生活；也才能在经济总量不断增大的基础上，发挥消费、投资两者在紧密联系和双向互动中对经济平稳运行和推动共同富裕的重要作用。实现以消费需求牵引供给，又以供给创造需求来提升经济发展效能和共同富裕水平。在这一过程中，人才资源始终是第一资源，创新始终是引领苏州经济社会整体高质量发展的强大动力。苏州积极构筑"人才高地"和"创新高地"，通过"两地"联动不断提升共同富裕水平。"人才高地"和"创新高地"这"两地"是与产业发展、科技创新、收入消费等要素紧密相连的。苏州通过大力拓展投资空间，保持投资两位数增长，其中工业投资一直保持较大幅度增长，不断提高新设项目投资占比，以足量的优质投资调整优化产业结构、促进产业转型升级。苏州充分利用外向型经济的优势，发力招商引资，集中聚焦世界500强和行业头部企业，精心谋划线上线下招商活动，加强外商投资服务和知识产权保护，招引更多央企、外企、民企功能性总部落户苏州，加快签约项目落地。在这一过程中吸引和集聚了一大批创新团队和顶尖人才，不断强化产业和人才的融合度，强有力地推动产业集群和科技创新。苏州还将"人才高地"和"创新高地"这"两地"的构筑与"消费福地"的打造紧密联系起来，大力释放消费潜力，营造促进消费的氛围，加强与各大头部平台的合作，引导线上赋能线下、线上线下融合，还注重建立夜间经济发展协调机制，大力支持苏州"老字号"创新发展，推动传统文化与时尚潮流互动融合。苏州正确处理国内大循环和国际大循环的关系，不断在推动共同富裕的行动中建立健全扩大内需的有效制度，释放内需潜力，加快培育完整内需体系，加强需求侧管理，不断地扩大居民消费和有效提升消费层次。

（四）坚持在推动城乡区域协调发展中推动共同富裕

在改革开放前，苏州和全国其他地区一样也存在着严重的城乡二元分割现象，虽然城市和乡村都处于一种普遍贫困状态，但是，即使在这种状态下，苏州的城市和乡村还是处在不同的经济发展水平上，城乡居民生活处在不同的经济社会环境中。相对于城市，苏州的广大农村，社会公用事业和基础设施建设等相对落后。

改革开放初期，随着苏州农村各地大力发展乡镇企业，推动了乡镇和县域经济发展，城乡二元格局有所缓解，但城乡差异仍然比较大，影响共同富裕的实现。从20世纪90年代开始，苏州认真贯彻中央和省委的决策部署，在城乡区域协调发展方面进行积极探索，把城市和乡村作为一个有机整体，通盘考虑、统筹谋划、一体设计，实行城乡总体规划、土地利用总体规划、产业布局总体规划等多规合一举措，推动城乡一体化发展。借助大力发展外向型经济的契机，苏州以城市化带动农村现代化，城市规模得到了极大扩展，城市发展形态实现了从"一体两翼"到"四个县级市六区组团"的崭新格局。截至2020年，苏州市农村劳动力转移就业比例保持在90%以上，有培训愿望的农民工免费接受基本技能职业培训覆盖率达100%，农民工综合素质不断提高，劳动条件得到明显改善，工资收入稳步增长，社会保险全面覆盖，实现城乡基本公共服务均等化全覆盖的常住人口城镇化率达到80%，农民工群体逐步融入城镇。在推动城乡区域协调发展中，苏州将"城乡融合"作为实现共同富裕的重要举措，因为大力推进"城乡融合"发展，就意味着在共建共享、协同发展中会不断地提高实现共同富裕的程度。一方面，苏州大力推动城乡要素流通便利化。按照中央顶层设计，持续深化农村土地、集体产权等方面的制度改革，引导资本、人才、技术等要素在城乡之间合理流动，提高资源整体配置效率，进一步激发市场活力。另一方面，苏州坚持公共服务均等化。深入落实农村实事工程，建设"四好农村路"，截至2020年，苏州所有乡镇都实现了15分钟上高速。同时，深化美丽乡村建设，提高污水综合整治力度，截至2020年，农村污水处理率达到85%，农村人居环境实现质的提升。苏州不断提高乡镇的教育、医疗、养老等服务水平，进一步缩小与城市之间的差距，促进了公共资源共建、共享、共用。苏州将加速推进乡村治理模式现代化作为推动共同富裕行动的重要内容。苏州在全省首创的智能化管理平台"e阳光"，让农民享受到了更多指尖上的信息服务。2020年，苏州居民人均可支配收入为62 582元，同比增长4.1%。按常住地分，城镇居民人均可支配收入为70 966元，同比增长3.4%；农村居民人均可支配收入为37 563元，同比增长6.9%。苏州城乡居民收入比进一步缩小。2020年，苏州城镇常住居民人均可支配收入与农村常住居民人均可支配收入比值为1.889，走在了全国最前列。近年来，苏州以完善产权制度和要素市场化配置为重点，破除体制机制弊端，加快推动城乡要素自由流动、平等交换。推进农村改革试验区工作。2020年，作为全国农村改革试验区的苏州新增3项试点，完成2项到期试点的总结验收和3项试点的中期评估。苏州在推动共同富裕行动中深化农村土地制度改革。苏州入选成为全国农村承包地确权登记颁证工作典型地区，受到中央农村工作领导小组办公室和农业农村部的通报表扬，是江苏省唯一入选的地级市。昆山成功申报全国农村宅基地制度改革试点县。苏州继续深化农村集体产权制度改革。全市99.7%的村（居）基本完成改革任务，99.9%的村（居）完成成员身份确认，99.8%的村（居）完成股份量化，99.7%的村级股份经济合作社完成登记赋码。

(五) 坚持在"既要富口袋,又要富脑袋"双管齐下中推动共同富裕

流行于苏州的"既要富口袋,又要富脑袋"的"两袋"说法,形象地道出了实现共同富裕不仅需要促进人民群众的物质生活富裕,也要促进人民群众达到精神生活富足,即是说,实现共同富裕既是一个物质积累和物质生活丰富的过程,也是一个精神世界提高和精神生活丰实的过程,两者有着紧密的联系,在实践中相辅相成、缺一不可。物质富裕是精神富足的基础,物质文明建设能够为精神文明建设提供物质条件;反过来看,更高水平的精神文明建设,可以为物质文明建设提供精神动力。以最早入列全国文明城市的张家港为例来说,就是要做到物质文明和精神文明两手抓,两手都要硬。在达到物质生活水平提高这一"仓廪实衣食足"目标的同时,实现精神文化生活丰富这一"知礼节明荣辱"的目的,最终促进人的全面发展和社会的全面进步。苏州在促进经济建设不断迈上新台阶、人民群众口袋不断鼓起来的同时,把精神文明建设工作纳入经济社会发展总目标,不断健全精神文明创建工作机制,优化长效考核机制,通过加强社会主义精神文明建设,使人民群众的精神生活这个"脑袋"也不断地富起来。苏州在推动共同富裕的行动中不断总结各地坚持在"既要富口袋,又要富脑袋"的"两袋"双管齐下中推动共同富裕的经验,在不断夯实物质硬实力的同时不断夯实精神文化软实力,将由"张家港精神""昆山之路""园区经验"组成的苏州"三大法宝"作为推动共同富裕的无形资产和无价之宝。通过大力推进全国文明城市、卫生城市、生态宜居城市等的建设,推动了社会主义核心价值观落地生根,促进了群众性精神文明创建活动和思想道德建设全面推进,推动了文化教育卫生事业的发展。在苏州,好人文化现象不断涌现,一大批自觉践行社会主义核心价值观的诚实守信、助人为乐、孝老爱亲、见义勇为、爱岗敬业的道德模范、身边好人走进公众视野,他们用自己感人的故事,向全社会传递着崇德向善的精神文明正能量。文化事业和文

化产业得到极大发展，全社会的文明水平显著提高，充分发挥了慈善事业助推共同富裕的功能，鼓励引导高收入群体和企业家向上向善、关爱社会，增强社会责任意识，积极参与和兴办社会公益事业，充分发挥第三次分配在推动共同富裕中的作用。例如，亨通集团将社会责任作为企业第一责任，成立了江苏省首家由民企发起的民政部主管的非公募慈善基金会——亨通慈善基金会，用奉献社会的善行义举关爱他人，在全社会营造致富思源、向上向善的良好氛围，多次荣获中华慈善奖。苏州在推动共同富裕的行动中不断完善有利于慈善组织持续健康发展的体制机制，畅通社会各方面参与慈善和社会救助的渠道，积极探索各类新型捐赠方式，鼓励设立慈善信托，推动慈善事业健康发展。"既要富口袋，又要富脑袋"的"两袋"双管齐下，体现了物质决定意识、意识对物质具有能动反作用的辩证法，取得了以科学的理论武装人，以正确的舆论引导人，以高尚的精神塑造人，以优秀的作品鼓舞人的可喜成绩。现在，苏州正在奋力争创全国文明典范城市，为打造向世界展示社会主义现代化的"最美窗口"提供强大精神力量和丰润道德滋养。

（六）坚持在贯彻"绿水青山就是金山银山"理念中推动共同富裕

苏州在推动共同富裕的行动中深切地感到，共同富裕既包括物质生活和精神生活，还包括人与自然的和谐共生。人民群众的需要是一个不断递进的发展过程，在物质生活和精神生活匮乏的情况下，解决物质生活需要和精神生活需要是经济社会发展的重点。在温饱解决后，人们盼环保；在全面建成小康社会后，人们更盼望健康。随着社会的不断进步，人们对优美生态环境的需要不断增长，既要创造更多的物质财富和精神财富，也要提供更多优质的生态产品。经济发展和生态文明建设绝不是鱼和熊掌不可兼得的关系，而是辩证统一的关系，两者统一于满足人民群众不断增长的美好生活需要，统一于进一步解放和发展生产力，统一于共同构建人与自然生命共同体。在对人与自然关系深刻认识的基础上，苏州确立了经济发展不能以破坏生态环境为代价的发展理念，坚持保护生态环境就是发展生产力。经济发展和生态环境保护的关系是人与自然关系的典型体现，苏州要建设的现代化是人与自然和谐共生的现代化。苏州早期和全国其他地区一样，在乡镇企业发展，推进工业化、城市化和现代化进程中出现了资源浪费、环境污染和生态破坏现象，显示了传统工业化、城市化、现代化模式的弊端，必须以人与自然和谐共生的现代化加以纠偏。在一段时间内，碳排放与经济发展呈同比增长趋势。据统计，"十一五"期间，苏州碳排放总量年平均增长率约9%，原因主要在于苏州传统产业比重较高，高端产业占比不够。苏州作为制造业大市强市，工业产值长期排名全国前三，工业碳排放量占苏州总排放量的比重超过90%。其中，电力热力生产、黑色金属冶炼、化学原料和化学制品制造业、造纸、纺织等行业的碳排放量占苏州工业碳排放量的90%以上。苏州作为国家低碳试点城市，为解决此问题，将进行产业转型升级作为主攻方向，将实现绿色高质量发展作为推动共同富裕的重要内容。以碳排放强度目标下降为中心，以产业低碳转型升级为主线，持续推动经济结构优化、节能减排、能源效率提高等方面工作，推动数字化、电气化、低碳化和市场化融合发展。2014年，苏州在发布并实施《苏州市低碳发展规划》后，地区的碳排放总量年平均增长率开始逐步放缓至2%。苏州凭借高效有为的政府、灵活有效的市场和雄厚的产业基础，深入贯彻落实国家发展战略，率先实现"双碳"目标，为顺利打造"环境优美宜居、设施低碳共生、产业绿色高端、资源高效循环、治理高效智慧"的发展格局积淀深厚的"绿色"底蕴，为我国力争在2030年前实现碳达峰、2060年前实现碳中和的庄严承诺贡献苏州力量。在以绿色发展推动共同富裕的行动中，苏州还结合自身河流湖泊交错的水乡特点，不断擦亮"东方水城"这张标志性名片，牢牢抓住"控源截污"这个牛鼻子，从源头上开展一系列治水工作，城镇污水厂处理规模，城市、乡镇、农村生活污水处理率等各项数据指标在全省领先，在全国首创联合河长制，跨界河湖各方联合行动，取得了重大成效。靶向治疗、精准治污，成为苏州的治水经验。苏州以坚持贯彻"绿水青山就是金山银山"理念推动共同富裕的做法，取得了获批国家生态文明建设示范市的良好业绩，建成了国家首个生态园林城市群和首个全国节水型城市群。

三、苏州推动共同富裕的行动价值

苏州推动共同富裕的行动反映了中国特色社会主义的本质要求，是以新发展理念追求经济社会全面协调发展、实现共同富裕这一价值诉求的理性选择，也体现了在新时代促进以苏州"三大法宝"的共同体精神丰富共同富裕价值内涵的行动导向，鲜明地彰显出以城乡文明一体化发展明确共同富裕的价值目标和以促进人的自由而全面发展体现共同富裕的价值旨归。

（一）苏州推动共同富裕的行动体现中国特色社会主义的本质要求

苏州将扎实推动共同富裕的行动看作是坚持社会主义本质特征的内在要求，作为充分展示"强富美高"新图景的社会主义现代化强市的自觉行动，在实践中将推动共同富裕的行动与坚持和发展中国特色社会主义紧密地联系起来，坚持在不断解放生产力、发展生产力的同时，推动苏州物质文明、政治文明、精神文明、社会文明和生态文明全面协调发展，在此基础上不断消除贫富悬殊和两极分化现象。改革开放以来，苏州始终牢记邓小平关于"社会主义的本质是解放生产力，发展生产力，消灭剥削，消除两极分化，最终达到共同富裕"的重要论述，凭借大力发展集体经济这一独具原创性的"苏南模式"，推动区域在工业化、城市化、现代化进程中以生产力的迅猛发展造福于民。经过几十年的改革创新，苏州按照生产力决定生产关系，生产关系反作用于生产力的发展规律，在推动共同富裕的行动中不断缓解生产力和生产关系之间的矛盾，苏州的集体经济模式不仅没有消失，没有出现所谓"私有化"导致贫富分化现象，反而通过改制的方式，嬗变为股份合作社这种公有制的新型实现方式。土地股份合作社、社区股份合作社、专业股份合作社等有利于促进生产力发展和推动共同富裕实现的新方式在新的历史时期得到了创新发展，成为推动共同富裕的强大力量。苏州的股份合作社是一种坚持走全体人民共同富裕道路的新的所有制或者经济组织形式。在股份合作社内部，每个成员以可以量化到人的股份来明确各自的利益、权利和责任，体现出以公有制为主体、多种所有制经济共同发展的基本经济制度，也体现出以按劳分配为主体、多种分配方式并存的社会主义分配原则，促使人们在各尽所能、各尽其力中达到相互之间的合作共赢，走上共同富裕的发展道路。苏州各种股份合作社的内容、经营领域以及功能虽然有所不同，但是，本质上都是集体经济性质，坚持了社会主义集体所有制，在国家有关法律法规和政策的规范引导下，实行自主经营、独立核算、自负盈亏、民主管理、风险共担、按股分红。这种以集体资产为纽带、股东为成员的综合性（社区性）集体经济组织形式，对发挥社会主义市场经济优势，更好地处理效率和公平的关系，提高资源配置效率，调动人民群众在劳动中的主体能动性，使人民群众在优质集体资产基础上能够保持稳定的就业和收入，兜住民生底线，持续增强发展动力和活力，着力扩大中等收入群体，都具有十分重大的意义。苏州在推动集体经济发展的同时，营造了一种相互关心、相互帮助的良好集体文化，以共建、共荣、共享的方式，丰富着人们的精神生活，推动着精神生活共同富裕的实现。在苏州，国有经济、集体经济、外资经济、民营经济、混合经济等多种所有制经济协同发展，呈现出"各美其美"又"美美与共"的繁荣景象，为共同富裕的实现奠定了坚实的物质基础和精神基础。

（二）苏州推动共同富裕的行动彰显经济社会全面协调发展的价值目标

苏州推动共同富裕的行动，有着明确的价值目标，就是围绕习近平总书记提出的"全体人民通过辛勤劳动和相互帮助，普遍达到生活富裕富足、精神自信自强、环境宜居宜业、社会和谐和睦、公共服务普及普惠，实现人的全面发展和社会全面进步，共享改革发展成果和幸福美好生活"这个总目标，始终坚持经济社会全面协调发展的价值取向，自觉地将城乡协调发展、多种所有制经济协调发展作为一个有机整体，将经济建设、政治建设、文化建设、社会建设、生态文明建设作为紧密关联、相互影响的"五位一体"，以整体性全面建设，从经济、政治、文化、社会、生态等各个方面体现出发展的协调性、均衡性、可持续性、全面性。因此，苏州推动共同富裕的行动，不是单一的行动，不应满足于在个别领域做单项冠军，而是以样样都要争第一的姿态，促进物质文明、政治文明、精神文明、社会文明、生态文明全面提升，争当促进人的自由而全面发展和社会全面进步的全能冠军。苏州在以经济建设推动物质文明发展上，注重以在新发展理念引领下的高质量经济建设创造更多的物质财富，推动实现经济强、百姓富、环境美和社会文明程度高的发展目标。苏州将实现共同富裕既当作是经济问题，又看作是重大政治问题，将两者紧密结合起来，既认真地答好经济答卷，又认真地答好政治答卷。为此，苏州在推动共同富裕行动中注重把握全过程人民民主，依靠人民群众投身于共同富裕的实践，以利益共同体、责任共同体、发展共同体、共享共同体的整体性合力，不断朝着共同富裕的目标前进。苏州将推动共同富裕的行动，作为文化价值观支撑的行动，将夯实文化软实力作为奠定综合实力的重要任务，不断加强先进文化建设，在富百姓"口袋"的同时富其"脑袋"，促进全民素质的提升，塑造出良好的文明城市形象，构筑起丰富多彩的共同精神家园，推动实现精神生活的共同富裕。苏州又将推动共同富裕的行动纳入加强社会建设的视域，以促进社会治理体系和治理能力现代化为目的,提高社会治理水平,推动苏州善治之城建设,实现精细化管理,促进了社会治理现代化。苏州推动共同富裕的行动是在自觉协调好人与自然的关系中进行的,注重从重大政治问题和重大社会问题的高度加强生态文明建设,以绿色发展引领苏州经济社会可持续发展,以优质生态产品满足人民日益增长的优美生态环境需要,切实地维护好、实现好、发展好人民群众的生态环境权益。

(三) 苏州推动共同富裕的行动诠释苏州"三大法宝"蕴含共同体精神的价值内涵

由"张家港精神""昆山之路""园区经验"组成的苏州"三大法宝",是苏州在改革开放和现代化建设的伟大实践中培育和塑造的先进精神文化,是推动苏州经济社会持续健康发展的强大精神支柱和内在动力,是苏州人民最珍视并在实践中不断弘扬的无形资产和无价之宝。苏州"三大法宝"看似反映了张家港、昆山、苏州工业园区3个不同地方的个性特征和价值追求,如"张家港精神"反映了张家港以精神动员的形式激励全市人民形成团结拼搏的磅礴力量,去努力改变贫困落后面貌的价值追求;"昆山之路"反映了昆山以敢于"第一个吃螃蟹"的勇士气概,去奋力开创外向型经济发展之路的价值追求;"园区经验"反映了苏州工业园区以最优服务的亲商理念营造高质量发展的价值追求,实际上,在这些略具细小差别的价值理念里,可以发现其中蕴涵的追求共同富裕的共性精神。苏州"三大法宝"从其主旨精神而言,体现的是以人民为中心的发展思想,彰显出苏州在推动共同富裕的行动中,始终将人民群众利益放在至高无上的地位,把增进人民福祉摆在优先位置,尊重人民主体地位,发挥人民首创精神,保障人民各项权益,促进人的自由而全面发展。苏州"三大法宝"都指向推动共同富裕的共同价值目标,都有助于构建干部和群众心往一处想、劲往一处使的命运共同体、利益共同体、发展共同体、共享共同体。这一价值目标对苏州干部队伍提出了高标准、严要求,促使苏州在推动共同富裕行动中充分发挥党建引领和干部的先锋模范作用，培育了优良的党风、政风并以此引领优良的民风形成。在推动共同富裕的行动中，苏州抓好干部队伍建设，做到领导带头，一级带着一级干，把夙兴夜寐、激情工作作为常态，让马上就办、办就办好成为习惯，防止形式主义、官僚主义，力求使每一项工作、每一件任务都能落到实处、见到实效。以苏州"三大法宝"蕴涵的共同体精神为强大精神力量，在推动共同富裕行动中不断坚持和完善社会主义基本经济制度，推动经济高质量发展，坚持发展外向型经济这一特色，充分发挥市场在资源配置中的决定性作用，更好发挥政府作用，把经济发展的着力点更多地放在经济的有效增长上，放在速度、结构、质量和效益的统一上，放在经济综合竞争力的增强上，坚持扬制造业之长、补服务业之短，促进产业结构优化升级；坚持扬开放型经济领先优势之长、补民营经济相对后发之短，促进外资与民资公平竞争、协调发展；坚持扬县域经济发展活力较强之长、补中心城市功能相对薄弱之短，促进区域协调发展，走城乡一体化发展新路；坚持弘扬科学精神和工匠精神，加快建设创新型城市，以创新引领各个领域整体性高质量发展，扎实推动共同富裕。

（四）苏州推动共同富裕的行动指明以促进人的自由而全面发展体现共同富裕的价值旨归

人民是社会活动的主体，是社会财富的创造者和享受者。推动共同富裕，是全体人民的共同事业。习近平总书记指出，中国共产党始终代表最广大人民的根本利益，与人民休戚与共、生死相依，没有任何自己特殊的利益，从来不代表任何利益集团、任何权势团体、任何特权阶层的利益。人民是苏州建设社会主义现代化的强大动力，也是社会主义现代化强市建设成果的占有者和享受者。苏州坚持把实现共同富裕的出发点、落脚点都放在促进人的自由而全面发展上，为此，紧紧围绕人民这个发展的中心，切实维护好、实现好、发展好人民群众的根本利益、近期利益和长远利益，切实保障人民群众的经济权益、政治权益、文化权益、社会权益、生态权益这紧密关联、不可分割的"五位一体"的整体性权益。苏州始终坚持以经济建设、政治建设、文化建设、社会建设、生态文明建设这"五位一体"的整体性建设推进物质文明、政治文明、精神文明、社会文明、生态文明这"五位一体"的整体性文明发展。苏州大力加强经济建设以推动物质文明的发展，为共同富裕夯实坚实的经济基础；大力加强政治建设以推动政治文明的发展，为共同富裕提供根本的政治保障；大力加强文化建设以推动精神文明的发展，为共同富裕奠定强大的精神支撑；大力加强社会建设以推动社会文明发展，为共同富裕创造社会和谐的重要条件；大力加强生态建设以推动生态文明发展，为共同富裕营造优美的生态环境。苏州在扎实推动共同富裕中坚持以物质文明、政治文明、精神文明、社会文明、生态文明这一"五位一体"的整体性文明协调发展，所指向的价值目标是建立在高度物质文明基础上的富强苏州，建立在高度政治文明基础上的民主法治苏州，建立在高度精神文明基础上的人文苏州，建立在高度社会文明基础上的和谐苏州，建立在高度生态文明基础上的美丽苏州，实现物质文明、政治文明、精神文明、社会文明、生态文明的整体性文明协调发展。切实以"五位一体"的整体性文明协调发展不断地提高苏州共同富裕的质量和品位，在此基础上不断地促进人的自由而全面发展，从而生动地体现出苏州扎实推动共同富裕的根本价值旨归。

第一章
以经济高质量发展支撑共同富裕

习近平总书记深刻指出,发展是解决中国所有问题的关键,也是中国共产党执政兴国的第一要务,并反复强调,新时期新阶段的发展,必须是高质量发展;要坚持以人民为中心的发展思想,在高质量发展中促进共同富裕。改革开放尤其是党的十八大以来,苏州坚持以习近平新时代中国特色社会主义思想为指导,坚持以经济建设为中心,坚持以高质量发展为主题,在高平台上进一步夯实了实现共同富裕的物质基础,迈出了建设充分展现"经济强、百姓富、环境美、社会文明程度高"新图景的社会主义现代化强市的"第一程"。

一、夯实共同富裕物质基础:"经济强"促进"百姓富"的"苏州阐释"

马克思主义认为,物质生产力是全部社会生活的物质前提。作为享有"人间天堂"美誉的苏州,改革开放之初的地区生产总值只有32亿元,全口径财政收入不足10亿元,农民人均纯收入和城镇居民人均可支配收入分别仅为200多元和不足500元,是改革开放解放和发展了生产力,将苏州从温饱不足推进到了高水平全面建成小康社会。尤为瞩目的是，党的十八大以来，苏州牢记习近平总书记建设"强富美高"新江苏的殷殷嘱托，积极践行以人民为中心的发展思想，坚持把"富民"作为"强市"的根本出发点和落脚点，坚持把推动"经济发展迈上新台阶"作为推动"民生建设迈上新台阶"、让人民群众更多更公平共享改革发展成果、推动共同富裕取得更为明显的实质性进展的强支撑，以走在全省、全国最前列的高点定位，在更高坐标系中推动经济高质量发展，从而以"经济强"的基础优势加快蓄积、有力保证了"百姓富"这一幸福指数稳步提升，为促进人的全面发展、实现人民共同富裕累积了一份厚重的"苏州家底"。

（一）生产总值高位倍增

全市地区生产总值在 2011 年跻身"GDP 万亿元俱乐部"的基础上，2020 年突破 2 万亿元大关，2021 年达 2.27 万亿元，列全国大中城市第 6 位，总量规模接近澳大利亚悉尼市水平，列全球城市第 21 位左右，与新加坡、越南等国家基本相当，如果以世界各国（经济体）排名衡量相当于列全球第 40 位左右，苏州用 10 年时间实现了在大基数、高平台上的倍增。与此同时，按常住人口计算的人均 GDP 由 2011 年的 10 万元提高到 2021 年的 17.8 万元，列全国大中城市第 3 位，按 2021 年汇率计算达 2.8 万多美元，是全国平均水平的 2.2 倍，苏州继突破发达国家"最低门槛"之后，又接近达到中等发达国家平均水平。苏州经济的高质量发展有力地支撑了城乡居民收入的稳步增长，按常住人口计算的全体居民人均可支配收入由 2015 年的 42 987 元增加到 2021 年的 68 191 元，分别是全省、全国平均水平的 1.4 倍和 1.9 倍，分列全省首位、全国第 5 位，其中城镇居民人均可支配收入由 2015 年的 50 390 元提高到 2021 年的 76 888 元，分别是全省、全国平均水平的 1.3 倍和 1.6 倍，分列全省首位、全国第 3 位。

（二）财政收入跨越进位

全市一般公共预算收入连续跨上 1 500 亿元、2 000 亿元和 2 500 亿元新台阶，由 2011 年的 1 100 多亿元增加到 2021 年的 2 510 亿元，在全国大中城市的排名由第6位上升至第4位。其中税收总量和增量连年保持全省首位，2021年税收收入占一般公共预算收入比重达86.3%，一般公共预算收入占GDP的比重由10.3%稳步提高到11.1%。财政收入的高质量增长为更高水平、更可持续地实现发展成果共享创造了条件，有力地保障和改善了民生。城乡低保标准由2011年的每人每月500元提高到2022年的每人每月1 095元，保持全省首位；职工和居民医保政策范围内住院医疗费用基金支出比例分别超过90%和75%；全体常住居民人均转移性净收入由2015年的4 707元增加到2021年的8 133元，其中城镇和农村常住居民人均转移性收入分别由5 546元、2 734元增加到8 989元、5 503元。据统计，2012年以来全市城乡公共服务支出累计达1.35万亿元，占一般公共预算支出的比重由72.3%提高到79.2%。仅"十三五"期间全市新改扩建学校528所、增加学位52.4万个，新建、改建、扩建基层医疗卫生机构53家、新增三甲医院7家，社区养老设施覆盖率、机构养老护理型床位占比分别由29%、49.1%提高到93.1%、92%。

（三）工业经济调优转强

全市规上工业总产值于2013年突破3万亿元，2021年跨上4万亿元新台阶，总量规模达到41 308亿元，分列全省首位、全国第2位，成为全国工业重镇。尤为突出的是，产业结构不断优化，先后形成了电子信息、装备制造两大超万亿元产业集群，2021年总量规模分别达11 623亿元和12 709亿元；新一代电子信息、生物医药、纳米技术应用、人工智能等四大先导产业呈现爆发式增长态势，2021年总量规模达9 623亿元，占规上工业总产值比重由2018年的15.8%快速提高到23.3%；战略性新兴产业规模持续壮大，占规上工业总产值的比重由2011年的38.1%提高到2021年的54%，成为工业经济的"半壁江山"。据统计，苏州已形成了涵盖35个大类、170个中类、503个小类和企业数量逾16万家的较为完备的工业体系，成为享誉全球的先进制造业基地。同时，在制造业需求的有力拉动下，以生产性服务业为主体的现代服务业加快发展，第三产业增加值于 2020 年突破 1 万亿元，2021 年达 11 656 亿元，占 GDP 的比重由 2011 年的 41.4% 提高到 2021 年的 51.3%。实体经济尤其是工业经济的高质量发展，为稳定劳动就业和促进城乡居民持续增收奠定了坚实的基础。2016 年至 2021 年全市新增城镇就业 94.2 万人，城镇登记失业率始终保持在 2% 左右的低位；全市常住居民工资性收入由 2015 年的 27 468 元增加到 2021 年的 42 490 元，对人均可支配收入增长的贡献份额达到 60%。

（四）对外开放再领风骚

中新合作、中德合作、中日合作等擦亮金字招牌，苏州获批江苏自贸试验区苏州片区、中日（苏州）地方发展合作示范区，苏州工业园区开展开放创新综合试验。开放型经济提质增效，2012 年以来新增外资项目超过 1 万个、新增实际使用外资 650 多亿美元，截至 2021 年，拥有外资企业 1.7 万余家、累计实际使用外资 1 450 亿美元，156 家世界 500 强企业在苏投资项目超过 400 个，具有地区总部特征或共享功能的外资企业逾 350 家，战略性新兴产业和高新技术项目实际使用外资占比连年超过 50%；进出口总额突破 3 000 亿美元，2021 年达 3 921 亿美元，其中高新技术产品占比连年稳定在 50% 以上，一般贸易比重由 2011 年的不足 25% 提高到 2021 年的近 40%。可以讲，苏州开放型经济已不再是"只长骨头不长肉"的代名词，据统计，全市规上外资工业企业营业收入利润率、总资产贡献率、成本费用利润率等均高于面上平均水平，2020 年实现的利税总额占规上工业企业总量的 54.8%；在全市近 300 万城镇非私营单位从业人员中，外资企业从业人员占比达 56.8%，平均工资水平由 2015 年的 68 816 元提高到 2020 年的 98 737 元，占城镇非私营单位从业人员工资总额的近 50%。

（五）创新资源加速集聚

苏州获批国家新一代人工智能创新发展试验区、国家生物药技术创新中心、国家第三代半导体技术创新中心，成为全国唯一拥有两个国家级技术创新中心的地级市。材料科学姑苏实验室、国家超级计算昆山中心、纳米真空互联实验室和苏州市产业技术研究院等战略科技力量和重大科技基础设施建设取得突破性进展。截至2021年，累计与239所国内外高校院所建立稳定合作关系，引进大院大所130多家。南京大学苏州校区、西北工业大学太仓校区、东南大学苏州校区、中国中医科学院大学、中国科技大学苏州高等研究院等落户苏州；中国科学院在苏建设的科学载体机构达34家，占中国科学院在全国布局总数的1/5；清华大学在苏州建设重大科技载体12个，成为清华大学与地方合作的典范。截至2021年，全市拥有各类人才321万人，其中高层次人才32万人，拥有自主申报入选国家级重大人才工程创业类163人，连年位居全国首位；拥有高新技术企业11 165家，居全国第5位；拥有市级新型研发机构78家。创新资源的加速汇集，有力提升了苏州的科技创新能力，科技创新综合实力连续12年位居全省首位，据科技部《国家创新型城市创新能力评价报告2021》显示，苏州位居全国72个创新型城市第5位，同时也为财富的创造夯实了"第一动力"。据统计，全市科技进步贡献率由2011年的58%提高到2021年的近67%，全员劳动生产率由15.8万元/人提高到30.1万元/人，实现10年倍增。

（六）市场主体量增质升

2012年以来全市新增各类市场主体211.2万家，至2021年年末达274.1万家，分列全省首位、全国第6位，其中新增私营企业54.1万家、达74.9万家，新增个体工商户152.4万户、达190.8万户，个私经济累计注册资本接近5万亿元。尤为突出的是，苏州形成了市场主体"铺天盖地"与"顶天立地"相得益彰的局面。恒力集团、沙钢集团、盛虹集团等3家企业跻身世界500强；26家企业入选"2021中国民营企业500强"，分别居全省首位、全国第3位；23家企业荣登"2021中国制造业民营企业500强"，分列全省首位、全国第2位。全市境内外上市公司突破200家，其中境内A股上市公司175家，占全省总量的近1/3，列全国第5位；科创板上市企业38家，占全省的半壁江山,居全国第 3 位。市场主体特别是民营主体的结构优化、量增质升,打造了苏州城乡居民增收致富的"贴肉布衫"。按常住人口计算的每千人创业密度(私营企业和个体工商户)由 2011 年的 56.2 家增加到 2021 年的 208.4 家;民营经济不仅贡献了全市超 50%的 GDP、逾 60%的税收收入,而且创造了近 2/3 的就业岗位;全体居民人均经营性和财产性净收入由 2015 年的 10 813 元增加到 2021 年的 17 568 元,占人均可支配收入的比重超过 1/4。

(七)载体建设全国领先

截至 2021 年,全市共拥有省级以上开发区 20 家,其中国家级开发区由 2011 年的 10 家增加到 2021 年的 14 家,约占全省总数的 1/3;同时还拥有 8 家海关特殊监管区,占全省总数的 1/3 强。苏州成为全国开发区层次最高、密度最大、种类最多的地区之一。更为瞩目的是,经过近几年的转型升级,苏州开发区总体发展水平已走在全省、全国前列。据商务部发布的"2021 年国家级经济技术开发区综合发展水平考核评价结果"显示,苏州工业园区和昆山经济技术开发区入选"TOP30 榜单",其中苏州工业园区实现"六连冠";在科技部火炬中心公布的"2021 中国高新区创新能力百强榜单"中,苏州 4 家国家级高新区全部入围,其中苏州工业园区和苏州高新区分列第 4 位和第 6 位。目前,开发区已成为苏州对外开放的主窗口、推动高质量发展的主引擎、促进科技创新的主阵地,省级以上开发区贡献了全市约 70%的 GDP、约 90%的进出口总额,全市科技领军人才 90%以上集中在开发区,开发区同时也成为苏州创造财富的高地、充分就业的福地。据统计,2021 年省级以上开发区一般公共预算收入和年末从业人口分别占全市总量的约 70%和 60%。

苏州工业园区在国家级经济技术开发区综合考评中实现"六连冠"

作为中新两国政府间具有标志意义的合作项目，开发建设28年来，特别是党的十八大以来，苏州工业园区大力弘扬"借鉴、创新、圆融、共赢"的"园区经验"和"改革创新、开放包容、敢为人先、追求卓越"的"园区精神"，高质量发展不断迈上新台阶。截至2021年，累计完成全社会固定资产投资9 900亿元人民币，上缴税收8 000多亿元人民币，实现进出口总额超1.3万亿美元。截至2021年，苏州工业园区每平方千米GDP产出为12亿元人民币，人均GDP达29.2万元人民币，高新技术产值占规上工业总产值比重达71.1%，R&D（科学研究与试验发展）投入占GDP比重达4.8%，一批指标达到国际先进水平，在国家级经济技术开发区综合考评中实现"六连冠"，并跻身科技部建设世界一流高科技园区行列。

（八）县域经济持续领跑

苏州下辖4个县级市全部进入"2021年度全国综合实力百强县市"榜单前10位，其中昆山市连续17年保持全国首位，张家港市、常熟市连年保持第3位、第4位，太仓市由2011年的第19位跃升至第7位。在"2021年度全国综合实力百强镇"榜单中，苏州占据21个席位，其中昆山市玉山镇、张家港市杨舍镇等7个乡镇跻身前10位。据统计，2021年4个县级市完成了全市53%的地区生产总值，贡献了全市46%的一般公共预算收入，其中昆山市地区生产总值和一般公共预算收入分别突破4 000亿元和400亿元，达4 748亿元和467亿元。县域经济的高质量发展，有力地促进了城乡一体化发展和乡村振兴，缩小了城乡差距。苏州在全国率先实现了城乡低保、城乡职工和居民养老保险、城乡职工和居民医疗保险"三大并轨",农村常住居民人均可支配收入由 2015 年的 25 580 元增加至 2021 年的 41 487 元,分别是全省、全国平均水平的 1.5 倍和 2.2 倍,分列全省首位、全国大中城市第 3 位,年均增幅高于城镇常住居民 1.1 个百分点,城乡收入差距由 1.97∶1 持续缩小到 1.85∶1,成为全省、全国城乡差距最小的地区之一。

苏州经济竞争力位列全国地级市第一

2006 年 6 月,全球城市竞争力项目组发布首个《全球城市竞争力报告》,苏州排名第 89 名,进入 2005—2006 年全球城市综合竞争力指数百强,位列全国地级市第一。全球城市竞争力排名是对全球 120 个城市进行调查比较得出的,从城市的经济竞争力、人力资源、金融产业成熟度、机构效率、硬件建设、国际吸引力、社会与文化特质、环境与自然危害等 31 个指标进行综合评估,根据年份,《全球城市竞争力报告》陆续发布至今。2019 年 9 月,由中国社会科学院和联合国人居署合作完成的《全球城市竞争力报告 2018—2019——全球产业链:塑造群网化城市星球》在联合国总部发布,苏州城市经济竞争力排名第 27,可持续竞争力排名第 185,均位居全国地级市第一。2018—2019 年全球城市经济竞争力排名(前 30 名)如表 1-1 所示。

表 1-1 2018—2019 年全球城市经济竞争力排名(前 30 名)

城市	国家	经济竞争力	排名	城市	国家	经济竞争力	排名
纽约	美国	1	1	都柏林	爱尔兰	0.8003	16
洛杉矶	美国	0.9965	2	迈阿密	美国	0.7984	17
新加坡	新加坡	0.9719	3	波士顿	美国	0.7968	18
伦敦	英国	0.9335	4	北京	中国	0.7965	19

续表

城市	国家	经济竞争力	排名	城市	国家	经济竞争力	排名
深圳	中国	0.932	5	法兰克福	德国	0.7965	20
圣何塞	美国	0.9312	6	芝加哥	美国	0.7963	21
慕尼黑	德国	0.9309	7	斯德哥尔摩	瑞典	0.7891	22
旧金山	美国	0.9289	8	巴黎	法国	0.7726	23
东京	日本	0.8964	9	西雅图	美国	0.7637	24
休斯敦	美国	0.8836	10	特拉维夫	以色列	0.7481	25
香港	中国	0.8836	11	巴尔的摩	美国	0.7426	26
达拉斯	美国	0.878	12	苏州	中国	0.7398	27
上海	中国	0.8544	13	费城	美国	0.7352	28
广州	中国	0.8501	14	布里奇波特-斯坦福德	美国	0.7293	29
首尔	韩国	0.8082	15	杜塞尔多夫	德国	0.7249	30

二、系统协调重大关系：做大"蛋糕"的"苏州之道"

透视苏州"蛋糕"由小到大的发展历程，最根本的是苏州牢记习近平总书记"实现共同富裕，首先要不断把'蛋糕'做大，为分配提供更充足的物质基础"的谆谆教诲，坚持以习近平新时代中国特色社会主义经济思想为根本遵循，坚持系统观念，完整、准确、全面贯彻新发展理念，切实在上级精神、宏观形势发展变化与自身实际的结合点上，加强前瞻性思考、全局性谋划、战略性布局、整体性推进，着力在统筹协调事关经济高质量发展的重大关系中推进供给侧结构性改革，加快建设现代产业体系，推动既有"进"的"加速度"又有"稳"的"压舱石"的积极进取型转型升级，进而以固根基、扬优势、补短板、强弱项的积极进展和阶段性成效，有效缓解了不平衡不充分的结构性矛盾,有力推动了经济发展质量变革、效率变革、动力变革,经济发展方式加快转变,经济结构加快调整,经济质量效益加快提高,在量的持续稳定增长中实现了质的大幅提升,协调"富民"与"强市"目标的基础能力不断增强。

(一)处理好产业发展与科技创新的关系,着力提升科技供给能力

苏州以往的发展很大程度上是建立在投资驱动之上的。进入新时代、新阶段,作为经济大市,苏州必须按照围绕产业链部署创新链、围绕创新链布局产业链的要求,大力实施创新驱动战略,推动产业与科技高水平良性循环、有机融合。鉴于这样的认识,苏州在创新发展目标上,按照习近平总书记对长三角提出的勇当科技和产业创新开路先锋的要求,坚持聚焦产业特色、突出应用导向,积极争创国家区域科技创新中心,打造"产业+科技"深度融合的发展高地,加快将科技有效转化为现实生产力。在融合发展路径上,按照"四个面向"的科技创新方向,坚持把实施战略力量培育工程、提高产业基础能力,实施核心技术突破工程、建设现代产业体系,实施城市群能级提升工程、推动产业创新一体统筹,实施企业队伍培优工程、提升产业创新主体活跃度,实施创新人才集聚工程、更大力度汇集产业领军人才,实施开放合作创新工程、提升产业科技策源能力等作为重点任务,加快建立科技与产业对接机制,全面提升科技对产业转型升级的供给能力。在创新资源配置上,聚焦产业发展战略需求,坚持把"好钢"用在抢占"新赛道""新蓝海"的"刀刃"上。截至2021年,全市90%以上的新型研发机构、企业研发机构和产学研研发机构,90%以上的国家级重大人才工程入选者、省"双创人才"和姑苏领军人才,85%的高新技术企业、90%的上市公司、98%的"瞪羚"企业、100%的"独角兽"培育企业集中在重点发展的电子信息、装备制造、生物医药、先进材料四大产业领域,2021年四大产业产值达3.7万亿元,占规上工业总产值比重达88.9%。

(二) 处理好存量与增量的关系，着力构建产业梯队

"十二五"以来，受自身发展阶段变化、劳动力成本上升等多重因素的影响，基于"雁行模式"的苏州产业转移速度有所加快，以笔记本电脑为例，产量由2011年的近9 000万台下降至2020年的4 000多万台。面对这样的局面，苏州的回答是，既要"喜新不恋旧"，顺应优化调整产业结构的大势，导入新的优质增量，使新的增长动能尽早"立"起来；又要"喜新不厌旧"，用好改革开放以来积累的巨大产业资本，推动存量"优"起来，由此下好了构建产业梯队的"四妙棋"。一是改造提升优势传统产业。坚持以"智改数转"为主攻方向，大力实施"千企技改升级"三年行动方案和"百千十万"工程，致力于以"四新"改造传统产业尤其是传统优势产业，仅"十三五"期间完成工业技改投资5 395.6亿元，占同期工业投资的69.2%，截至2021年年底累计完成"智改数转"项目1.06万个，电子信息、通用设备制造等六大支柱产业产值占规模以上工业总产值的比重稳定保持在90%以上。二是加快发展战略性新兴产业。坚持把跨越发展战略性新兴产业作为培育发展新动能、激发内生新动力的"强引擎"，聚焦新型平板显示、新材料、高端装备制造等八大领域，大力实施倍增计划，强化科技支撑，加大有效投入，建高平台载体，集成政策支持，制造领域新兴产业产值由2011年的10 758亿元增加到2021年的22 307亿元。三是前瞻布局先导产业。按照习近平总书记对长三角"聚焦集成电路、生物医药、人工智能等重点领域和关键环节，尽早取得突破"的指示要求，抢抓新一轮科技革命和产业变革机遇，全力打造先导产业创新集聚区，生物医药产业入选国家级战略性新兴产业集群，纳米新材料产业集群入选国家先进制造业决赛优胜名单，人工智能产业入选国家新一代人工智能创新发展试验区，航天航空、氢能、区块链技术和产业等未来产业布局有效展开。四是大力培育发展数字经济。坚持把数字经济作为关键增量，围绕推进数字产业化、产业数字化，争当全国数字经济跨越式发展的城市标杆，召开数字经济

和数字化发展推进大会，大力推进数字经济和数字化发展三年行动计划，截至2021年累计实施5G应用项目216个，当年数字经济核心产业增加值超过3 300亿元。

（三）处理好制造业与服务业的关系，着力推动"两业"深度融合

作为全国工业重镇、全球制造业基地，服务业尤其是生产性服务业发展不够充分一直是"苏州制造"迈向价值链中高端的瓶颈制约。对此，苏州在坚持工业立市、工业强市不动摇的同时，以打造"生产性服务业标杆城市"为目标引领，大力实施生产性服务业供给能力提升行动，由此实现了先进制造业与现代服务业互动并进、双轮驱动。一是加强顶层设计。研究出台了《关于优化提升苏州市生产性服务业的实施意见》，聚焦制造业服务需求，将信息技术服务、研发设计、检验检测认证服务等明确为九大重点发展领域。二是完善政策体系。苏州先后出台了《关于苏州市加快培育生产性服务业领军企业的若干意见》《关于推动生产性服务业集聚创新发展的两项重点政策和十项重点举措》《苏州市市级技术先进型生产性服务业企业奖励实施细则》《苏州市生产性服务业企业高端人才奖励实施方案》等，充分激发各类主体的积极性、主动性。三是推进集聚发展。苏州获评省级产业集群试点5家、区域集聚发展试点2家，拥有省级现代服务业集聚区32家、生产性服务业集聚示范区21个，均居全省首位。苏州获评全国首批国家级服务型制造示范城市，全国地级市首个国家级人力资源服务产业园落户苏州。截至2021年，全市分别拥有国家级、省级服务型制造企业6家和109家，列全国和全省首位；2020年实现生产性服务业增加值5 750多亿元，占服务业增加值的比重比2019年提高1个百分点。

（四）处理好实体经济与现代金融的关系，着力实现高水平协同发展

苏州始终坚持把发展经济的着力点放在实体经济上，大力打造

"苏州制造"品牌。同时，苏州也清醒地认识到，相对于全国经济大市地位，苏州金融业在服务实体经济、改革创新等方面虽取得了显著成绩，但由于城市能级等限制，从发展角度看，金融发展水平、服务能力与苏州未来特大城市定位还不匹配。为缓解这一矛盾，苏州按照加快构建实体经济、科技创新、现代金融、人力资源协同发展的产业体系要求，以强化金融服务实体经济、科技创新和服务保障民生为导向，制定出台了推进金融业高质量发展的指导意见、若干举措和实施细则，致力打造金融服务实体经济、数字金融创新、产业资本集聚、金融合作开放标杆城市。一是着力健全金融体系。截至2021年，全市共拥有持牌法人金融机构23家，除公募基金、财产保险外，基本实现金融牌照全覆盖；拥有持牌金融机构、地方金融组织、备案创投机构1 056家，所有全国性商业银行、全国50%的证券公司和保险公司在苏设立分支机构，外资银行分支机构数量居全国第6位。二是做大做强资本市场苏州板块。苏州出台了进一步提高上市公司质量的实施意见，开展了"支持企业上市、支持上市企业"行动，仅2021年就新增境内外上市公司42家、累计216家，其中境内A股新增35家、累计175家，上市公司总市值列全国第7位；新增科创板上市公司18家、累计38家，居全国第3位。三是推动股权投资集聚发展。苏州出台了促进苏州股权投资高质量发展的若干措施，推进产业资本集聚中心建设，截至2021年，登记私募基金管理人434家、管理基金规模超过4 500亿元，均居全省首位。四是提升服务实体经济质效。苏州优化建设综合金融服务平台，探索开发科技金融、绿色金融、普惠金融等产品，在国家发展和改革委员会（简称"国家发改委"）组织的"中国营商环境评价"中，苏州列企业融资便利度指标全国第一。截至2021年年末，全市本外币贷款余额突破4万亿元，列全国第10位；2022年1月，制造业新增贷款457亿元，同比增长20.5%。

（五）处理好开放型经济与民营经济的关系，着力形成相得益彰的格局

苏州经济起步于乡镇工业集体经济的异军突起，迅猛发展于"三外"齐上的开放型经济。以规上工业企业为例，2011年外资企业实收资本、销售产值占比分别高达3/4和2/3强。为解决这种不平衡问题，苏州一方面致力于推动开放型经济转型升级；另一方面按照中央"两个毫不动摇"的要求，全力拉长民营经济这个富民经济的发展短腿。一是大力营造发展氛围。召开民营经济高质量发展大会，连年召开民营企业和民营企业家座谈会，表彰优秀民营企业和企业家，弘扬企业家精神。二是全面优化企业服务，聚焦构建"亲清"新型政商关系。建立民营企业家月度沙龙、民营企业家微信群、民营企业信息直报等"三项制度"，搭建和持续优化"一键直达"的"政策计算器"。截至2020年，苏州拥有国家中小企业公共服务示范平台10家，省中小企业公共服务示范平台75家，列2020年度省区域民营经济营商环境评价第1名。三是切实加大纾困帮扶力度。建立企业转贷资金池，健全防范化解拖欠中小企业账款长效机制，结合统筹疫情防控与经济社会发展，率先在全国推出"苏惠十条"，2022年出台实施企业纾困46条、服务业纾困20条等系列政策。四是加快培育"地标型"企业，大力弘扬企业家精神。深入实施"百企引航"行动，设立市级支持企业兼并重组专项资金，自2011年以来苏州新增"中国企业500强"2家、"中国制造业500强"15家。

（六）处理好中心城区和县级市关系，着力推动市域一体化发展

改革开放以来，苏州推动区域经济高速发展，迅速摆脱落后贫穷的局面，着力展开生产力布局，由此实现了各板块的均衡发展，并形成了"组团集聚型"的城市形态。进入新时代，苏州清醒地认识到，这种"散装的苏州"已难以适应日趋激烈的城市竞争态势，也难以通过优化配置资源推动经济高质量发展，必须进一步提升统筹发展能力，推进更高水平的协同发展，真正形成"大苏州"的整体合力。一是统筹国土空间开发。结合编制国土空间规划，着力构建以 6 个区为一个大组团、4 个县级市为副中心的"1+4"格局，并全力推进苏州工业园区建设世界一流园区、面向未来的市域新中心，全力推进古城有机更新和苏州高铁新城、太湖科学城等建设，全面提升中心城市功能能级和首位度。二是优化产业布局。立足十大板块产业基础和特色资源禀赋，结合加快发展产业创新集群，深化明确各县（市、区）重点发展的产业领域，推进错位竞争、协同发展。三是创新合作机制。探索行政区与经济区适度分离的新体制、新机制，着力推动苏相合作区、独墅湖开放创新协同发展示范区等的建设，推进自贸区联动创新区发展，有力促进资源合理流动、先行先试政策复制共享。推动市域一体化发展成为苏州"十四五"重点实施的发展战略之一。

（七）处理好人口红利与人才红利的关系，着力集聚第一资源

苏州全市常住人口规模由 1982 年的 527 万多人增加到 2010 年的 1 047 万人，从一定程度上讲，苏州以往的经济发展得益于全国人口红利在苏州的集中释放。面对全国人口红利窗口的逐渐关闭，尤其是推动经济高质量发展对强化人才支撑提出的更高要求，苏州坚定不移地把人才引领发展作为核心战略，持续优化实施"姑苏人才计划"，大力打造"人到苏州才有为"工作品牌。与 2011 年相比，2021 年人才总量实现翻番，人才红利接力人口红利势头强劲。一是聚集顶尖人才。设立"苏州科学家日"，大力支持实施"顶尖人才（团队）引领攻关行动""双创领军人才提速倍增行动""万名高端人才集聚计划"，成立高端人才引进猎头联盟，探索以"揭榜挂帅""以赛代评"等新机制引进顶尖人才和重大创新团队，全市高层次人才数量实现 10 年翻两番，省"双创人才"连续 15 年领跑全省。二是强化产才融合。紧扣产业科技创新布局，发布"苏州人才创新合作专享图"，大力实施"先导产业精准导航行动"和"人才支撑产业扩面增效行动"，全市 98%以上的领军人才集聚在新兴产业领域，以纳米新材料产业为例，集聚了超 20 个院士团队、超 7 万名创新人才。三是完善人才服务。围绕打造"创业者乐园、创新者天堂"的目标，持续完善全生命周期人才服务。建立全国唯一、中共中央组织部挂牌的中国创业人才投资中心，建成高层次人才一站式服务中心，创新打造了人才办事"一站入口"、人才政策"一键兑现"、人才创业"一帮到底"的人才服务一点通平台，全面升级"姑苏英才卡"个性化服务，启动建设10万套人才公寓，使在苏州创业创新成为广大人才的向往和追求，在苏州生活成为广大人才的幸福和美好。

（八）处理好发展与安全的关系，着力守住不发生系统性风险底线

苏州人口和经济规模大，市场主体多，对外开放程度高，生态敏感性强，因此对确保经济安全发展、社会安全稳定、城市安全运行提出了更高要求，同时实现安全发展也是实现共同富裕的题中之义。对此，苏州牢记习近平总书记"安全是发展的前提，发展是安全的保障"的重要论断，坚持防风险、守底线，以争创首批省级安全发展示范市为目标引领，运用大概率思维应对小概率事件，在致力保障产业链、供应链和水生态安全及持续打造"平安苏州"的同时，着力坚决打好防范化解重大风险攻坚战。一是扎密疫情防控网。坚持"外防输入、内防反弹"总策略、"动态清零"总方针，坚持"人物环境"同防，牢牢抓住人员流动、核酸检测、病患救治三大环节，全面部署推进排查管控、疫苗接种等工作，截至2021年年底新冠病毒疫苗首剂和全程种种率分别达91.1%和86.3%，"大数据+网格化+铁脚板"模式得到上级肯定。二是压紧压实安全生产责任。完善安全生产"三个清单"制度，紧扣提升本质安全水平，实施源头治理、分类监管、精准服务，持续深化专项整治三年行动，聚焦建筑施工等重点领域开展大排查大整治行动，2021年事故起数和死亡人数同比分别下降42.2%和27.9%。三是有效化解金融风险。树立"拆弹"意识，建立健全金融风险日报告、周研判、月评估、季分析、年综合评价等研判机制，稳妥处置化解金融机构、重点企业和大额授信等风险，全市银行业贷款不良率连续3年保持全省最低，新发非法集资案件数、涉案金额、参与人数实现"三下降"。四是务实推进地方政府债务管控。常态化开展风险评估和预警，使政府债务率稳定在35%左右的全省较低水平，政府债务风险总体安全可控。五是着力提升防灾抗灾能力。组织自然灾害综合风险普查，健全防灾减灾救灾"五项机制"和信息化支撑的应急指挥体系，全面落实应急物资储备，抵御自然灾害的综合能力全面提升。

苏州全面小康指数评估位列全国地级市第一

全面小康指数是衡量一个城市经济社会发展状况和人民生活水平质量的重要参考。中国城市全面建成小康社会监测报告就是对全面小康指数进行分项和综合评估的结果。中国城市全面建成小康社会监测对象是全国（不含港澳台地区）所有地级市（含副省级城市）和县级市，监测体系包括客观数据监测和主观满意度监测两部分，从经济发展、人民生活、文化建设、生态环境、城市治理5个领域对城市进行系统监测，依次形成"小康经济指数""小康生活指数""小康文化指数""小康生态指数""小康治理指数"5个小康分项指数，分别衡量各领域建成水平，5个小康分项指数集成"全面建成小康社会指数"（简称"全面小康指数"）。全面小康指数和小康分项指数均以100为预期点。2020年12月4日，竞争力智库、中国经济导报社、中国信息协会信息化发展研究院和北京中新城市规划设计研究院在北京联合发布《中国城市全面建成小康社会监测报告2020》，公布了"2020中国地级市全面小康指数前100名（含副省级城市）"。其中，苏州的小康经济指数、小康生活指数、小康文化指数、小康生态指数均达到A+级，小康治理指数达到A级，全面小康指数149.75分，位列全国小康城市百强榜第三，全国地级市第一。

三、全力打造"韧性城市":展示提"质"稳"增"的苏州逻辑

"十二五"以来,中国经济进入以中高速、优结构、新动力、多挑战为主要特征的新常态,苏州作为全国的先发地区、经济大市,继续追求过高的经济增长速度,既不切实际,更有可能给未来的持续健康发展带来新的更大挑战。苏州深刻认识到,必须坚持底线思维,切实将苏州经济保持在合理的增长区间,防止由速度回落演变为增长失速,否则极有可能带来巨大的经济风险和社会风险,难以翻越"高收入之墙",颠覆改革开放以来"富民强市"的发展成果,更难以为实现共同富裕积累更多的物质财富。由此,以提"质"实现稳"增"渐次成为全市上下的共识。

第一,苏州处于"非典型"的后工业化阶段,经济增长的潜力在于提高质量。根据经典理论,判断一个国家或地区的工业化发展进展主要有 5 项判据,苏州认为,尽管无论从钱纳里模型(人均 GDP)、西蒙·库兹涅茨研究成果(三次产业比重)、霍夫曼比例(轻重工业比值),还是从配第-克拉克定理(三次产业从业人员比重)、陈佳贵研究成果(城镇化率)来判断,苏州早在"十二五"末"十三五"初已进入后工业化发展阶段,经济增速回落是必然现象,但是并没有充分凸显高附加值、高技术化、高加工度等工业后期的典型特征,这种不平衡不充分现象表明,苏州总体上仍处于"非典型"的后工业化阶段。处于这样的发展阶段,苏州既面临着加快转型发展的巨大压力,又存在着保持区域经济稳定增长的潜力,关键是要提高经济发展质量。

第二,苏州先于全国进入增长阶段换挡期,缓解增速回落的弹性来自提高质量。按一般规律,一个国家或地区在经历一个时期的经济

高速增长后，毫无例外将出现增速回落，步入增长阶段换挡期。同时，国际典型案例表明，一个地区的增速换挡一般发生在工业增加值占GDP达到峰值后的4~5年，而一个国家则发生在人均GDP达到11 000国际元左右的窗口期，苏州总体上比全国提早了3~4年。苏州深刻认识到，增长速度换挡反映出的是增长动力的转换、发展模式的转型和内部结构的再平稳，同时回落幅度是有弹性的，主要取决于结构优化、产业升级、提质增效的进展和水平，关键看经济发展的质量能否持续提升。苏州先于全国进入增长阶段换挡期，也必然要求先于全国调整产业结构、提高产业层次，先于全国推动产业更新、培育接续产业，在发展动力的"破"与"立"上下好先手棋、打好主动仗。

第三，苏州处于内外因素叠加制约期，实现健康平衡发展的出路在于提高质量。改革开放以来的前30多年，苏州总体上实现的是外延式"压缩型"经济增长，1978年至2013年GDP年均增速达14%，大大高于同期9.7%的全国平均水平。苏州深刻认识到，这种增长方式必然给苏州未来的发展带来资源、环境、人口等刚性约束，建设用地开发强度大、单位面积产出低，污染物排放总量大、单位面积排放强度高，再叠加苏州区域面积相对较小、生态敏感性相对较强等因素，粗放型增长方式已难以为继。同时，宏观经济形势和发展环境已发生深刻变化，苏州沿袭以往的经济增长方式既无可能更无条件。处于这样的发展阶段，苏州稳定经济增长的根本出路在于加快转型、提高质量，否则简单的稳是稳不住的，即使稳住了也难以长久，更有可能带来更大的不平衡、不协调和不可持续。据测算，如果单位存量建设用地GDP产出每年增长10%，即使按2013年建设用地规模，至"十四五"初也可以承载2.5万亿元GDP。由此，苏州推动质量变革的决心一刻也没有弱化。

当然，走向高质量发展是一个历史过程，必须紧密结合宏观形势发展变化与自身实际，明确阶段性推进重点。面对"百年未有之大变局"与新冠肺炎疫情相互催化叠加,尤其是保护主义、单边主义抬头,国际经济贸易投资持续低迷,中美经济贸易摩擦和部分国家内顾倾向加剧,经济全球化遭受逆流,全球产业链、供应链受到非经济因素的严重冲击,作为开放型经济大市,苏州坚决贯彻落实"在危机中育新机、于变局中开新局"的战略思想,紧扣服务新发展格局,致力于在当前稳增长、长远促转型的结合点上,坚持把打响产业基础高级化、产业链现代化攻坚战作为推动高质量发展的阶段性重点任务,着力提升在全球产业链中的分工地位、供应链中的重点卡位、创新链中的关键点位、价值链中的高端站位,突出重点加快打造抵御风险应对挑战的"韧性城市",较好地实现了在"爬坡过坎"中稳定经济增长,支撑共同富裕的"苏州家底"更加殷实。

(一) 致力固本强基大力引育"链主企业"

坚持把引进和培育产业链"龙头企业"尤其是"链主企业"作为强链补链、提升产业竞争力和话语权的一项补短板工程和重要任务。一方面狠抓全产业链招商,高质量、多语种发布融"投资考察线路图""平台载体导引图""产业用地供应图""投资合作机会图"于一体的"苏州开放创新合作热力图",并围绕产业链"堵点""痛点",建立产业链供需数据库存,举办首届产业链云对接大会,发布"产业链全球合作对接图",较好地实现了精准招商"链全球"。另一方面,召开"独角兽"企业发展大会并出台"独角兽"企业培育计划,实施"高新技术企业培育跃升工程",建立完善"专精特新""小巨人"企业培育库,"独角兽"企业数量位居胡润《2021全球独角兽榜》中国城市第7位,省级"专精特新"企业达398家,居全省首位。大力实施《"苏州制造"品牌建设三年行动计划》,并对产业链优特项目实行"N+1"特殊支持政策,鼓励优势企业通过并购、引进、参股等方式补链、强链、扩链,进行上下游横向联合、纵向整合,建立柔性供应链体系,引导企业将"总部的总部""核心的核心"留在苏州,培育了一大批扎根苏州的"链主企业"。

（二）强化核心技术攻关促进科技"自立自强"

苏州坚持把攻克一批"卡脖子"关键核心技术作为实现高水平科技自立自强、提升产业链现代化水平的核心，在召开"一区两中心"建设推进大会、加快培育国家战略科技力量，加快布局材料科学姑苏实验室等重大创新基础设施、强力建设重大创新载体，着力提升企业技术创新中心层次、强化技术创新能力的同时，瞄准"五基"薄弱环节和重点产业链高端环节、关键环节，梳理"卡脖子"技术攻关项目清单，开展核心技术产品遴选，创新科技计划项目引导和组织方式，全面制定实施产业基础能力建设方案。"大尺寸氮化镓材料制备技术研究"等近30个产业前瞻与关键技术项目被纳入省重点研发计划，亨通集团的光电通信技术、纳微科技的单分散填料核心技术等打破外国长期的技术垄断，全市共获2020年度国家科学技术奖8项，其中科技进步一等奖1项、二等奖3项。

（三）全力扩大内需建立"对冲机制"

面对明显弱化的传统国际循环，苏州坚持把扩大内需作为服务和融入构建新发展格局的战略基点，努力实现"三驾马车"在更高水平上的协同并进。一方面，以稳增长、优结构、强弱项为导向，注重发挥重大项目的牵引作用，持续优化投资结构，强化土地等要素保障，相继出台了有效投入、创新发展、产业招商"三项考核制度"，实施了产业用地更新"双百行动"，由此不仅扭转了固定资产投资连年下降的势头，固定资产投资由2018年的4556亿元持续增加到2021年的5661亿元，而且实现了结构持续优化。2021年，全市完成新兴产业和高新技术产业投资分别达1522亿元和733亿元，分别是2018年的1.7倍和1.6倍，其中新兴产业投资占全部固定资产投资的比重提高6.8个百分点，很好地起到了即期稳增长、长期促转型的双重目标。另一方面，围绕积极争创国际消费中心城市，高质量举办了"双12苏州购物节"等重点促进消费的品牌活动，制定出台促进夜经济、首店发展等专项政策措施，大力发展网络购物等新商业模式，实现了消费市场恢复性增长。2021年，全市社会消费品零售总额突破9 000亿元，创历史最高水平，位列全国重要城市第7位，消费对稳增长的基础性作用进一步凸显。

四、突出创新核心地位：奏响新时代"富民强市"的"苏州强音"

习近平深刻指出，高质量发展不是一时一事的要求，而是必须长期坚持的要求。他强调，促进全体人民共同富裕是一项长期任务，随着我国全面建成小康社会、开启全面建设社会主义现代化国家新征程，我们必须脚踏实地、久久为功，向着这个目标更加积极有为地进行努力。面向第二个百年奋斗目标，面对建设全体人民共同富裕的现代化的重要任务，苏州一方面牢记习近平赋予江苏的"在改革创新、推动高质量发展上争当表率，在服务全国构建新发展格局上争做示范，在率先实现社会主义现代化上走在前列"的光荣使命和对苏州"现代化应该是一个可以去勾画的目标"的殷殷嘱托，提出了到2035年建成充分展现"强富美高"新图景的社会主义现代化强市，成为促进人的全面发展、实现人民共同富裕的先行示范，到2050年迈入全球先进城市行列，成为向世界展示中国式现代化新道路、人类文明新形态的城市范例的奋斗目标。另一方面，坚持把创新置于现代化建设的核心地位，坚持把创新作为带动经济社会发展全局的"牛鼻子"，致力于全面提升全要素生产率、劳动生产率、科技贡献率和人力资源积累水平等，致力于以经济现代化进一步夯实"全体人民共同富裕的现代化"的物质基础，一场以创新驱动为定义性特征的质量变革、效率变革、动力变革在苏州加快布局、深度展开，苏州迈向共同富裕的底气更足、步伐更加从容。

(一) 全力推进"开放再出发",拓展开放创新新空间

开放是苏州的基因,也是最大优势、最亮标识。苏州认为,在新的历史条件下不能再简单地讲昨天的故事、干昨天的事情,而要按照习近平总书记"以开放促改革、促发展、促创新"的要求,全力推动开放与创新、创新与产业、产业与城市相融合,全力提升科技创新策源、高端产业引领、全球资源配置、各类要素集聚、开放枢纽门户等"五大功能",让开放为苏州高质量发展赋能。为此,苏州在2020年召开开放再出发大会,重磅出台30条政策举措,拓展开放创新的新空间。

1. 集聚全球创新资源

致力打造"苏州最舒心"的外国人才创新创业环境,苏州连年举办国际精英创业周,常态化举办"创赢未来·赢在苏州"国际创客大赛,首创外国人才科技项目推荐制等,截至2021年,共拥有留学回国人员5.5万多人,持证外国人才1.15万人,苏州连续10年获评"外籍人才眼中最具吸引力的中国城市"。建立诺贝尔奖实验室"一事一议"专项引进制度,鼓励全球知名高校、科研院所在苏合作建设科研创新平台,引导外资企业加快向"制造+研发+营销+服务"转型,截至2021年,已建成外籍院士工作站11家、省市外国专家工作室285家,微软研究院、牛津大学高等研究院等一大批国际研发机构落户苏州。

2. 构建全球创新版图

苏州围绕积极融入全球创新网络,不断拓展国际合作渠道、提升科技创新体系开放程度和国际化水平。一方面,出台支持国际研发机构发展的暂行办法,积极打造对接全球创新资源的"桥头堡""连接站","深时数字地球"成为全国首批两个国际大科学计划之一。另一方面,抢抓"一带一路"机遇,加快"走出去"步伐,在加快埃塞俄比亚东方工业园等"飞地经济"建设的同时,加快布局"创新飞地",出台《关于加快建设海外离岸创新中心的意见》,对建设海外创新孵化中心、企业海外研发机构、海外产学研合作平台等实施奖补政

策,打造离岸创新"苏州模式",截至2021年,已建成中荷离岸协同创新中心等12家海外离岸创新中心。

3. 推动区域科技合作

苏州抢抓长三角一体化发展上升为国家战略的重大机遇,在编制"苏州行动计划"和"三重清单"、深度对接参与上海"五个中心"和虹桥国际开放枢纽北向拓展带及生态绿色一体化发展示范区等建设的同时,持续深化沪苏和G60科创走廊科技合作,首次与上海签署全面科技合作协议,中科院硅酸盐研究所苏研院、中科院上海药物所苏研院、上海交通大学苏州智研院、中科院上海技物所苏研院、长三角先进材料研究院等相继建成投用,全国首个先进技术成果长三角转化中心、量子科技长三角转化中心、上海长三角科创企业服务中心苏南中心等研发平台落户苏州。据统计,截至2021年,沪苏共建科技创新载体平台113个,校地校企合作项目322个,集聚开放共享高端科研设施逾5万台套。

4. 深化平台载体改革

苏州坚持以开放促改革,在以勇闯"无人区"的胆魄全面推进重点领域、关键环节集成改革的同时,注重以国家级、省级重大试点为牵引,做别人没有做的事、走别人没有走的路,积极在没有先例的领域做出成功案例,全力打造高水平的开放创新平台载体。推动苏州自贸片区加速起势,出台自贸片区建设实施方案和支持自贸片区高质量发展工作意见,全面推进制度型开放,截至2021年,已累计形成全国全省领先的制度创新成果100余项,其中6项在全国复制推广、31项在全省示范推广。推动开发区创新转型,紧扣"一特三提升"目标,出台促进开发区改革和创新发展实施意见及加强评估引导若干意见,具有全球影响力的产业科技创新高地主阵地功能得到有效强化。用好中新、中德、中日以及两岸产业合作等高层次开放平台,苏州工业园区在全国率先开展开放创新综合试验,昆山深化两岸产业合作试验区范围扩大到昆山全市。

（二）全力巩固提升"最强比较优势"，升级创新要素新结构

据不完全统计，自2020年9月份以来，仅苏州市级层面就与高等院校、大院大所、创新型龙头企业、资本机构等签订战略合作协议50多项，南京大学苏州校区、西北工业大学太仓校区等加紧建设，华为"一基地四总部六中心"、阿里巴巴"一基地四中心"等纷纷落户苏州。透过"大珠小珠落玉盘"的苏州现象，苏州呈现的是这样一条清晰的工作主线：巩固提升"最强比较优势"—增强城市能级—集聚创新资源—升级要素结构—推动高质量发展—建设现代化强市。事实上，苏州清醒认识到，苏州以往的发展很大程度上是得益于全球相对低端的产业资本在苏州的集中投资、全国人口红利在苏州的集中释放，这样的要素结构是难以支撑苏州的高质量发展的。苏州也深刻认识到，城市能级归根到底是集聚和控制创新要素的能力，作为地级市，必须把巩固提升"最强比较优势"作为增强城市能级的关键抓手，让世界看好苏州，让各类高级要素、优质资本看好苏州，形成集聚资源、升级创新要素结构的"强磁场"。

1. 全力塑造最优营商环境

围绕使营商环境成为苏州最响亮的金字招牌，苏州牢固树立"没有最好、只有更好"的理念，瞄准"同样条件成本最低、同样成本服务最好、同样服务市场机会最多"目标，坚持"把服务的标准定得更高一些，把市场主体的需求找得更准一些，把落实的步子迈得更快一些"，召开"构建亲清政商关系打造最优营商环境"推进会，持续实施"优化营商环境创新行动"，出台优化营商环境条例，深化推进行政审批制度改革，率先设立商事法庭，加快通关速度，优化出入境服务，推进涉外金融先行先试，在全国工商联《万家民营企业评价营商环境报告》中，苏州连年位列前三名，其中政务环境和市场环境位居榜首，创新环境名列第2位。

2. 全力打造"苏州制造""江南文化"两大品牌

品牌是一个城市的特质和个性，是社会各界对这个城市的认可程

度,更是集聚高端资源要素的一把"利剑"。鉴于此,苏州从自身的比较优势着手,一方面遵循大都市圈产业协同定位规律,启动实施了《"苏州制造"品牌建设三年行动计划》,并出台了6个方面25条配套政策,旨在建设竞争力最强、体系最完备的全球高端制造业基地,形成生物医药等产业地标、区域品牌。另一方面,秉承"经济让城市更强大、文化让城市更伟大"理念,紧扣重塑"江南文化"核心地位,以十大工程为抓手,实施"'江南文化'品牌塑造三年行动计划"和"文化产业倍增计划",建设"最江南"的文化名城,由此形成了"江南文化"、开放文化、创新文化交融发展的局面,在讲好"苏州故事"中提升了对各类要素的极化效应。

3. 全力全面提升城市宜居品质

苏州不仅要呈现创新之美、产业之美、人文之美,更要凸显生态之美、宜居之美、文明之美,让"美丽苏州"成为苏州一张集聚高端资源要素的"王牌"。苏州在建成全国首个环保模范城市群的基础上,围绕建设人与自然和谐共生的现代化城市,坚持"绿水青山就是金山银山"理念,紧扣长江大保护、太湖生态保护、长三角生态绿色一体化发展示范区和大运河文化带建设等"四件大事",全面落实碳达峰、碳中和"3060"工作部署,强化国土空间规划和用途管制,建立健全工业企业集约利用评价体系,大力推进太湖生态岛建设,完善"四个百万亩"保护和生态补偿机制,在全省"263"专项整治暨打好污染防治攻坚战考核中连续4年名列第一,2021年空气优良天数比例达85.5%,国考、省考断面水质优三类比例分别达86.7%和92.5%,率先建成全国首个国家生态园林城市群。同时,苏州在实现创建全国文明城市"满堂红"的基础上,又对照更高标准、更高要求,发出了力争通过3年努力创建全国文明典范城市的动员令。

(三)全力唱响"链接未来",推动创新集群新跃升

迈进数字经济时代,知识、技术与产业加速融合,各类生产要素广泛链接,正在重塑经济空间和竞合格局。面对这种大趋势,苏州敏

锐地意识到，坚持创新驱动战略，坚持高水平科技自立自强，必须以集群的形态组织创新，以数字的手段赋能创新，并明确提出，推进数字时代产业创新集群发展，是苏州牢记习近平总书记嘱托、贯彻落实中央和省委决策部署的重要举措，是苏州抢占"新赛道""主赛道"、补齐数字经济短板的必然要求，是苏州锻造制造业长板、推动产业转型升级的战略选择。其目的就是要通过推动创新资源和产业要素有机协同配置，真正实现"苏州制造"向"苏州创造"、"苏州速度"向"苏州质量"、"苏州产品"向"苏州品牌"的"三大转变"，做大数字经济关键增量，让创新"链"出精彩，让产业"链"向未来，全面提升苏州经济发展质量和效益。

1. 在工作布局上，注重强化"顶层设计"

苏州在 2020 年和 2021 年分别以"开放再出发""智能化改造和数字化转型"为主题召开"新年第一会"的基础上，2022 年又以"数字经济时代产业创新集群发展"为主题召开"新年第一会"，并以一号文件的形式出台了《苏州市推进数字经济时代产业创新集群发展的指导意见》，对推动创新集群发展做出全面部署。嗣后，又抓紧制定出台了"三年行动计划"，进一步明确了"路线图""时间表""任务书"，并探索构建创新集群建设成果综合评价体系，开展创新集群建设试点示范认定工作。同时，以起步就是冲刺、开局就是决战的姿态，围绕电子信息、生物医药、装备制造、先进材料等优势产业，分类召开推进大会，力求干出成效、干出亮点、干出全面领跑的好态势，加快打造全国"创新集群引领产业转型升级"示范城市。

2. 在建设思路上，注重展开"四个维度"

苏州紧扣产业迭代升级和集群创新能力提升，坚持递进生成和创造生成并举，加快构建以创新型企业和人才为主体，联合高等院校、科研机构、行业组织、中介机构、金融机构、公共服务机构等多元化组织，以网络化知识交流合作为主要链接关系，以知识和技术创新产生价值为主要运行业务的高水平创新集群。在具体实践中，注重聚焦"数字经济"这个时代背景，用数字经济的蝶变催生创新集群的聚变，致力使数字经济成为苏州高质量发展的关键增量；注重聚焦"实体经济"这个立市之本，围绕产业链部署创新链、围绕创新链布局产业链，推动苏州制造业核心竞争力的再一次跃升；聚焦"创新能力提升"这个目标要求，更加积极融入全国、全省科技创新布局，进一步增强产业自主可控能力；聚焦"集群发展"这个组织形式，促进多元要素融合互动，打造创新氛围最好、创新浓度最高、创新生态最优的城市，推动产业经济向创新经济跃升、产业大市向创新强市迈进。

3. 在工作任务上，注重突出"六个重点"

苏州围绕形成创新"生命共同体"，注重突出创新型企业核心地位，打造自主创新的"核心圈"、技术共享的"朋友圈"、带动广泛的"辐射圈"，锻造企业协同创新链条；注重发挥高层次人才关键作用，围绕推进产才融合，推动高水平人才集聚，打造高标准人才服务，使能创大业的人才近悦远来；注重增强研发机构创新策源功能，大力培育国家战略科技力量，打造新型研发机构集群，深化校地融合创新发展，搭建产学研创新联合体；注重用数字撬动存量、缔造增量，前瞻布局数字创新链，全面推进"智改数转"，推动数字产业融合创新，打造数字孪生城市；注重加速产城融合、构建高效能创新网络，按照市域一体、上下联动要求优化创新集群布局，积极落实长三角一体化国家战略、深化跨区域创新合作，打造国际开放创新平台、全面融入全球创新网络；注重营造高品质创新生态，发挥资本纽带作用、大力推动金融与创新深度融合，加强知识产权保护运用、构建全过程知识产权工作体系。我们可以相信，创新集群必将成为苏州经济高质量发展的不竭动力，也必将为苏州实现共同富裕奠定坚实的物质基础。

第二章
发挥农村集体经济富民强基的重要作用

党的十九届五中全会通过的《中共中央关于制定国民经济和社会发展第十四个五年规划和二〇三五年远景目标的建议》（简称《建议》）清晰擘画了我国推进全体人民共同富裕、基本实现社会主义现代化的远景目标。《建议》提出，到 2035 年要让"人民生活更加美好，人的全面发展、全体人民共同富裕取得更为明显的实质性进展"。这是中国共产党对亿万人民的庄严承诺，也是继全面建成小康社会这个第一个百年奋斗目标取得胜利后，我们党为满足人民对美好生活期待，推进民生建设高质量发展的又一个重大战略目标。改革开放以来，苏州坚持农村改革的社会主义方向，因地制宜，勇于创新，不断巩固和发展农村集体经济，发挥农村集体经济富民强基的重要作用，不断探索实现城乡经济社会整体协调和融合发展的新路径。在改革开放的时代大潮中，苏州从创办"村村点火、户户冒烟"的乡镇企业，到全面推进以"三大合作"为核心的农村集体经济股份制改革；从农村工业化、城镇化、现代化进程的整体推进，到城乡一体化、城乡统筹、城乡融合发展和乡村振兴战略的层进式转型升级；苏州农村集体经济不但没有凋敝衰弱，而且在体制机制的改革创新中不断发展壮大，截至 2021 年年底，苏州农村村均集体可支配收入达 1 127 万元，为新时代扎实推进城乡整体性共同富裕战略奠定了坚实的物质基础。

一、苏州发展农村集体经济 探索共同富裕的发展历程

改革开放以来,苏州农村大胆突破计划经济体制的禁锢,破除小农经济意识的束缚,不断超越自我,勇于创新,促进农村集体经济在时代大潮中实现一次又一次的华丽转型。20世纪80年代,苏州创造了以发展乡镇企业为主体的"苏南模式",集体经济蓬勃发展,农民收入快速增长,生活水平稳步提高,农村面貌发生了翻天覆地的变化,为农民致富奔小康奠定了坚实的物质基础。进入21世纪以来,苏州农村不断改革创新,大力推进以"三大合作"股份合作制为主要形式的农村集体产权制度改革,大胆探索农村新型集体经济的实现形式和运行机制,不断完善有效维护集体经济组织成员权利的治理体系,管好用好农村集体资产。随着农村新型集体经济实力的进一步发展壮大,广大农民迈向共同富裕的经济基础越来越坚实,苏州走出了一条具有苏州特色的依托新型集体经济发展实现农村共同富裕之路。

(一)乡镇企业异军突起成就闻名全国的"苏南模式"

从改革开放之初至20世纪90年代初,苏州率先实现"农转工",大力发展乡村工业,开启了奠定共同富裕物质基础的起步阶段。党的十一届三中全会顺利召开后,以家庭联产承包责任制为核心的农村经济改革拉开序幕,苏州在全面推行包产到户的农村改革过程中,顺应形势变化,因地制宜,大胆创新,大力发展乡镇企业,农村集体经济实现了从传统农业经济向工业经济转变的历史性跨越。随着乡村工业的蓬勃发展,大量农民进入乡镇企业上班,获取工资性收入,生活水平得到迅速改善和提高。农民"离土不离乡,进厂不进城",为苏州率先推进农村工业化、城镇化和市场化,促进区域经济突飞猛进发展创造了条件。这就是被誉为中国县域经济发展主要经验模式之一的"苏南模式",其主要特征是"三为主一共同",即"在所有制结构

上,以集体经济为主,依靠村、乡自身积累投入发展;在产业结构上,以乡镇工业为主,带动农村多层次、多行业、多形式的综合全面发展;在经济运行机制上,以市场取向为主,率先进行依靠市场指导发展乡村经济的探索和实践;在利益分配上,坚持按劳取酬、多劳多得的分配方式,以及兼顾国家、集体和个人利益,走共同富裕道路"。

苏州乡镇企业的异军突起,在奠定苏州制造业发展根基的同时,也极大地推动了农民的共同富裕。到20世纪80年代末,苏州乡镇企业创造的产值在苏州全市经济份额中已经达到了"三分天下有其二",在全国也具有举足轻重的地位。在乡镇企业中就业的农民达到130多万人,占农村总劳动力的50%以上。苏州乡镇企业脱胎于农村,植根于农村,与农民生产生活紧密关联,利用农业的原始积累逐步发展壮大,工业反哺农业,客观上又促进了农业农村的发展,对农村集体经济的发展、农民收入的增加及农民生活水平的改善和提高发挥了重要作用。随着农民收入的快速增长,以"三转一响"为标志的高档消费品进入寻常百姓家。据统计,仅1985年,苏州市每百户农民家庭拥有自行车125辆、缝纫机49.4台、收音机69.2台、手表215.6块、电视机30.6台、电扇60.6架。此外,农民的居住条件也得到大大改善,到20世纪80年代中后期,80%左右的农户翻建了新楼房,人均住房面积达24.27平方米,令当时住房拥挤的广大城市居民都羡慕不已。

(二) 乡镇企业产权制度改革为集体经济注入新活力

1992年年初,邓小平发表著名的南方谈话,深刻总结了党的十一届三中全会以来的基本经验,明确回答了长期困扰和束缚人们思想的许多重大认识问题,南方谈话成为我国加快改革开放、推动社会主义现代化建设迈向新阶段的政治宣言书。苏州人民在市委、市政府的领导下,认真贯彻落实邓小平南方谈话的重要精神,进一步坚定了不断解放思想、大力发展生产力、坚定不移地深化改革、披荆斩棘永闯新路的决心和信心。进入20世纪90年代,随着商品经济的发展,计划经济时代的"短缺经济"宣告结束，国内商品市场由卖方市场转向买方市场，市场竞争日趋激烈，苏南地区大批乡镇企业发展陷入困境。面对新形势，苏州市各级政府与时俱进，积极转变职能，顺应市场经济发展大潮，针对乡镇企业产权不明晰、权责不清等问题，启动了农村集体经济新一轮"静悄悄的变革"——乡镇企业产权制度改革。苏州坚持农村改革的集体所有制和农民共同富裕的原则与方向不动摇，在实践探索中总结形成了"动产出售，不动产租赁，集团公司不撤，注册商标不卖，债权债务相抵后划转"的产权改革模式，保障村集体投资建造的大部分厂房，绝大部分供电、供水、供气民生基础设施以及所有企业用地的所有权、使用权仍然归村集体所有。

乡镇企业产权制度改革为苏州农村集体经济的发展注入了新的活力，也为持续推进农村共同富裕奠定了更为坚实的物质基础。农村集体经济产权制度改革，一是促进了集体经济实现形式的多样化。通过产权制度改革，乡镇企业出过去单一的集体独资企业变成了股份有限公司、有限责任公司和股份合作制公司等多种经营模式的企业，按照市场化要求实行了新的企业制度，尤其是劳动者的劳动联合和劳动者的资本联合有机结合的新型集体经济获得快速发展。二是创新了集体经济的发展方式。以构建现代企业制度为改革方向的乡镇企业产权制度改革使投资者所有权和企业法人财产权分离，集体经济的发展方式也随之发生了根本性变化，出现了向企业投资参股，向各类企业出租公用设施、厂房设备、仓库场地和提供各种配套服务等新方式，集体经济组织走上了依靠经营资源、资产和资本发展壮大集体经济的新路子。据统计，截至1999年年底，全市有超过173亿元集体净资产以集体股权形式和资源、资产租赁形式进入各类企业。在集体经济收入中，来自投资收益的占52%，来自资源、资产租赁等形式出租收入的占34%，农民获得了更多实惠。三是增强了集体经济带动农民致富的能力。通过集体产权制度改革，农村集体资产按照有进有退、有所为有所不为的原则进行了战略性调整，使集体资产更多地向优势企业、优势产品和优秀企业家集中，资本投向和资本结构更趋优化，运行质量不断提高，带动农民增收致富的动力更强。在 1996—1999 年三年改革中，苏州农村由集体资本带动进入乡镇企业的社会资本金达 61.8 亿元，使乡镇企业获得了新的发展活力和动力。苏州集体经济蹄疾步稳的发展，为拓宽共同富裕之路积蓄了强大的物质能量和精神能量。

（三）"三大合作"股份合作制改革助力富民强基工程

进入 21 世纪，苏州农村集体经济发展加快融入社会主义市场经济的时代洪流之中。2001 年，苏州市提出开展以农村集体资产的股份合作制改革、农民承包土地的股份合作制改革和农民生产经营（投资）方式的股份合作制改革为主要内容的"三大合作"改革，在积累试点经验的基础上，逐步扩大改革试点范围。截至 2004 年年底，苏州全市组建各类合作社 668 家，入社农户比例达 12%。为了加快改革进程，从 2005 年开始，苏州市制定出台了《关于促进农民持续增收的意见》，并相继下发了覆盖所有合作社类型的一系列专门文件，明确了扶持和鼓励集体经济发展的各项政策措施，营造了良好的改革氛围，合作社数量和规模急剧增长，"三大合作"改革进程推进明显加快。截至 2011 年年底，苏州全市组建各类合作社已达 3 637 家，入社农户比例突破 95%。这是苏州农村集体经济改革的又一次历史性跨越。在推进"三大合作"改革的热潮中，苏州广大农民走上了一条"户户有资本、家家成股东"的新型共同富裕之路。

（四）农村新型集体经济高质量发展铺就共同富裕之路

党的十八大报告强调："坚持和完善农村基本经营制度，依法维护农民土地承包经营权、宅基地使用权、集体收益分配权，壮大集体经济实力。"只有不断发展和壮大农村集体经济，才能接续推进农村从全面小康迈向共同富裕的道路。正如习近平在《摆脱贫困》中指出的，集体经济是农民共同致富的根基，是农民走共同富裕道路的物质保障。党的十八大以来，苏州大力培育和发展农村新型集体经济，以新发展理念为指导，以建设社会主义现代化强市为目标，加快推动进入"量转质"的整体性高质量发展时期，迈向了推动共同富裕取得更为明显的实质性进展的阶段。

进入新时代，如何处理好村级组织与集体经济的关系，成为苏州农村改革的一道紧迫课题。苏州开始探索政经分开、规范集体经济经营管理、加强集体资产监管的新型集体经济发展路径。2014年9月，苏州市出台了《关于进一步发展壮大村级集体经济的意见》，提出全面推进政经分开改革，构建农村公共服务财政分担机制。2017年8月，苏州市又出台了《全面推进政经分开改革指导意见》，指导全市农村积极、稳妥、有序开展政经分开改革，重点通过组织机构、管理职能、成员对象、议事决策和财务核算等"五个分开"，厘清群众自治组织和农村集体经济组织的职责、功能与权责关系，健全完善市、县（区）、镇（街道）、村（社区）四级联动的农村集体资产监督管理体系，加强对农村集体资产财务的审计监督，完善村级集体财务民主监督机制，确保农村集体经济沿着正确的轨道发展。新型农村集体经济的发展，使苏州农村呈现"户户成股东、人人有股份、个个有就业、年年有分红"的良好局面。截至2017年年底，苏州全市村级集体经济组织成员分红累计总额达到38亿元。其中，仅2017年村民实现股金分红就有近10亿元，全市农村居民人均可支配收入近3万元，城乡居民收入比缩小为1.96∶1。据统计，截至2021年年底，苏州私家车保有量达391.1万辆，是全国户均私家车保有量最高的地级市之一。苏州农村带电梯的洋房十分普遍，现代生活设施齐全的农村居住小区覆盖率不断扩大，社区居民的交通出行条件也大大改善，人民群众的获得感、幸福感、安全感得到了切实增强。

二、苏州农村集体经济发展壮大的经验做法

在40多年的农村改革发展中，苏州始终坚持发挥农村集体经济

在富民强基中的重要作用,带领农民坚持走社会主义共同富裕的道路。在党的领导下,苏州农村因地制宜,勇于创新,大胆探索农村集体经济发展壮大的有效实现形式,充分利用市场在农村资源配置中的决定性作用,充分尊重农民的首创精神,培养农民的企业家精神,从乡镇企业的异军突起,到农村股份制改革,再到农村现代企业制度的建立,农村集体经济已经成为与社会主义市场经济相适应、与解放和发展生产力相一致、与农业现代化相匹配、与各种所有制经济相协调、与共同富裕目标相符合的公有制经济形式,为农村集体经济的做大、做强和做优,为新时代扎实推动农村共同富裕取得更为明显的实质性进展,实现苏州农业、农村和农民现代化提供了宝贵经验。

(一) 坚定不移走苏州特色的农村共同富裕之路

农村集体经济是社会主义公有制经济在农村的主要实现形式。以公有制为主体、多种所有制经济共同发展的基本经济制度,是中国特色社会主义制度体系的重要支柱,为扎实推动共同富裕取得更为明显的实质性进展提供了根本制度保证。苏州农村经济社会的蓬勃发展,既直接得益于遍布城乡的乡镇企业,又得益于农村新型集体经济的发展壮大。苏州是苏南地区乡镇企业的重要发源地,许多农村都办有乡镇企业,创造了全国闻名的"苏南模式"。党的十一届三中全会以来,在以家庭联产承包责任制为核心的农村改革开放中,少数地区在推行农村集体产权制度改革中,由于没有坚持集体所有制的社会主义基本原则,集体利益让位于个人利益,导致了集体经济的衰落,集体资产流失严重,其结果往往是富了少数人,而多数村民没有得到实惠,加剧了农村贫富分化,引起人民群众的不满。苏州坚持农村集体所有制的社会主义改革方向,鼓励、支持和引导农村发展以公有制为主体的集体经济,走社会主义共同富裕的发展道路。面对苏南地区农村人多地少的现实情况,苏州农村没有沿袭其他地区农村的发展模式,把有限的集体土地分给一家一户搞包产到户,而是另辟蹊径,因地制宜发展以乡村工业为主体的农村集体经济。在农村集体资产转制过程中,一些乡村顶住压力,不搞"一刀切"式的转制,不是简单地将集体资产一分了之,防止了因农村集体资产落入少数人手里而导致的农村两极分化,防止了农村社会新矛盾的发生;而是留住村级集体经济的家底,以集体土地为依托,实现抱团式滚动发展,壮大了集体经济,让全体农村(社区)百姓共享改革发展成果。

党的十八大以来,随着农村改革的深入推进,苏州农村在经历了乡镇企业大改制后,传统的农村集体经济虽然大多退出了乡镇企业,但为新型农村集体经济的进一步发展和壮大积累了大量的资金、技术、人才和先进管理经验。在改革探索进程中,苏州广大农村通过推进土地股份合作社、社区股份合作社、物业股份合作社等制度创新,使传统的集体经济的实现形式和发展路径实现了质的变化。农村集体经济组织已经从过去直接兴办集体企业,转变为主要发展集体物业,通过土地、厂房、物业等集体资产的股权转让或出租,分享发展红利,使农民与集体经济的关系更加紧密。通过多种形式的持续运营,很多村集体资产实现了保值增值。在苏州推进"三大合作"改革的热潮中,苏州农村许多地方已经走上了一条"户户有资本、家家成股东"的共同富裕之路。据统计,2020年苏州市城乡居民收入比为1.889∶1,成为苏南地区乃至全国城乡居民收入差距最小的地区之一。2022年,江苏省委农办、省农业农村厅在全省遴选确定的100个有亮点、有特色、有贡献、可借鉴、可复制、可推广的新型集体经济发展典型案例中,苏州市有9个村入选,成为共同打造新型农村集体经济发展的"江苏品牌"。从这100个案例中择优选出来的新型农村集体经济高质量发展表率村十佳案例和新型农村集体经济引领共同富裕示范村十佳案例,充分反映了当地农村集体经济发展水平和特点,不仅在集体经济发展方面有新机制、新路子,而且在联农带农机制方面有特色、有成效,体现集体经济组织优势,引领带动广大农民群众实现共同富裕。

苏州城乡融合发展具有鲜明的苏南特征:农村集体经济实力强,

城乡发展差距小，区域经济社会发展比较平衡。据统计，在人均可支配收入方面，2021年苏州全市常住居民人均可支配收入为68 191元，其中城镇常住居民人均可支配收入76 888元，农村常住居民人均可支配收入41 487元。在消费支出方面，2021年苏州全体常住居民人均消费支出为41 818元，其中城镇常住居民人均消费支出46 566元，农村常住居民人均消费支出27 240元。无论是人均可支配收入，还是人均消费支出，苏州城乡差距进一步缩小，整体推动城乡共同富裕的经济基础更加坚实。这些都得益于苏州市委、市政府在推进农村改革开放中，始终坚持以社会主义公有制经济为基础，坚持走苏州特色的农村共同富裕之路的基本原则和方向不动摇，保障了农村集体经济的健康快速发展。苏州乡镇企业的蓬勃发展，有效促进了苏州市域工业化生产要素的相对集聚，优化了生产力布局，将大批文化水平不高的农民培养成为高素质的熟练技术工人，并从中培养出了一大批有技术、懂经营、善管理、能带富的企业家，为苏州特色的农村共同富裕之路提供了坚实的物质基础和人力资源基础。苏州农村集体经济发展壮大的实践雄辩地证明：只有农村集体经济发达了，农民收入才能不断提高，城乡居民收入差距才能逐步缩小，城乡一体化进程、城乡融合发展以及实现共同富裕的基础才能越来越厚实。

（二）发挥农村致富带头人的"领头雁"作用

农民富不富，关键看干部；农村强不强，要看"领头羊"。纵观苏南农村集体经济发展的不同历史时期，苏州农村集体经济之所以能够走在全国农村改革发展的先进行列，取得一系列令人瞩目的成就，关键在于拥有众多"信念过硬、政治过硬、责任过硬、能力过硬、作风过硬"的基层党组织和一大批优秀的党员干部，形成了农村经济社会发展中的"头雁效应"。苏州在推动农村地区经济社会发展中，十分重视发挥农村基层党组织和党员干部的凝聚力、战斗力和创造力，发挥基层党组织的引领示范作用，推动基层各项工作稳步开展，促进农村（社区）民生福祉的改善和提高。

党的十八大以来,在探索新型农村集体经济高质量发展中,苏州涌现了大批农村致富带头人,通过发挥这些"领头雁"的示范引领作用,苏州得以全面贯彻落实"强村富民,共同富裕"的战略目标。其核心要义是:"紧贴村情善谋发展,饱含亲情善待百姓,顺应民情善聚民心。"这些德才兼备的优秀基层党员干部,成为推动农村共同富裕的"火种"和带领农民致富的领路人。在这些农村致富带头人身上,生动展现了新时代共产党人求真务实、真抓实干的作风,敢于担当责任,能真正做到对历史和人民负责的崇高品质。他们具备很高的理论政策水平、思想道德素养、改革创新精神和敏锐的市场经济意识。一是理想信念过硬,坚持改革发展初心,践行使命担当。二是政治素质过硬,增强"四个意识",在思想政治上讲政治立场、政治方向、政治原则、政治道路,在行动实践上讲维护党中央权威、执行党的政治路线、严格遵守党的政治纪律和政治规矩。三是发展理念过硬,坚持以人民为中心的发展观和政绩观。四是能力和作风过硬,他们不仅善于学习,不断掌握新知识、熟悉新领域、开拓新视野,全面提高领导能力和执政水平,而且善于借鉴创新,在集思广益、真心实意向先进地区学习中拓展工作视野,丰富工作经验,提高理论联系实际的水平;在倾听人民呼声、虚心接受人民监督中,善于自觉进行自我反省、自我批评、自我教育;在服务人民中,重视学习,勇于创新,不断完善自己,提高领导农村经济和社会管理的水平,增强服务人民的意识和能力。

常熟市蒋巷村是苏州农村集体经济发展的典型,也是农村基层党组织发挥"头雁效应"和模范带头作用建设新农村的样板。该村党员干部淡泊名利,克己奉公,真正践行了共产党人"让老百姓过上好日子"的初心和使命。在苏州市委、市政府和村党组织的带领下,蒋巷村人民攻坚克难,艰苦创业,勤劳致富。改革开放 40 多年来,蒋巷村推进集体经济不断转型发展,坚持农村改革发展成果惠及全体村民,久久为功,扎实推动农村共同富裕。据统计,仅 2020 年,全村社会总产值达10亿元，村级可用财力达2676万元，村民人均收入为5.61万元，人均社区股份分红1万元，家家住上了200多平方米的别墅，实现了养老、医疗等五大保险全覆盖。蒋巷村已经成为苏州乃至全国农村集体经济发展推动共同富裕的样本。

蒋巷村壮大农村集体经济　迈向共同富裕

常熟市蒋巷村是全国农村现代化建设示范村、全国文明村、全国民主法治示范村、国家级生态村、全国乡村治理示范村，它通过壮大农村集体经济，迈向了共同富裕。改革开放后，蒋巷村经历了办塑料厂、办化工厂几次失败后，建立了常盛集团，集团发展为国内知名的钢结构件生产基地。1993—2003年的10年间，常盛集团的业务量和利税总额每年以40%的速度递增，有力促进了村经济总量跃上亿元台阶。村里还建起了常熟第一家村级工业园。从2004年起，农业起家、工业发家的蒋巷村又开始了旅游旺家的第三次创业。蒋巷村流转680亩（1亩≈666.67平方米，下同）土地，发展乡村观光采摘游、农耕文化体验游，还投资建造了蒋巷宾馆、江南农家民俗馆、青少年科普馆等。2019年，蒋巷村旅游年收入达到了1000多万元，年吸引游客20万人次。蒋巷村一、二、三产业协调发展，村集体年收入超过2000万元，其中旅游收入就超过了1000万元，集体总资产超过10亿元。2020年，蒋巷村社会总产值达10亿元，村级可用财力达2676万元，村民人均收入为5.61万元，人均社区股份分红1万元，已经超过了当年度62582元的苏州城镇常住居民人均可支配收入。

在集体经济实力壮大的同时，蒋巷村时刻不忘改善村民生活。自村里2008年首次发放股份分红后，分红金额每年都有增长。蒋巷村的老年人，到了规定年龄就可以享受每月600至

2 300元不等的养老金,并享受每年一次的健康体检。从2000年起,蒋巷村分两批建成拥有186幢"小洋房"的集中居住区,每幢使用面积220多平方米,造价近30万元,村民只需交付12.8万元就可入住,气化灶具、太阳能热水器、洁具等都由村里提供。同时,蒋巷村还装修了护理院,村内、村外的老年人均可享用。如若本村老年人入住护理院,村里给每人补贴1万元。此外,在医疗保障上,仅以看病为例,农民合作医疗保险除市、镇资助外,个人分担部分全部由村集体补助缴纳。农民看病除享受合作医疗保险规定的医疗费报销外,个人承担部分的50%左右由村里补助。

(三) 引入市场竞争激励机制促进农村新型集体经济做优做强

改革开放以来,苏州作为长三角商品经济发达的地区,农村改革始终坚持以市场为导向,引入竞争机制,激励苏州各村级集体经济你追我赶、良性竞争,形成"百花齐放、百家争鸣"的发展态势。在实行家庭联产承包责任制和发展乡镇企业阶段,大批自主经营、自负盈亏的市场主体在商品经济的大潮中学习、锻炼、成长,为农村集体经济开启市场经济之路积累了宝贵经验,奠定了微观基础。随着农村市场的放开搞活,农产品流通体制改革为农村市场机制的发育创造了条件。商品流通渠道的多元化,促进了以批发市场为中心的农产品市场体系迅速形成,带动了农村土地、劳动力、资金等生产要素市场的兴起。农村市场环境的变化,既促进了苏州农民思想观念的转变和市场经济意识的觉醒,也从根本上改变了计划经济时代农村经济的资源配置方式,市场经济活动中的竞争和效率机制在农村资源配置中发挥着决定性的作用,大大提高了苏州农村集体经济的活力和效率,促进了农业增长方式的转变和农业农村经济的持续快速发展。

新时代苏州农村新型集体经济的发展具有四大特色。一是实现

"资产变股权、农民当股东",推动农村新型集体经济向产权明晰的现代集体经济转型。加快产业转型和体制机制创新,深化农村产权制度改革,是市场经济条件下引领集体经济发展的不竭动力。在苏州乡镇企业的发展过程中,为了不断适应外部政策与市场环境的变化,提高农民素质,一些农村经济体走上市场经济大舞台,平等参与竞争,在不断调整结构和促进经济增长方式转型的探索中,寻找最佳的发展路径。苏州集体经济大胆突破计划经济体制禁锢和小农经济意识限制,不断超越自我,实现了一次次的华丽转型。苏州集体经济的转型发展模式经历了从"农转工"到"内转外""散转聚"再到"低转高""大转强""量转质"的多次跨越。在此过程中,苏州不断创新农村集体经济发展体制机制,坚持因村制宜,多措并举为村级集体经济发展赋能。在苏州推进城乡一体化战略中,大批农村居民实现了由农民向"半工半农""亦工亦农""股民+市民"的身份转型。原来世世代代和土地打交道的苏州农民,在市场经济的大潮中开始学习掌握市场经济知识,运用市场经济规律经营管理乡镇企业,实现集体经济的跨越式发展。改革开放40多年来,纵观苏州农村集体经济的成长发展历程,苏州人民总能与时俱进,抓住机遇,适时进行经济转型,取得一个又一个突破。

二是推动"政经分开、村企分离",坚持处理好村级组织与集体经济的关系,有序开展农村产权制度改革,厘清群众自治组织和农村集体经济组织的职责、功能与权责关系,完善乡村治理体系,促进农村新型集体经济逐步赢得独立的市场经济地位。农村新型集体经济以全新的股份合作模式组织结合所形成的独立的产权主体出现,并最终将发展成为以现代企业组织和管理模式为特征的"产权清晰、职权明确、政企分开、管理科学"的新型组织形态。农村新型集体经济坚持"民办、民管、民受益"的原则,通过形式多样的发展模式,实现集体资产保值增值,促进农民增收致富。

三是探索"三会四权"经济组织架构,完善农村新型集体经济内部治理结构，提高集体经济监督管理水平。新时期新形势下，随着农村集体资产的发展壮大，如何实行有效监管、维护集体利益，是农村新型集体经济面临的一大挑战。在探索实践中，苏州农村在新型集体经济组织中推行以"三会"（即股东大会、董事会、监事会）和"四权"（即知情权、参与权、表达权、决策权）为主要内容的现代企业制度建设，开辟了农村民主管理经济的新途径，在促进农村新型集体经济健康稳定发展，保障农民物质利益和基本经济权利的同时，大大提升了农村基层民主管理水平，为实现农村共同富裕奠定了政治基础。

四是全面试点农村集体产权线上交易市场建设。苏州农村集体资产规模较大，如何唤醒这些"沉睡的资源"，是推动乡村振兴的关键环节。党的十八大以来，苏州顺应农村改革不断深化的新形势先行先试，大力推进农村集体产权线上交易市场建设。在建立江苏省统一联网的服务平台和省、市、县（区）、镇（街道）四级联动的运行体系，江苏省统一的交易流程和标准示范文书，县级平台全覆盖等方面，苏州走在全省乃至全国前列。

苏州致力于为全市农村产权创造公开、公平、公正及透明高效的交易环境，提供具有公信力、统一交易流程的服务平台，着眼于交易机构建设、制度规则建设、信息系统建设、从业队伍建设，在全省乃至全国范围内率先推行农村产权全流程线上交易。这些举措不仅可以有效地治理农村基层微腐败，而且成为促进农村集体资产保值增值、增加农民财产性收入的途径。此外，苏州紧盯农村产权交易面临的各种难题，以规范流转交易行为和完善服务功能为重点，突出为农服务宗旨，坚持以公益性为主，坚持公开透明、自主交易、公平竞争、规范有序原则，在符合本地实际和农村产权流转交易特点的前提下，对市场形式、交易规则、服务方式和监管办法等4个方面进行了大胆探索，勇争"第一"和"唯一"，敢创"率先"和"领先"，为全省乃至全国农村产权交易探索路径、做出示范。

（四）保障农民增收致富的物质利益和经济权利

马克思主义认为，人民是历史的创造者，是历史发展的决定力量。人民群众是实现共同富裕的主体力量。发展农村集体经济，实现农村共同富裕，必须尊重农民的主体地位，从农民中集聚智慧与力量。改革开放以来，苏州充分尊重农民的主体地位，支持农民创新创造，着力构建农村新型集体经济发展与农民增收的联结机制。鼓励和引导农民参与集体经济发展，充分盘活农村和农民的集体资产、土地、资金、技术、手艺等资源，让集体经济发展与农民增收同向而行。

我国的农村改革是在自发的状态下艰难起步的，既没有现成的经验可学习，也没有成功的模式可复制，完全是我们党的思想路线和农民大胆的实践探索相结合的产物，是党和政府充分尊重农民意愿、创造和选择的结果。从家庭联产承包责任制的兴起，到农业社会服务体系的建立健全；从乡镇企业的异军突起，到探索农村股份制、股份合作制等公有制实现形式；从外向型经济的发展，到民营经济的崛起；等等，改革开放以来，苏州坚定不移地保持党的农村基本政策的稳定性和连续性，依法保障农民的经济发展权益，始终牢固树立"以人民为中心，富民优先，共同富裕"的发展理念，实现富民与强市的有机统一。

一是探索农村耕地经营权流转改革，成立社区股份合作社、土地股份合作社、物业股份合作社等形式多样的农业合作社，在新型农村集体经济高质量发展中推动农村共同富裕。合作农场作为新的农业经营主体，使农村土地牢牢掌握在了村集体经济组织手中，有效地解决了集体土地的经营管理问题，做到了"有人种地、能种好地"。集体经营合作农场，能按照农业产业布局规划推进适度规模经营，提高了资源利用率、土地产出率和劳动生产率。合作农场既能增加农业有效投入，又能兼顾发展和壮大村级集体经济，增加农民收入，还能改善农村生态环境，维护农村社会稳定。

二是整合农村社区资源，深入推进股份合作制改革，做强"房东经济"，做优集体资产，积极引导村民入股分红，拓宽增收渠道，努力提高农民非工资性收入。随着苏州工业化和城市化进程加速，农业用地不断转化为工业用地和居民集聚地，旧房被拆迁、土地被征用的农民也实现了身份的转换，告别了祖祖辈辈的农民身份，开始成为城镇中的市民。在基层党组织的领导下，当地农民因地制宜、审时度势，抓住工业化和城市化进程带来的市场机遇，利用长三角地区的区位优势，加快构建以发展三产服务业为主导的产业布局，发展以房屋和厂房租赁为主要形式的"房东经济"，物业经济蓬勃发展。村级物业股份合作社，有效拓宽了建设资金筹措渠道，增加了村民尤其是困难村民的投资性收入，一举两得，双方共赢。对村民来说，通过入股合作社，拓宽了收入渠道，稳定了收入来源。合作社是名副其实的富民合作社，使村民共享了改革成果，实现了共同富裕。

改革开放40多年来，苏州农村集体经济的发展，始终致力于农民增收致富的目标，坚持保障农民共享苏州改革开放成果的物质利益与经济权利，积极探索构建富民强村长效机制。突出集体经济发展和农民增收"两个重点"，切实解决好农民最关心、最直接、最现实的利益问题。一方面，着力促进农村集体经济发展壮大，支持村级集体经济抱团联合发展，加大集体经济薄弱村脱贫转化力度；另一方面，着力促进农民持续增收，优化农民就业创业环境，发展股份合作经济，精准帮扶低收入农户。致力于乡村振兴战略和美丽乡村建设，为农村经济社会发展创造良好环境，不断实现农民对美好生活的需求。

（五）以强带弱实施经济薄弱村帮扶工程

改革开放40多年来，尽管苏州农村集体经济在推进城乡融合发展中一直走在全国前列，但是，由于历史条件和资源禀赋的差异性，苏州也存在一些集体经济相对薄弱的村庄，这必然影响苏州农村共同富裕战略目标的整体实现。党的十八大以来，为了促进农村集体经济的均衡协调发展，苏州坚持实施精准扶贫战略，走出了一条苏州特色的"以强带弱"的集体经济相对薄弱村（又称"经济薄弱村"）扶贫之路。改革开放以来，按照"抓两头、带中间"的工作方法，苏州市普遍开展了几年一轮的扶持转化经济薄弱村工程，成效显著。经济薄弱村年收入标准从20世纪90年代的20万元，逐步提高到30万元、50万元、100万元，村与村之间的发展和农民生活水平差距逐步缩小。2015年，苏州市委、市政府提出了"市县联动、挂钩帮扶、分工负责、一定两年"的扶贫方针，决心对全市集体经济年收入不到200万元的经济薄弱村开展帮扶工程。在市委、市政府的统一部署下，100家市级机关部门和企事业单位挂钩结对帮扶100个集体经济相对薄弱村，选派100名骨干担任经济薄弱村第一书记，指导农村经济社会发展，帮助农民脱贫致富。苏州市还加大了财政支持帮扶力度，助力脱贫攻坚战。从2015年开始，苏州对每个经济薄弱村落实财政补贴资金12万元，专项用于经济薄弱村公共服务开支，2016年补贴标准增加到15万元。同时，对承担生态涵养保护义务的农村加大了生态补偿力度。据统计，近年来苏州市统筹利用市级机关部门、事业单位的年度结余经费专项扶持经济薄弱村载体项目建设近1亿元，进一步增强了经济薄弱村的自我造血功能。这些举措有力地促进了经济薄弱村集体经济的发展壮大，保障了经济薄弱村农民的增收致富。

为了巩固脱贫攻坚成果，2018年，苏州市出台了《关于进一步加强集体经济相对薄弱村帮扶工作的实施方案》，对村级年稳定性收入不足250万元或人均年稳定性收入不足1 000元的100个集体经济相对薄弱村实施新一轮为期三年的精准帮扶工作，主要帮扶政策包括财政资金、土地政策、税费政策、金融服务、美丽村庄建设支持等5项政策。一是财政资金支持，每年安排不少于1亿元市级财政资金用于支持富民载体项目建设和公共服务支出补贴；二是土地政策支持，将补贴耕地指标在县（市、区）级或市级交易平台进行有偿调剂，并将土地调剂收入主要留存所在村；三是税费政策支持，对经济薄弱村集体经济项目相关税费实行减免；四是金融服务支持，利用农业担保、财政贴息、风险补偿等办法鼓励金融机构优先提供服务，解决村级融资难题；五是支持美丽村庄建设，苏州市三星级康居乡村建设任务优先向经济薄弱村倾斜，并且明确建设费用不用村级承担。

按照既定目标，截至2020年年底，100个集体经济相对薄弱村的年稳定性收入全部达到250万元以上，或人均年稳定性收入达到1 000元以上。集体经济相对薄弱村集体经济实力显著增强，农村均衡发展水平明显提升，集体经济带动、服务和保障共同富裕功能显著提高。具有苏州特色的"以强带弱"推进经济薄弱村帮扶工程，充分彰显了邓小平关于"让一部分人、一部分地区通过发展先富裕起来，然后先富带后富，最后实现共同富裕"的中国特色社会主义共同富裕理论的科学性，具有重大的理论意义和实践价值。

（六）探索创新农村新型集体经济高质量发展的有效形式

党的十八大以来，苏州农村集体经济已经从根本上打破了"资产占有以村集体为主、产业结构以工业为主、收入来源以办企业为主"的传统"苏南模式"的格局。通过长期不懈的探索实践，苏州集体经济组织依托各村庄资源禀赋，因地制宜采取了"宜农则农、宜工则工、宜商则商"的开发策略，出现了多种经济成分、多种经营方式、多个行业共同开发利用集体资产的新局面。农民的收入来源已经由原来的以直接经营企业为主，转向依靠农业农村资源综合开发利用、发展特色农产品、乡村旅游、抱团发展、异地发展、置业租赁等多种形式，呈现出多渠道、多元化、特色化的格局，苏州探索出了一系列苏州特色的助推农村新型集体经济高质量发展之路。

一是传统物业租赁型。在村级集体经济发展过程中，村级实力不断增强，各村利用区位优势通过盘活存量、新建物业、提高物业租赁价格等的方式来获得稳定的出租收入。一方面通过盘活存量物业资产实现增收。通过对闲置的办公用房、学校校舍、空置厂房、简陋旧厂房等无效、低效存量资产进行改造、修缮、翻（扩）建等"二次"开发，建设标准厂房、商业店面、仓储设施等进行出租，增加村级收入。另一方面通过新建物业的方式增加村级收入。各村在符合总体规划的情况下，积极争取土地指标，建设标准厂房、商业店面房等进行出租。通过建设经营性物业出租，增加村集体经济组织的财产性收入。

二是联合抱团发展型。针对部分村级集体经济底子薄、可用资源相对不足、发展不平衡等情况，通过以强带弱、强强联合，摆脱单打独斗的局面，突破资金不足的瓶颈，挣脱地域、资源的束缚，实现"1+1>2"的目的，不断增强村级集体经济发展后劲。

三是"飞地经济"发展型。随着城市化进程的加快，很多村实行整村动迁。这些村虽然在城市化进程中货币资产不断充裕，但是缺乏土地资源及指标，村级经济发展后劲不足，村级经营性收入增长遭遇瓶颈。为有效突破动迁村集体经济发展瓶颈，苏州农村"飞地经济"新模式应运而生，成为探索区域合作模式的有效形式和推进区域协调发展的突破口，是打破"动迁村"原有发展瓶颈、新增村级收入的一大重要法宝，也是助力乡村振兴的重要举措。

四是企村联建双赢型。2020年，苏州全面开展"万企联万村共走振兴路"行动，以"自愿、共商、共赢"原则，推进企业家资源、工商资本投入农业农村，给乡村带来资金、技术、人才、管理等先进生产力和先进理念，从根本上激发乡村振兴的内生动力和发展活力。截至2020年年底，全市共联建村居784个，占比82.7%。联建企业283个，村企对接联建项目达725个，实际投资53.59亿元。

五是后勤管理服务型。由农村集体组织牵头组建劳务合作社，把农村剩余劳动力组织起来，政府管护资源优先发包给村，提供道路养护、绿化管护、环卫清洁等劳务服务，进一步拓展服务对象和服务内容，探索村级经济新的增长点。

六是现代农业经营型。农村基层党组织引导和鼓励农户将土地向集体流转，由集体组建合作农场经营，以自主经营为主，以"合作农场+家庭农场"的形式，由农场统一规划布局、统一作物品种、统一肥药配送、统一提供服务，实现了农业规模化、集约化经营，村不仅可以获得农业经营收益，还可以得到财政生态补偿，以及自主经营、土地流转等各类补贴资金。

七是资产委托管理型。村级集体经济组织通过民主决策程序，将村（社区）集体资产、资金委托给镇级经营管理机构经营管理，变传统分散的经营模式为相对集中的现代经营管理模式。实行资产委托管理后，村（社区）股份合作社资产所有权、收益权与经营权实行分离，其中所有权和收益权保持不变，仍然属于村（社区）集体经济组织全体成员所有。通过实施资产委托管理，村级集体资产管理转型升级效果显著，在不断扩大集体资产规模、增强实力参与市场竞争的基础上，显著提高了集体资产运营的灵活性、创新性，切实促进了集体经济保值增值，更好地惠民富民，真正发挥了集体经济参与、推动地方发展的巨大作用。

八是物业提升改造型。围绕高质量发展的要求，以促进节约集约用地和产业转型升级为主线，积极稳妥推进老旧工业区（点）更新改造，打造基础配套完善、产业特色鲜明、管理科学规范、产出效益明显的优质工业区（点）。引导有条件的村积极参与，盘活存量资源资产，淘汰低效产能，实现有效投资的快速增长，切实增强村级集体经济"造血"功能。

九是精准结对帮扶型。为了进一步缩小集体经济发达村与经济薄弱村之间的发展差距，推动农村共同富裕，实现整体振兴，2020年，苏州市安排1亿元市级资金用于支持经济薄弱村公共服务支出补贴和富民载体项目建设。下达富民载体项目资金5 500万元，带动全市经济薄弱村富民载体项目总投资18亿元，可带动村集体增收3 000多万元。建立"支出有补助、项目有倾斜、物业有优惠、贷款有贴息、榜单有激励、结对有升级、减负有清单"的"扶薄七有"政策体系。"十三五"期间，苏州市级累计投入财政补助资金4.61亿元帮扶经济薄弱村发展集体经济，为苏州农村整体迈入全面小康社会，实现共同富裕奠定了坚实基础。

十是优势资源禀赋型。苏州是典型的江南水乡,水网密布,河湖众多,环太湖的东山、西山拥有丰富的生态资源,各县(市、区)资源禀赋优势明显,为发展生态农业、乡村旅游等新型集体经济提供了得天独厚的条件。苏州市坚持因地制宜,鼓励、支持和引导农民充分利用西山、太湖、阳澄湖等自然资源禀赋大力发展现代特色农业,全面推进土地流转发展规模农业,加快结构调整,打造"一村一品"特色农业。同时,因地制宜发展古村游、农家乐、渔家欢等休闲农业,不断增强集体经济发展后劲。

十一是产业融合发展型。在农民合法权益得到保障的前提下,苏州一些农村将集体土地整理复垦,充分开发集体资源,发展适合本地的特色产业,带动村级经济、现代农业发展。苏州农村结合田园小综合体,规划建设农耕文化区、稻田漫步道、精品民宿等项目,打造观光型、体验型、智慧型农场,建设生态农业公园,推动构建农村一、二、三产业互促互动、相互渗透、融合发展的新格局。

党的十八大以来,苏州始终坚持推动农村共同富裕与率先基本实现农业农村现代化相统一的原则。经过长期艰苦探索、改革和发展,苏州农村集体经济基本建立了与市场经济相适应的农村集体经济合作及发展方式,通过深化改革、转型发展、创新体制机制等重要环节,在大胆探索中创新农村集体经济发展壮大的有效实现形式,赋予农村集体经济新的发展内涵,农民获得感、幸福感进一步增强。

全国第一个土地股份合作社:上林村土地股份合作社

2001年,苏州市在农村推行"三大合作"改革(即社区股份合作制改革、土地股份合作制改革和农民专业合作经济组织建设),促进了农村经济发展,使农民生活向小康迈进。2005年3月,吴中区西山衙用里碧螺春茶叶股份合作社从吴中区工商局领到营业执照,成为全国首个获得法人资格的农村经济合作社。

2006年3月，苏州市吴中区横泾街道建立全国第一个土地股份合作社——上林村土地股份合作社。农村经济合作社和土地股份合作社，成为农村集体经济发展与农民持续增收的有效形式。

2003年12月，上林村由3个行政村合并而成；2006年发展成29个村民小组，人口4000多人，其中有4个村民小组率先组成土地合作社。合作社的基础是要有产业、有项目，没有这个基础，合作社就只是形式。对于上林村来说，成立土地合作社，不仅可以将农民的土地集中起来进行管理，类似于成立公司，拥有营业执照和企业法人资格，可以开展经营活动，而且能够通过合作社解决一部分村民就业问题，同时还能给村民分红。上林村4个村民小组180户农户将240亩土地的承包经营权作价入股，作价的方式是由农户商量确定的，作价的原则是将3年来每亩地的平均产值（按250元计算）乘以土地承包经营权证上的剩余年限（按20年算，实际还有22年），这样就算出每亩地可以作价5000元。在会计师事务所验资后，工商部门确认合作社240亩土地的注册资本为120万元，这120万元注册资金实际上就是入股社员的土地承包经营权。上林村土地股份合作社的成立，一方面，使农民的土地权益得到法律的认可和保护，农民通过土地入股的形式增值了资产；另一方面，带动了农村经济发展，改善了农民生产生活。

三、新时代加快农村集体经济高质量发展推动共同富裕的展望

在全面建设社会主义现代化强市的新征程中，苏州要加快国家、省级数字乡村试点工作，着力推动城乡"数字融合"。要在巩固提升

农村集体产权制度改革成果，巩固拓展资源发包、物业租赁、资产经营等传统发展路径的基础上，创新新型农村集体经济发展路径，持续激发农村集体经济发展新动能，健全完善新型农村集体经济运营机制，实现新型农村集体经济高质量发展，带领广大农民实现共同富裕。根据苏州市"十四五"规划和2035年远景目标要求，到2035年，苏州全市农村集体经济增长多元路径基本形成、集体经济组织体系建立健全、内部治理优化完善、发展动能持续有力、经营机制规范高效、服务成员和联农带农能力明显提升，在扎实推动农村共同富裕与促进农业农村现代化的良性互动与同向发力中领跑全国。

（一）探索集体经济高质量发展新路径，促进农业农村现代化

新型集体经济是促进农业农村现代化的重要经济基础。要深入实施乡村振兴战略，统筹推进"三农"工作，进一步提升城乡融合发展水平，实现巩固拓展脱贫攻坚成果同乡村振兴的有效衔接。要将坚持农业农村优先发展进一步落实到实践中，通过加大举措深化农业供给侧结构性改革，推动农村一、二、三产业融合发展，以更大的力度促进乡村产业发展质量变革、效率变革、动力变革。加快构建具有苏州特色的乡村产业体系，促进产业兴旺和农民增收致富，推动农业全面升级、农村全面进步、农民全面增加收入和全面发展，率先基本实现农业农村现代化。

一要加快培育新型职业农民，培养造就一支懂农业、爱农村的高素质"三农"职业农民队伍。加强农民职业化教育培养，注重特色种养、电商经济等现代农业职业技能培训，完善财政支持新型职业农民社保缴费办法，鼓励新型职业农民就业创业，打牢农民增收致富的基础。鼓励大学生村官、大学毕业生从事农业生产和服务。建立多层次、多类型的职业农民培训。让愿意留在乡村、建设家乡的人留得安心，让愿意回报乡村的人更有信心，激励各类人才在农村广阔天地大施所能、大展才华、大显身手。随着老一代农村基层党员干部和集体经济"领头羊"的陆续退休，农村集体经济接续发展面临着人才青黄

不接、高素质人才不愿返乡或者留不住的困境。要不断提高农民科技文化素质,推动乡村人才振兴,发展壮大新型农业经营主体,不断增强农业农村发展活力。大力实施乡村人才振兴工程,形成乡村人才辈出、朝气蓬勃的新局面。加人对农业生产经营管理和技术人才的培育和引进,大范围培育职业农民,促进农民由兼职化向职业化转变。

二要加强农村基层党组织建设,为新型农村集体经济发展壮大提供组织保障。农村基层党组织的振兴是乡村振兴的组织保障,也是农村集体经济高质量发展的政治保障。要推动乡村组织振兴,打造千千万万个坚强的农村基层党组织,培养千千万万名优秀的农村基层党组织书记,深化村民自治实践,发展农民合作经济组织,建立健全党委领导、政府负责、社会协同、公众参与、法治保障的现代乡村社会治理体制,确保乡村社会充满活力、安定有序。要提升农村基层党组织领导发展现代农村经济的能力和水平,配优配强苏州农村基层党组织干部人才队伍,健全完善基层党组织干事创业的竞争激励机制,形成一个大众创业、万众创新的欣欣向荣的现代化新农村的发展局面。

(二) 激发农村集体经济发展新动能,优化农民收入结构

"十四五"规划明确指出:坚持农业农村优先发展,全面推进乡村振兴战略,要"走中国特色社会主义乡村振兴道路,全面实施乡村振兴战略,强化以工补农、以城带乡,推动形成工农互促、城乡互补、协调发展、共同繁荣的新型工农城乡关系,加快农业农村现代化"。新时代,推动农村共同富裕要全面推进乡村振兴,加快农业产业化,盘活农村资产,增加农民财产性收入,使更多农村居民勤劳致富。苏州要通过改革创新,加快农村集体经济高质量发展,拓宽农村居民工资性收入、转移性收入和财产性收入等多方面增收渠道,为实现农村共同富裕奠定坚实的物质基础。

一要拓宽农村富民路径,启动实施农民收入十年倍增计划,大力发展乡村旅游、农村电子商务等现代乡村富民产业。支持农村集体资产盘活利用,丰富集体经济发展和经济薄弱村稳定增收路径,稳步提升农村集体可支配收入。2022年的苏州市政府工作报告提出,要大力抓好农业生产,促进乡村全面振兴。加快现代农业产业化,发展高效农业,是做大做强乡村集体经济的重要内容。实现苏州农业的高质量发展,要完善农业科技创新体系,创新农技推广服务方式,建设智慧农业,建设现代农业产业园区和农业现代化示范区。苏州市"十四五"规划提出了打造智慧农业建设工程。新时期,苏州加快推进现代农业发展的主要目标是,建设农业农村基础数据中心、农业农村云平台,建立智慧农业生产经营体系、管理决策体系、服务应用体系、产业发展体系,构建农业农村数据资源采集、治理和应用标准,培育若干个智慧农业示范园区、智慧农业示范生产场景、智慧农村示范村和智慧农业品牌。

二要推进农村一、二、三产业融合发展,延长农业产业链条,发展各具特色的现代乡村富民产业。推动种养加结合和产业链再造,提高农产品加工业和农业生产性服务业发展水平,壮大休闲农业、乡村旅游、民宿经济等特色产业。加强农产品仓储保鲜和冷链物流设施建设,健全农村产权交易、商贸流通、检验检测认证等平台和智能标准厂房等设施,引导农村二、三产业集聚发展。完善利益联结机制,通过"资源变资产、资金变股金、农民变股东",让农民更多分享产业增值收益。

三要实现城乡要素的跨界流动和合理配置,培育壮大乡村旅游、农村康养、农村电子商务、文化创意等新经济增长点,推进农民持续增收。进一步拓宽村企合作经营范围。鼓励村集体经济组织在风险可控的前提下,以可支配的资产资源作价入股、资产托管、租赁、承包经营等多种经营模式与民营企业合作,参股农民专业合作社、农业龙头企业及其他工商企业,共建农业产业园、创新创业园、农业科技园和乡村旅游示范区等,发展农村混合型集体经济。

(三)创新城乡融合发展的体制机制和政策体系

一要建立健全城乡要素平等交换、双向流动的政策体系,促进要素更多向乡村流动，增强农业农村发展活力、发展后劲和发展动力。

二要巩固完善农村基本经营制度，落实第二轮土地承包到期后再延长30年的政策，完善农村承包地所有权、承包权、经营权分置制度，进一步放活经营权。发展多种形式适度规模经营，加快培育家庭农场、农民合作社等新型农业经营主体，健全农业专业化社会化服务体系，实现小农户和现代农业的有机衔接。

三要深化农村集体产权制度改革，完善产权权能，将经营性资产量化到集体经济组织成员，发展壮大新型农村集体经济。切实减轻村级组织负担。新时代，苏州市要紧紧抓住全国农村改革试验区和国家城乡发展一体化综合改革试点等机遇，坚持把推动集体产权制度改革作为全面深化农村改革的重要内容，把创新集体资产管理作为维护农民利益的有效手段，着力为富民强村、乡村振兴奠定坚实基础。

四要巩固放大城乡融合引领优势，健全城乡融合发展体制机制和政策体系，探索形成新型工农、城乡关系，协力推进城乡产业融合发展，畅通城乡要素双向流动。稳步提高农民持续增收政策机制，稳妥有序推进农村集成改革，推进城乡基础设施建管一体化。

习近平总书记指出："脱贫攻坚战的全面胜利，标志着我们党在团结带领人民创造美好生活、实现共同富裕的道路上迈出了坚实的一大步。同时，脱贫摘帽不是终点，而是新生活、新奋斗的起点。解决发展不平衡不充分问题、缩小城乡区域发展差距、实现人的全面发展和全体人民共同富裕仍然任重道远。我们没有任何理由骄傲自满、松劲歇脚，必须乘势而上、再接再厉、接续奋斗。"在实现农村共同富裕的道路上，我们必须保持战略定力，久久为功。改革开放以来，苏州农村集体经济已经走过了近半个世纪的发展历程，苏州人民发扬艰苦奋斗、勇于创新的时代精神，锐意进取，筚路蓝缕，在推进城乡融合发展过程中取得了累累硕果。进入新时代，站在第二个百年奋斗目标的新起点上，苏州人民满怀信心地踏上了实现共同富裕、建设社会主义农村现代化的新征程。苏州人民将坚定不移地促进农村集体经济的发展始终沿着正确轨道行稳致远，牢固确立新发展理念，发扬城乡整体、协调、均衡、融合发展的共同体精神，艰苦奋斗，迎难而上，用昂扬向上的精气神，闯出苏州社会主义农村共同富裕更加广阔的新天地。

第三章
让勤劳创新致富成为助推共同富裕的动力引擎

苏州在推动共同富裕的行动中，牢记习近平总书记关于把"鼓励勤劳创新致富"作为促进共同富裕的重要原则及"幸福生活都是奋斗出来的，共同富裕要靠勤劳智慧来创造"的重要指示精神，坚持以新发展理念为指引，在全社会大力弘扬中华优秀文化中的勤劳精神，不断增强改革创新的时代精神，培育形成了勤劳创新的社会氛围和激励机制，推动着共同富裕在全面建设社会主义现代化强市新征程上不断取得更加明显的实质性成效。

一、勤劳创新致富是苏州实现共同富裕的"双引擎"

苏州在推动共同富裕的行动中认识到，实现共同富裕，勤劳与创新缺一不可。没有辛勤付出，哪来幸福生活；没有智慧创新，哪来前进动力。勤劳与创新是一对"双胞胎"，对于苏州实现共同富裕这一宏伟目标，勤劳是创造财富的基本路径，创新是财富增值的重要手段。苏州人民在奋斗的实践中深切地体会到，"内卷"只有消耗没有产出,"躺平"只想收获不愿付出,这些都是不可取的,共同富裕呼唤共同奋斗。新时期苏州人民唯有咬定目标"不动摇、不懈怠、不折腾",撸起袖子加油干,才能"做大蛋糕、分好蛋糕"。当前,立足新发展阶段、贯彻新发展理念、构建新发展格局是时代重任,苏州必须顺应和引领时代潮流,大力实施科技兴国、人才强国战略,瞄准人工智能、集成电路、先进制造、生命健康、生物医药、现代服务业等前沿领域,加强科研攻关,用勤劳增强致富本领,用智慧创造更多财富。

(一) 勤劳是苏州人民的精神特质

苏州园林甲天下,红栏三百九十桥,苏州改革开放以来所取得的巨大成就不是从地里自己长出来的,而是苏州人民共同创造出来的。正是由于苏州人民的苦干、实干和辛勤付出,才使得苏州这块土地越来越富饶,越来越肥沃,越来越美丽。改革开放初期,苏州乡镇企业凭着"四千四万"(踏遍千山万水,吃尽千辛万苦,说尽千言万语,历尽千难万险)的勤劳、实干精神,打开了工业时代的大门,创造了农村工业化、农村城镇化的"苏南模式"。在经济全球化阶段,苏州依托开发区和发展外向型经济摸索出了一条城市工业化、城市现代化的"苏州之路";在新时代新征程中,在全面推进高质量发展的"两个率先"的进程中,苏州跨入以新发展理念引领"苏州之路"的新阶段。实践证明,创造奇迹的根本原因是勤劳、智慧的苏州人民在改革开放的进程中,敢于植根于本土实际,不断开拓创新,走出一条符合本地实际、大发展大变革的"苏州之路"。其中,支撑"苏州之路"内在精神价值的就是苏州"三大法宝",即以"张家港精神""昆山之路""园区经验"为核心的"苏州精神",推动着苏州人民在辉煌的"苏州之路"上砥砺前行。

近炊香稻识红莲,桃花流水鳜鱼肥,苏州人民正是通过发扬奋发图强、愚公移山、百折不挠的精神,通过辛勤劳动,建设出了一个"经济强、百姓富、环境美、社会文明程度高"的新苏州。一切美好的生活，都要靠勤劳的双手去创造；所有伟大的梦想，都要靠点滴的实践去实现。奋进在建设"强富美高"社会主义现代化强市的新征程上，每个苏州人都要为之努力奋斗、付出辛勤耕耘；每个苏州人都要勇于迈出实践的第一步，持续不断走稳走好苏州共同富裕之路，不断积小胜以成大胜，不断创造更多、更大的苏州成就。一代人有一代人的责任，一代人有一代人的奋斗，我们唯有将小我融入大我，时刻牢记"国之大者"，并立足苏州实际，勤于劳动奉献，才能在追求个人理想生活、实现个人理想价值的过程中，为创造更多人的幸福、实现苏州共同富裕做出贡献。我们要立足实践、起而行之，扎实开展勤劳致富；要勤于劳动、积极作为，在珍惜美好时代、珍惜宝贵时光中努力奋斗；要甘于奉献，勇于创新，以实际行动为推动苏州共同富裕做出贡献。

（二）创新是苏州时代精神的体现

创新是苏州精神文化的重要特质。苏州以大力弘扬创新精神作为推动共同富裕的强大动力。苏州感到，任何时代精神都源于所处的社会历史过程，任何社会历史过程都深层次地蕴含着时代精神。任何一个民族，任何一个地区，如果没有一种精神力量作为支柱，没有敢为人先、追求卓越的精神，都是难以生存的。创新的哲学意义是在尊重人的主体性的基础上，实现自我的超越和创新。苏州人民的创新精神是推动共同富裕的精神密码，其"上下一条心、拧成一股绳的团结精神，敢于争第一、勇于创唯一的创造精神，吃苦不言苦、处难不畏难的担当精神，甘为孺子牛、造福千万家的奉献精神"体现了马克思主义的与时俱进和改革创新的时代精神，是苏州人民艰苦创业、先行先试、敢于突破、聚力创新，勇挑改革开放"探路尖兵"历史重任的真实写照。

创新发展不仅是新发展理念在苏州的伟大实践，还是苏州形成的与时俱进创新精神的底色。苏州在改革开放和高水平全面小康建设中认识和实践的每一次突破、每一种新生事物的出现、每一条经验的积累，无不来自苏州人民的勤劳实践和创新智慧，是苏州人民的勤劳创新释放了高质量发展的最大动能。苏州"三大法宝"体现的是自主创新、发展探索、敢争第一、敢创唯一、敢闯敢试的创新发展文化。无论是包含"自加压力、敢于争先"气质的张家港精神，还是"不等不靠不要"、自主创先的"昆山之路"，抑或是"借鉴、创新"的"园区经验"，都体现着自主创新、争先创优的精神实质。进入新时代，苏州始终保持着"争当第一、敢创唯一"的先锋本色，通过实施创新驱动发展战略，高水平建设苏南国家自主创新示范区，聚力打造具有世界影响力的产业科技创新高地，推进以科技创新为中心的全面创新。通过建设产业创新集群，实现"苏州制造"向"苏州创造"、"苏州速度"向"苏州质量"、"苏州产品"向"苏州品牌"的转变，全面提升苏州高质量发展的核心竞争力。通过融入长三角汇聚创新资源，打造一流科技创新生态，积极参与沿沪宁产业创新带、环太湖科创带、G60科创走廊建设。通过优化完善创新创业全链条服务，为苏州创新发展提供最优环境，不断提升创新浓度，厚植创新土壤。

（三）共同富裕需要全体苏州人民的勤劳创新

苏州大力弘扬"勤劳勇敢、踏实肯干"这一中华民族的传统美德。苏州先贤冯梦龙在《醒世恒言》中写道："富贵本无根，尽从勤里得。"《左传·宣公十二年》中有"民生在勤，勤则不匮"之句。无论是积累财富还是追求学业成就，勤奋努力不可或缺。历史充分证明，"幸福不会从天而降""幸福都是奋斗出来的"。共同富裕是一个总体概念，是一种状态或结果，是对全社会而言的。苏州要想实现共同富裕这个长远目标，就需要全体苏州人民凝聚共识、开拓进取、合力共为、贡献智慧，在更高起点上推进改革开放，为乘势而上开启全面高质量发展新征程谱写新篇章，向着打造社会主义现代化强市、美丽幸福新天堂目标大踏步迈进，高水平建成令人向往的创新之城、开放之城、人文之城、生态之城、宜居之城、善治之城，建成充分展现"强富美高"新图景的社会主义现代化强市、世界历史文化名城、长三角重要中心城市，为建设世界级城市群做出重要贡献。完成这一历史宏愿更加需要苏州人民的勤劳创新精神，每个苏州人要努力成为新时代的奋斗者、努力奔跑的追梦人，用勤劳和智慧创造更加幸福的明天，朝着实现苏州共同富裕的美好愿景目标稳步前进！

回望过去，苏州共同富裕虽然取得了显著成效，无论是经济总量还是城乡居民收入，无论是人民的物质生活还是精神生活，无论是政治文明还是社会文明、生态文明，都一直走在全国前列，但是，不平衡不充分发展问题依然存在。"共同富裕在现阶段还是一种必须为之努力追求、为之努力奋斗的理想状态。"新阶段新起点，苏州需要通过勤劳创新来不断增强"做大蛋糕"的动力，率先形成以新发展理念为引领、体现新发展理念的高质量发展模式，不断增强发展的平衡性、协调性和包容性，"统筹推进经济建设、政治建设、文化建设、社会建设、生态文明建设'五位一体'总体布局"。坚持在发展中保障和改善民生，为人民提高受教育程度、增强发展能力创造更加普惠公平的条件，提升全社会人力资本和专业技能水平，提高就业创业能力，增强致富本领，使每个苏州人都享有勤劳创新致富和奋斗圆梦的机会。

二、推动勤劳创新致富的苏州经验

勤劳致富是苏州推动共同富裕的根本着力点。自古以来，勤劳就是苏州的文化基因。劳动是人类基本的实践活动和存在方式，是人类创造物质财富和精神财富的基本途径，也是人类生存和发展的最基本条件。可以说，劳动是实现共同富裕的根本前提。习近平总书记指出，社会主义是干出来的，新时代是奋斗出来的。辩证唯物主义认为，事物的发展是由内因和外因共同作用形成的，内因是根本，外因是条件。苏州推动共同富裕，根本上靠的是全体苏州人民的艰苦奋斗。这是一个基本的价值取向，是制定方针政策的逻辑起点，同时也指明了推动苏州共同富裕行动的主攻方向。

（一）以高质量的就业筑牢民生之基

苏州的共同富裕要建立在充分就业的基础上。就业是最大的民生工程、民心工程、根基工程。共同富裕要靠勤劳和智慧来实现，这就要求以更加充分、更高质量的就业作为基本保障，不仅要创造更多的就业机会，实现就业公平，而且要使就业者能够爱岗敬业，提高就业者的获得感和提供其自我实现的机会。苏州坚持经济发展就业导向，始终坚持贯彻落实积极优先的就业政策，政策贯彻落实速度、宣传广度、实施效果始终领跑全省，在全国处于领先。党的十八大以来，苏州累计实现新增就业179.93万人，年均新增就业17.99万人，累计实现城镇就业困难人员就业45.47万人。苏州籍应届高校毕业生年均就业率达到98.36%，苏州提供高校毕业生岗位197.7万个。为更加精准高效地促进人力资源集聚，着力打造一支与苏州经济社会发展相适应的知识型、技能型、创新型劳动者大军，苏州强化高层次人才和高素质产业工人双轮驱动，增进与"苏州最舒心"一流营商环境的协同效应，建设劳动者就业创业首选城市。2020年5月，苏州市出台了《关于建设劳动者就业创业首选城市的工作意见》，苏州紧紧围绕建设"现代国际大都市，美丽幸福新天堂"的美好愿景，聚焦劳动者重点关注的痛点、堵点和城市发展急需的重点领域，创新引人、留人、育人的理念方法和人力资源高效率配置机制，努力使苏州成为劳动者素质最优的城市、人力资源配置效率最高的城市、最被关爱最能融入最有发展的城市，提升城市核心竞争力。苏州正是凭借在稳定促进就业方面的突出成绩，从一众城市中脱颖而出，2020年、2021年连续两年荣获"中国年度最佳促进就业城市"奖项，体现了苏州在稳就业、促就业工作中树立的优秀城市样板形象。

1. 强化经济发展，促进就业扩面提质

近年来，苏州通过深化开放扩大就业。充分利用"一带一路"、长江经济带、长三角一体化、自贸区等国家战略在苏州叠加实施的历史机遇,高水平推进"开放再出发",高标准建设江苏自贸区苏州片区,发展开放型创新经济。加速制造业高端化、国际化进程,建设新型显示、生物医药和新型医疗器械、光通信、高端装备等10个千亿级先进制造业集群。打造"苏州最舒心"营商环境品牌,增强人才、资本等要素的集聚效应。通过深化供给侧结构性改革,加快淘汰落后产能,推进重大项目、重点工程建设。落实重大产业就业影响评估制度,明确重要产业规划带动就业目标。发布《苏州市推进新型基础设施建设行动方案(2020—2022年)》,加快5G产业横向"建链、强链、补链、延链",促进行业应用落地。加强城市大脑、城市大数据智能感知等基础平台建设。

通过产业协同稳定就业。发展新技术、新产业、新业态、新模式经济,促进生产性服务业与先进制造业深度融合发展。扩大文化旅游、体育健康、家政养老、教育培训等服务供给,创新发展消费新模式、新业态,打造"姑苏八点半"夜间经济品牌,持续优化消费环境,促进消费回补和潜力释放。加大经济运行保障力度,促进人、财、物全要素流动,促进生产、流通、销售全链条畅通,全面推进经济社会的健康发展。

2. 注重引导激励,促进重点群体就业

一是拓宽高校毕业生就业渠道。扩大基层服务项目招募,健全大学生参军入伍激励政策,2020年度大学生征集指导比例提高至85%,其中征集的大学生新兵中毕业生比例达到49.5%。允许部分专业高校毕业生免试取得相关职业资格证书。畅通民营企业专业技术职称评审渠道。支持企业、政府投资项目、科研项目设立见习岗位,对高校毕业生见习期未满与单位签订劳动合同的,视同完成见习期,给予见习单位剩余期限见习补贴。取消应届高校毕业生就业协议审核手续和就业报到手续,毕业生可持报到证直接到用人单位办理报到手续。

二是强化困难人员就业援助。将受新冠肺炎疫情影响的人员纳入就业援助范围，确保零就业家庭动态清零。鼓励各地开发公益性岗位安置就业困难人员，按规定给予公益性岗位补贴和社保补贴。聚焦城乡公共服务短板，把握开发领域，加大对经济薄弱村和重点片区的支持力度，开发乡村公益性岗位；满足城乡基层公共服务需求，开发便民服务类岗位；围绕疫情防控等重大突发事件，开发应急管理服务岗位。公益性岗位补贴标准调整为850元/月，补贴期限不超过3年，距离法定退休年龄不足5年的人员补贴可延长至退休。对从事公益性岗位政策期满后通过其他渠道仍难以实现就业的大龄就业困难人员、零就业家庭成员、重度残疾人等特殊困难群体，可再次按程序通过公益性岗位予以安置。

三是积极引导跨区域转移就业。在安全有序的前提下开展省际、市际劳务用工对接，对组织集中返岗、劳务输出涉及的交通运输、卫生防疫等给予支持，对开展跨区域有组织劳务输出的人力资源服务机构、劳务经纪人给予就业创业服务补助。2020年，对在苏州实现3个月稳定就业的苏州市受援地建档立卡贫困劳动力，给予每人1 000元的一次性奖励。对企业吸纳受援地建档立卡贫困劳动力并稳定就业3个月及以上的，按照吸纳人数等情况进行评估，给予1万～6万元的一次性奖励；开展年度东西部对口扶贫劳务协作特殊贡献奖评选活动，对2020年在组织来苏稳定就业工作中做出突出贡献的"人力资源服务零距离"项目的人力资源服务机构给予2万～10万元的一次性奖励。加大现代农业建设力度，鼓励人员从事特色种养、农产品加工、农村电子商务、休闲旅游农业等行业，实施农村人居环境整治以工代赈建设工程，实现就地就近就业。

3. 突出公平普惠，提升就业服务水平

一是全面优化就业服务。打造"就在苏州"就业创业公共服务平台，实现供求匹配的全方位服务。全面开放线上失业登记入口，推进在线办理就业服务和补贴申领。畅通失业保险金申领渠道，放宽失业保险金申领期限，加快实现线上申领。推进基层公共就业服务经办能力提升计划，建立登记在册的失业人员定期联系和分级分类服务制度，社区（村）每月至少进行1次跟踪调查，定期提供职业介绍、职业指导、创业培训等针对性服务，对其中的就业困难人员提供就业援助。加强重点企业跟踪服务，组织实施"紧缺劳动者引入计划""苏州日"等活动。公共就业人才服务机构、经营性人力资源服务机构和行业协会等提供用工指导、政策咨询、劳动关系协调等服务的，各地可按规定给予就业创业服务补助。鼓励困难企业与职工协商采取调整薪酬、轮岗轮休、灵活安排工作时间等方式稳定岗位，依法规范裁员行为。

二是努力营造舒心就业环境。依托苏州市住房租赁信息服务与监管平台，通过"安居苏州"手机客户端，为劳动者提供便捷、规范、高效的"一站式"房屋租赁服务。大力发展政策性租赁住房，政府提供政策扶持、财政补贴，鼓励支持社会力量通过土地招拍挂，改造闲置办公、商业用房等途径，2020—2023年筹集建设低租金、小户型的政策性租赁住房10万套（间），尽力满足劳动者居住需求。大力实施教育供给提质增量工程，加快建立广覆盖、保基本、高质量的学前教育服务体系，确保符合条件的外来劳动者随迁子女同等接受义务教育，教育均衡发展水平保持全省领先。健全职业健康监管和职业病防治技术支撑体系，开展职业健康保护行动，构建职业健康检查、职业病诊断、治疗和康复全过程服务，争创苏南区域职业病防治中心，打造安心放心舒心的健康就业环境。通过开展全市"最美劳动者""一周市长（区长）""一周镇长（主任）""一周局长（主任）"等系列活动，使劳动者多方位参与政府决策管理过程。围绕就业创业、公共服务等劳动者关心的事项进行专题研讨，将商议形成的好建议、好举措予以应用推广。广泛动员劳动者积极参与文明城市、法治城市、平安城市、安全发展示范城市建设，以一张蓝图绘到底的决心和韧劲，久久为功打造苏州城市新品牌、新标志。

（二）构建全方位创业服务体系，打造"创业者乐园，创新者天堂"

苏州将勤劳与创新紧密结合起来，让创新成为社会进步的灵魂，将创新与创业结合作为推动实现共同富裕的重要途径。苏州不断创新和发展创业服务，由浅入深地打造创业服务生态链，以创业培训为先导，以创业政策为支撑，以创业孵化基地为抓手，致力于打造具有苏式特点的创业工作体系，多方聚力扩大创业工作品牌辐射力，为处在不同发展阶段的创业者提供高质量、全方位、多角度的创业服务，推进更高质量创业带动就业，把苏州建设成创业者的乐园、创新者的天堂。

1. 完善创业政策体系，激发创业创新活力

苏州不断完善创业扶持政策体系，对处于创业初期、发展期、成熟期等各阶段的创业者予以政策扶持，扩大政策服务对象范围，优化办理流程，落实后续跟踪服务，着力建设"劳动者就业创业首选城市"，推进创业环境"零温差"。苏州市出台补贴类、融资类、项目类、载体类等多品类政策，创新落实苏州特色创业社保补贴，将开业补贴标准提高到1万元，针对优秀创业项目设置大学生初创企业天使投资奖励补贴等，充分释放政策红利。同时加大推进信息化建设力度，创新创业服务手段，积极推进创业政策线上服务，增加"不见面"政策办事项目，打造"苏州最舒心"营商环境。通过制定出台《苏州市科技创业孵化载体管理实施细则（试行）》，构建更趋完善的创业孵化服务体系，引导全市科技创业孵化载体向专业化发展。首次开展市级科技企业孵化器备案，新增科技企业孵化器16家，形成市、省、国家级梯度培育模式。截至2021年年底，苏州市拥有市级科技企业孵化器34家；省级以上科技企业孵化器137家，居全省首位，其中，国家级孵化器53家。拥有市级众创空间291家；省级以上众创空间340家，居全省首位，其中，国家级众创空间66家。省级以上的孵化器累计在孵企业超8 000家，毕业企业超7 000家，其中，

上市（挂牌）企业数量近300家，省级以上众创空间累计孵化初创企业和团队超11 000家，获得投融资企业累计超1 000家。积极贯彻落实"苏惠十条"，对35家民营科技创业孵化载体进行补助，涉及经费236.24万元。积极引导各板块加大政策扶持力度，市、县两级联动，对苏州市民营性质的科技创业孵化载体给予房租补贴730.84万元，带动民营性质的科技创业孵化载体减免房租超1 200万元，惠及在孵企业超1 500家。

2. 擦亮服务品牌，优化创新创业生态

近年来，苏州不断加强公共创业服务体系建设，集聚社会各方创业服务资源，组建创业服务队伍，常态化开展形式多样、内容丰富、主体多元的创业活动，突出创业服务"全程化、精准化、高效化、品牌化"的"四化"高质量新标准，树立苏州特色创业服务活动品牌。苏州不断升级营商环境体系，连续推出营商环境创新行动升级版。2021年推出的"营商环境4.0版"聚焦31个方面具体举措，深入推进市场化、法治化、国际化营商环境建设，擦亮苏州最优营商服务品牌。2021年，苏州市以"百企话营商"为牵引，将全市各地、各相关部门正在开展的与营商环境相关的工作统筹纳入"苏州营商环境"整体框架。企业家和创业者在不知不觉中处处感受到苏州的"芬芳"，优质的营商环境为他们开拓事业赋能。不少企业家将苏州的营商环境形容为桂花，暗香充盈却不露踪迹。2021年5月，全国优化营商环境经验交流现场会在苏州召开，苏州17个指标入选全国标杆城市，其中知识产权保护、获得信贷、开办企业、政府采购、包容普惠创新等12个指标进入全国前六。在全国工商联发布的《2021年万家民营企业评价营商环境报告》中，苏州不仅营商环境在全国排名第3位，而且获评"营商环境最佳口碑城市"。2021年12月24日，国务院办公厅印发《关于建设第三批大众创业万众创新示范基地的通知》，中国科学院苏州生物医学工程技术研究所、苏州工业园区分别入选精益创业、全球化创业2个方向的国家"双创"示范基地。苏州成为全国唯一拥有两家"双创"示范基地的地级市。2021年10月，苏州市人大常委会审议通过了《苏州市优化营商环境条例》（以下简称《条例》），苏州在全省率先出台了市级营商环境地方性法规。《条例》呈现"五全五有"亮点：企业全周期、办事有标准，产业全链条、配套有保障，政策全方位、要素有保证，服务全天候、诉求有回应，机制全闭合、权益有救济。站在新起点，苏州将持续优化市场化、法治化、国际化营商环境，加快构建充满活力、富有效率、有利于创新集群发展的体制机制。加强知识产权保护，实施知识产权强企培育。《条例》旨在大力弘扬企业家精神和科学家精神，积极倡导鼓励创新、宽容失败的创新文化。

3. 推进创业载体建设，打造"双创"新天堂

众创空间、创业孵化基地快速成长的背后是苏州持续的政策推动。近年来，苏州出台了《苏州市众创空间等新型孵化机构认定和绩效管理办法（试行）》《苏州市科技创业孵化载体管理实施细则（试行）》等系列"双创"政策，将备案与绩效考核相结合，实行动态化管理，促进"双创"载体"百花齐放"，引导"双创"载体以专业化、品牌化、国际化为发展方向，明确空间市场定位，持续提质增效。在优化建设布局、完善服务体系、提升建设水平、强化政策支持等方面不断加大工作力度，苏州科技创业孵化载体建设规模、水平持续领跑全省。截至2021年，全市省级以上科技创业孵化载体已超460家，数量位列全省第一。拥有市级众创空间291家，其中国家级68家，数量均位列全省第一；国家专业化众创空间2家，占全省比例25%；省级众创社区11家，占全省比例11%；省级众创集聚区4家，占全省比例12%。数万家创新创业企业和团队落地生根，为苏州科技发展提供了有力支撑。苏州工业园区生物纳米园、高新区医疗器械产业园、常熟大学科技园、相城阳澄湖国际科创园等孵化载体在全国范围内都具有一定的影响力和标识度。国际精英创业周是苏州市委、市政府着力打造的高层次人才引进和创新创业资源互动平台，以"汇聚

全球智慧、打造创业天堂"为主题，自2009年开始到2021年已连续成功举办了13届，累计吸引了近3万名全球高端人才，累计落户项目7 287个，其中重点新兴产业领域项目占比超过95%。落户创业项目中，年销售额过亿企业已超过30家，上市企业4家，新三板挂牌企业12家，入选市"独角兽"培育企业占全部企业的3/10。目前，国际精英创业周已形成立足苏州、辐射全国、影响海外的品牌特色，为推动苏州市实施人才优先发展和创新驱动发展战略发挥了重要作用。截至2021年，苏州全市人才总量已达321万人，其中高层次人才超过30万人。2020年、2021年，苏州连续2年获评中国年度最佳引才城市，并连续10年入选外籍人才眼中最具吸引力的中国城市。

4. 健全创业宣传体系，开启创业富民新征程

创业宣传工作作为苏州一项贯穿全年的持续性工作，集聚各方资源，常态化开展各项创业服务活动，如线上线下创业培训、创业讲师教学研讨、导师专家咨询、创业沙龙座谈会、"沪苏同城创业大课堂"、创业导师专题交流讲座、创业导师"四进问诊"等活动。通过多渠道加强创业宣传，发挥公共就业创业服务平台、创业孵化载体、创业培训课堂等平台的创业宣传作用，利用新媒体资源，建立线上线下、稳定便捷的创业宣传途径和平台。加快"互联网+"与创业服务的深度融合，创新创业宣传手段，促进信息资源共享共用，实现创业服务"业务在线化、治理数据化、服务智能化"。从2008年起，苏州市已连续举办了15届苏州市创业宣传月活动，通过宣传月活动对创业政策、创业服务、创业知识等进行集中宣传，各地集中力量、因地制宜，举办了形式多样的各类创业宣传活动。在历年创业宣传月期间，苏州组织开展了"创业主题摄影活动""三创主题海报设计作品征集""创业初心一句话征集""创业宣传月主题日点亮行动""创业政策知识竞答""大学生创业创新周"等主题活动，反映了创业者精神风貌，展现了创业者才华创意，传递了创业正能量。十几年来，创业宣传月期间累计开展活动上千场，服务人次超过15万，推进了创

业富民，营造了良好的创业氛围，为苏州市创业创新提供了肥沃的土壤。

苏州高新区：全国第一个创业投资示范基地

2010年8月，在中国高新技术企业发展评价中心主办的"全国创业投资示范基地"评选活动中，苏州高新区从全国57家国家级高新技术产业开发区中脱颖而出，被授予"全国创业投资示范基地"称号，也是全国首家获此殊荣的单位。

2008年，苏州高新区投入注册资本6亿元重组建立了承担政府引导资金创业投资职能的苏州高新创业投资集团公司，发展区域创业投资事业，构建区域科技投融平台。2010年，苏州高新创业投资集团公司设立各类创业投资基金11支，资本规模超过30亿元，投资项目30多个，投资金额5亿元，累计带动社会资本投资达24.5亿元，为企业在不同发展阶段提供了资金支持。同时，打造财富广场股权投资与科技金融创新服务集聚发展区，建成基金服务平台、投资促进平台、股权交易平台、技术成果转移转化平台等，聚焦资本与资本、资本与人才、资本与科技、资本与项目的对接，吸引了一大批具有较强影响力的创投（私募股权基金）、担保、证券、投行、评估等金融或金融服务机构进驻，创设了良好的高新技术企业金融服务环境。2010年，财富广场入驻金融管理及服务类企业16家，注册资本6.67亿元；入驻基金10支，基金规模22.93亿元。

（三）实施职业技能提升行动，为苏州共同富裕提供人才和技能支撑

勤劳创新致富对劳动者素质的提升提出了更高要求，职业技能提升是实现共同富裕的重要举措。苏州以改革创新为动力，推进技能型

社会建设，实施全民职业技能提升工程，聚力打响"苏州制造"和"江南文化"品牌，协同推进"长三角一体化"重大战略、"沪苏同城"发展战略，加大职业技能培训力度，吸引更多劳动者技能就业、技能成才，为全面建设社会主义现代化强市和实现苏州共同富裕提供有力的人才和技能支撑。

1. 完善技能人才建设体系，形成引育并举的"苏州方案"

苏州持续探索包括领军人才高端引领、载体平台全面建设、紧缺高技能人才加速培养等一系列举措，建立起全方位、多层次的高技能人才队伍建设体系，为技能人才踏上更大舞台创造了良好的环境。健全以职业能力为导向、以工作业绩为重点、注重工匠精神培育和职业道德养成的技能人才评价体系。建立与国家职业资格制度相衔接、与终身职业技能培训制度相适应的职业技能等级制度。健全以职业资格评价、职业技能等级认定和专项职业能力考核等为主要内容的技能人才评价制度。全面推行企业技能人才自主评价，并将评价结果与技能人才使用、待遇挂钩。苏州率先系统性推进职业技能等级认定工作，由符合条件的企业和第三方评价机构经备案后开展职业技能等级认定并核发证书。截至2021年年底，苏州市职业技能等级认定累计备案企业数达1 135家，居全省第一、全国领先。此外，还有7所技工院校、20所职业院校、1所本科院校、2家龙头企业和5家养老机构成为第三方评价机构。苏州还在全省率先对社会化评价机构实施第三方质量监管，并组建第三方评价机构联盟，推动社会化评价质量稳步提升，鼓励备案企业形成与技能等级相衔接的技能人才激励模式，让职工凭技能拿到更多的薪酬福利。苏州率先探路制定出台了《姑苏高技能人才计划实施细则》，鼓励海内外高技能领军人才汇聚苏州，给予获评人才100万元安家补贴，给予企业最高50万元的引才补贴，实施多年来，共引进领军人才39人；每年发布苏州市紧缺职业（工种）目录，在降低紧缺高技能人才落户门槛的同时，为政府、企业、人力资源机构精准引才育才提供参考与依据。2021年，苏州成立了全国首个高技能人才职称评审委员会,打通了专业技术人才与技能人才的职业发展壁垒,促进两类人才的贯通融会。在技能人才引育建设工作上,苏州的率先探索和有效实践,为其他城市提供了可复制、可推广的"苏州方案"。

2. 提高职业技能培训质量,培育大国工匠里的"苏州匠心"

苏州是制造业大市、工业强市和经济强市,建设一支包括从普通技能劳动者到高技能领军人才的技能人才队伍是当务之急。苏州健全完善培训制度,创新培训方式,实施普惠均等的职业技能培训,加强先进制造业、战略性新兴产业、现代服务业及现代农业等产业高技能人才和紧缺人才的培养。同时,依托重点产业、大型企业建成国家级高技能人才培训基地4家、技能大师工作室7家;江苏省高技能人才专项公共实训基地10家、技能大师工作室15家。每年新建10家市级高技能人才公共实训基地,截至2021年,累计建成75家,形成以点带面的公共实训网络。创建特色技能培训品牌,加强技能培训、示范引导、品牌培育。自2022年起,5年内打造百万"姑苏工匠"职业技能提升工程,鼓励各地根据本地区产业发展需要,培育一批服务于产业发展的能工巧匠。其中,项目制培训是苏州实施职业技能提升行动的一项创新之举,紧密结合了苏州重点产业和市场需求的技能类专业(工种)发布培训目录。截至2021年,苏州市累计参加项目制培训的劳动者突破2万人,培训项目涉及生物医药、智能制造、人工智能等领域的132个专业(工种),对承担培训工作的110余家机构发放补贴资金达3 500万元。截至"十三五"末,苏州技能人才总数达223万人,其中高技能人才总数达82.36万人,总量和增量均位列全省第一。在追求高质量发展的道路上,苏州这座"匠心之城"率先探索出一系列创新举措,为建设先进制造业强市、促进就业创业和经济高质量发展提供了人才保障,也为苏州打造向世界展示社会主义现代化的"最美窗口"提供了有力的人才支撑。苏州已经建成了涵盖生物医药、新一代信息技术、纳米技术应用、人工智能等一批现代产业体系，每个产业都在国内外享有较高声誉和具有强大竞争力；苏州还有苏绣、香山古建、缂丝、桃花坞木版年画等传统精工苏作，不仅奠定了"江南文化"的核心地位，而且构建了苏州人民的精神家园；苏州更有一大批拥有高超技能的精英，他们以"一技之长"将"苏州制造"和"江南文化"的城市名片打磨得愈加闪亮。

3. 搭建优秀技能人才展示舞台，展示技能中国的"苏州功夫"

苏州着力完善以世界技能大赛为引领、国家职业技能大赛为龙头、全国行业职业技能竞赛和苏州各级职业技能竞赛为主体、企业和院校职业技能竞赛为基础的具有苏州特色的职业技能竞赛体系。依托在苏院校、企业等资源，培育世界技能大赛中国集训基地。苏州全力打造"吴地工匠"职业技能竞赛品牌，积极围绕先进制造业、现代服务业，每年举办特色市级竞赛50场以上，会同30余家行业主管单位开展市级职业技能竞赛活动，涉及近百个专业（工种），支持选手通过竞赛"绿色通道"提升技能等级。"苏州技能英才周"自2013年举办以来，已经成为培育和表彰激励技能人才的一块"金字招牌"。技能英才周举办期间，既有苏州技能状元大赛这样精彩纷呈的"重头戏"，又有围绕技能人才发展的引进培育、培养提升、表彰激励三大关键因素，整合资源推出的系列主题活动，这些活动搭建了技能人才资源要素汇聚、合作交流、发展提升的有效舞台。世界技能大赛堪称技能界的"奥林匹克"，参赛选手代表着各国技能人才的最高水平。其中，在第44、45届世界技能大赛中，苏州选手连续赢得1金1银，使中国在烘焙和糖艺西点制作这两个西方优势赛项上取得了历史性突破。在第1届全国职业技能大赛中，苏州选手获得3金3银7优胜奖，金牌数和奖牌数位列全省第一。以国际视野培育技能人才，需要与国际接轨的配套环境。截至2021年，苏州1企3校6基地入选第46届世界技能大赛中国集训基地，涵盖烘焙、CAD机械设计、原型制作、商务软件解决方案、酒店接待及时装技术等项目，为高技能人才培养培训提供了国际领先的载体支撑。时代呼唤"技能之声"，苏州渴求

"英才诞生"。踏上现代化建设新征程,苏州正矢志不渝地擘画一幅技能人才创新创造活力充分涌动的"新蓝图",赋予"最硬内核""最亮名片"新的时代内涵,推动苏州高质量发展不断迈上新台阶、走在最前列。

三、走好新时代勤劳创新致富的奋斗之路

好日子不会从天而降,梦想也不会自动成真,实现共同富裕要靠全体苏州人民的共同奋斗。"人世间的美好梦想,只有通过奋斗才能实现;发展中的各种难题,也只有通过奋斗才能破解。"新征程上,苏州迈向共同富裕的每一步,都离不开人人参与的发展环境。只有为苏州人民提高受教育程度、增强发展能力创造更加普惠公平的条件,畅通向上流动的通道,才能给更多苏州人创造致富机会。特别是要将"鼓励勤劳创新致富"的要求体现在苏州政策的制定和执行的每一个过程、每一个细节之中,切实增强政策的针对性和有效性,让每个新时代的苏州人都能在奋斗中成就梦想,让每个苏州人都能成为共同富裕的参与者、创造者和见证者。

(一)以更加充分更高质量就业扎实推动共同富裕

以全力打造"就在苏州"活力城市、劳动关系模范城市、生活宜居暖心城市为统领,根据经济社会发展需要和城乡劳动者需求动态完善稳就业、防失业、促创业政策体系,推动经济增长和促进就业良性循环。在强化就业优先政策方面,把高质量就业作为高质量发展的基础导向,完善就业工作督查激励机制,扩大就业容量、提升就业质量,力争年均城镇新增就业18万人,城镇登记失业率保持低位运行。通过健全覆盖全民、贯穿全程、辐射全域、便捷高效的全方位公共就业服务体系,实施提升就业服务质量工程,提高公共就业服务标准化、智慧化、专业化水平。用好用活就业专项补助等资金,支持各类

劳动力市场、人才市场、零工市场建设,推动构建公共服务和市场化服务各有侧重、互为补充的发展格局。支持民办非营利性社会组织提供公益性就业服务,鼓励各类志愿组织提供灵活性就业服务。通过完善就业实名制和跟踪服务机制,加强重点企业跟踪服务和登记失业人员分级分类服务,打造精准识别、精细分类、专业指导的公共就业服务模式。通过建立健全用工调剂机制,推动企业间用工余缺调剂、跨地区有组织劳务输出、失业人员有组织跨地区转移就业,推动形成劳动力市场更高水平的供需动态平稳。建设线上线下一体的服务体系,打造现场招聘、网络招聘、直播招聘"三位一体"的公共服务平台,增加岗位供给,促进供需匹配。完善促进创业带动就业、多渠道灵活就业的保障制度,率先构建新就业形态规范发展、创新发展的政策体系,探索完善快递员、网约车司机、网络主播等新业态从业人员劳动权益保障机制。完善高校毕业生、退役军人和农民工等重点群体的就业支持体系,引导和鼓励高校毕业生到城乡社区就业创业,着力发展智力密集型产业、现代服务业以及各类新业态、新模式,开发更多适合高校毕业生的高质量就业岗位,多方面拓宽毕业生就业渠道。支持企业开发爱心岗位,加强就业困难人员培训、帮扶和托底安置,确保零就业家庭动态清零。持续推进苏州工业园区国家级深化构建和谐劳动关系综合配套改革试点先进经验的提炼推广工作,积极做好省级深化构建和谐劳动关系综合配套改革试点项目建设,加强对中小微企业和谐劳动关系建设的指导、服务力度,探索"苏适和谐"劳动关系服务规范及标准化建设。

(二)以更加全面的创业创新服务扎实推动共同富裕

苏州大力弘扬劳模精神、工匠精神、企业家精神,完善创业创新创造支持政策体系,探索让数字经济、创新经济、生态经济、现代服务经济成为新时代老百姓经济的有效路径。加大富民创业担保贷款实施力度,持续深化构建能力提升、载体孵化、典型激励等全流程、系统性的创业支撑体系。加快构建对象普惠、分级分类、系统多元的创业培训工作体系，使有创业意愿和创业培训需求的劳动者享有高质量、规范化、个性化的创业培训和后续服务。依托"双创"示范基地、创业示范基地、小微企业"双创"示范基地、科技企业孵化器、众创空间、苏青C空间、大学生创业园、留学回国人员创新创业园、返乡创业园、退役军人就业创业园地和电商示范城市、基地、企业等，强化载体服务功能，共同推进创新创业带动就业。开展商品市场优化升级专项行动，培育一批商品经营特色突出、产业链供应链服务功能强大、线上线下融合发展的商品市场示范基地，高质量打造现代商品市场示范市。坚持"放水养鱼"的富民导向，建立健全支持个体工商户发展的政策制度。持续深化商事制度改革，全面实施商事主体登记确认制改革、证照分离改革，全面提升准入和退出便利度，打造极简审批。搭建专业性创业服务平台，推动公共创业服务与市场化创业资源有机结合，争取扶持创业人员10万人以上，新增认定市级创业孵化示范基地50家以上。探索打造技能人才创新创业街区，为技能人才提供投资融资、创业孵化等全方位、全链条支持。优化创业者交流平台，厚植创业创新文化，不断建立健全创业失败帮扶和保障机制，全力营造鼓励创业、宽容失败的良好社会氛围，助力打造"创业者乐园、创新者天堂"。

（三）以更加完善的终身职业技能培训体系扎实推动共同富裕

深入推进"技能苏州"建设，实施新时代"苏州匠心"和"金蓝领"培育工程，开展技师研修、新兴产业、品质生活三大培训计划。培育新时代苏州工匠骨干队伍，截至2021年，全市技能人才总量达到223万人、高技能人才占比达到36.9%，"职业技能提升行动（2019—2021年）"期间，开展面向劳动者的各类政府补贴职业技能培训累计达321.9万人次。聚焦实施"技能中国行动"，深化产教融合、校企合作，构建现代技工教育体系，优化技工院校的布局规划，支持符合条件的院校纳入高等学校序列，不断提高技工院校对苏州经济社会发展的贡献度。不断完善技能人才引进、培养、评价、使用、激励机制,贯彻落实"放管服"改革要求,建立健全技能人才评价体系,提高技能人才政治、经济、社会待遇。支持企业开展技能人才自主评价,深入开展第三方职业技能等级认定,扩大企业新型学徒制培训规模,为推动产业转型升级奠定技能人才基础。

加强对农村转移劳动力等重点群体和新业态、新模式从业人员的精准培训,加强"再就业"培训,全面提升劳动者就业创业能力。优化世界技能大赛集训条件,保障大赛备战集训工作,探索建立与世界技能大赛国际强队联合集训及交流机制,努力培养具有世界一流水平的技能英才和行业翘楚。弘扬劳模精神、工匠精神,打响苏州技能的"金字招牌"。

(四) 以更加和谐的劳动关系扎实推动共同富裕

劳动关系是现代社会的基本经济关系。扎实推动共同富裕,必须促进劳动、资本等生产要素共享发展,完善政府、工会、企业共同参与的协商协调机制,更好发挥政府的调节作用,构建和谐的劳动关系。创新打造"就在苏州"就业创业公共服务品牌,优化劳动者就业环境,健全劳动关系协商协调机制,加大对工资收入分配的调节力度,推行劳动人事争议多元处理模式,提升劳动保障监察执法效能,持续优化劳动力市场的供求结构,实现工资水平、劳动报酬份额的稳步提升与劳动关系的长久和谐。通过完善企业工资制度,健全工资合理增长机制和支付保障机制,着力提高低收入群体收入,不断扩大中等收入群体。不断完善苏州最低工资标准评价和调整机制,充分发挥最低工资对低收入群体的提低作用。建立完善国有企业市场化薪酬分配机制,指导企业正确处理劳动要素与技术、管理、资本等生产要素之间的分配关系。推进苏州技能人才薪酬分配指引工作,引导企业建立多层级的技能人才职业发展通道,完善体现技能价值激励导向的工资分配制度。针对灵活就业特点,鼓励企业建立按次提成、计件取酬、周薪、日薪等薪酬发放制度。在增强劳动者就业稳定性的基础上,支持企业向产业价值链高端升级,从技术改进、效率提升、管理优化等层面挖潜增效,做好长期的人力资源规划和储备,加强人文关怀,培育助力自身发展、有归属感和认同感的技能人才队伍。深入聚焦"和谐同行"行动计划,深入开展劳动关系和谐企业及工业园区培育评定工作。推动和谐劳动关系数字化建设,加强劳动关系大数据运用,探索建立企业劳动关系"用工健康体检"和监测预警服务体系,运用大数据分析功能,帮助企业了解自身劳动关系运行状况,及时解决存在的问题隐患,推动劳动者实现勤劳创新致富。

苏州城市青和力发展指数位居全国地级市第一

城市青和力发展指数反映了城市对青年人的友好程度和吸引力,其评判标准包含城市发展能级、工作机会含金量、居住便利度、商业资源偏好、环境友好度、自我成长氛围、生活新鲜感、文化娱乐活力等方面,其城市挑选范围为中国内地城市(港澳台地区除外)。2019 年,第一财经旗下的数据研究型新媒体——DT 财经联合 25 家数据合作方首次发布"城市青和力发展指数"及《2019 中国青年理想城报告》,结果显示,苏州的城市青和力发展指数是 82.53,排名第 10 位,居地级市第 1 位。2019 年全国主要城市青和力发展指数排行榜(前 10 位)如图 3-1 所示。

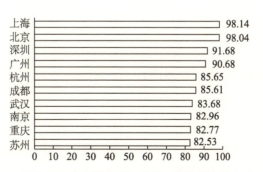

图 3-1 2019 年全国主要城市青和力发展指数排行榜(前 10 位)

第四章
共同富裕道路上的高水平优质均衡教育

推进教育优质均衡发展,达到为共同富裕不断赋能的目的,是苏州扎实推动共同富裕的一项重大实际行动。苏州将教育当作国之大计、党之大计,也当作关系着国家发展、民族未来和城市竞争力的重要内容。苏州认真贯彻落实党的十八大以来以习近平同志为核心的党中央关于优先发展教育事业、加快实现教育现代化、建设教育强国的重大部署,充分发挥教育在苏州现代化强市建设中的基础性、先导性、全局性作用以及推动实现共同富裕的重要动力作用,以教育的优质均衡发展不断地为共同富裕赋予强劲动能。苏州的共同富裕之所以一直走在全国前列,一条重要的经验就是推动教育的优质均衡发展。

一、教育发展与共同富裕的内在逻辑

苏州坚持不断探索教育发展与实现共同富裕的内在逻辑,促进两者的良性互动,这是苏州的重要经验做法。在庆祝中国共产党成立100周年大会上,习近平总书记庄严宣告我国已"全面建成了小康社会",强调在新的征程上,要"推动人的全面发展、全体人民共同富裕取得更为明显的实质性进展"。共同富裕是社会主义的本质要求,是中国式现代化的重要特征和目标，也是中国人民的共同期盼。苏州在实践中深刻地认识到，实现共同富裕离不开教育发展，教育发展既是推动共同富裕的基础性动力，也是实现共同富裕的重要环节。教育发展对推动共同富裕的内在作用体现在以下几方面。

（一）提升人力资本，增强创富能力

苏州把实现共同富裕作为一项战略性、系统性的复杂任务，以教育发展提升人力资本，培育形成各行各业的高素质人才。苏州认为，人才的培养靠教育，只有教育发展好了，才能为共同富裕夯实基础。习近平总书记指出，促进共同富裕要把握好几大原则，其中之一就是"鼓励勤劳创新致富"，提出要坚持在发展中保障和改善民生，把推动高质量发展放在首位，为人民提高受教育程度、增强发展能力创造更加普惠公平的条件，提升全社会人力资本和专业技能水平，提高就业创业能力，增强致富本领。共同富裕的首要目标是先要"富起来"，也就是先要"做大做好蛋糕"，然后再"分好蛋糕"。财富的创造需要具有较强创新性、较高劳动能力的各级各类人才，教育培养出来的人才是富国之根本。在高质量发展阶段，我国对人才数量和质量的要求越来越高，教育的发展是关乎民族复兴大业、实现共同富裕目标的根本要求。苏州推动共同富裕之路离不开优质的人力资本，人才是推动苏州经济社会发展的第一资源。人才要靠"引"，更要靠"育"，苏州吸引和集聚了很多外地来苏人才，苏州的教育则培养出了数量更为可观的优秀人才。在苏本科高校毕业生在苏州本地就业的占比已近50%，高职高专院校占比近60%，有力支撑了苏州经济社会的发展。

此外，苏州坚持的共同富裕是全体人民的富裕，它不是少数人或者多数人的富裕，在实现共同富裕的路上，一个也不能掉队。在推动共同富裕的进程中，苏州注意壮大中等收入群体的规模，使社会收入呈现出中间大、两头小的橄榄型分配结构。当前我国社会还存在着一些低收入群体，如农民、失业者、残疾人、孤寡老人等。虽然我国也有不少高收入群体，但共同富裕不是要"劫富济贫"，而是要想方设

法推动更多低收入人群迈入中等收入群体行列，就此而言，教育是重要的途径。基础教育以其公共性、普及性为所有适龄群体提供知识和基本能力提升的服务。高等教育的发展可以推动更多高校毕业生进入中等收入群体，使其学有专长、学有所用。职业教育则可以为相应人群提供贯穿整个职业生涯的教育培训服务，培养更多技术工人、技能人才，是提升低收入群体人力资本水平、增强其创富能力的重要途径。改革开放以来，苏州高度重视教育的优质均衡发展，基础教育注重素质教育，高等教育、职业教育注重高地行动，为增强苏州人民的创富能力提供了坚实保障。

（二）促进人的全面发展，推进物质富裕与精神富裕

苏州将共同富裕的实现建立在培养推进经济社会各项事业发展需要的各类全面发展的人才的基础上。苏州认真贯彻落实《中华人民共和国国民经济和社会发展第十四个五年规划和2035年远景目标纲要》中关于"把提升国民素质放在突出重要位置，构建高质量的教育体系和全方位全周期的健康体系，优化人口结构，拓展人口质量红利，提升人力资本水平和人的全面发展能力"的重要精神，把教育作为提升人力资本水平和促进人的全面发展的重要动力。人的全面发展是每一个人的全面发展，不仅是体力和智力的发展、各方面才能和工作能力的发展，而且是人的社会联系和社会交往的发展。通过各级各类学校的教育，人们不仅可以获得知识、增强能力，还可以提高思想道德觉悟、提升精神文化素养。人的全面发展的内容丰富，有的是直接跟创造物质财富、促进经济发展相关，有的则只具有间接关联性。即便如此，教育促进人的全面发展也是实现全体人民共同富裕的题中应有之义。共同富裕绝不仅仅是物质富裕，还包括精神富裕，也就是"富口袋"与"富脑袋"要双管齐下。富民之道，教民为要。教育通过促进人的全面发展，不仅可以使人"富口袋"，还可以使人"富脑袋"，实现人的精神富裕。在苏州，优质均衡的教育使得"富口袋"的苏州人也"富了脑袋"，德智体美劳"五育"并举的融合发展推动素质教

育结出累累硕果，苏州人的精神世界丰盈，文明指数不断攀升。

（三）强化创新驱动，推动高质量发展

苏州将强化创新驱动，推动高质量发展作为实现共同富裕的重要措施。党的十九届五中全会指出，我国已转向高质量发展阶段。高质量发展是实现共同富裕的基础和关键，没有经济社会等方方面面的高质量发展，共同富裕的目标也将成为一句空话。为适应新发展阶段的要求，我国强化科技创新驱动引领高质量发展，打好关键核心技术攻坚战，加快建设创新型国家和科技强国，创新前所未有地被摆在了国家发展全局的核心位置。创新驱动发展战略的实施离不开教育的发展。一方面，创新的主体是人，但绝不仅仅是少数掌握高新技术的科研工作者。党和政府也发出了"大众创业、万众创新"的号召。创新主体的培育需要良好的教育环境，无论是基础教育、职业教育还是高等教育等都可为受教育者提供程度不一的各领域知识，培养其创新意识，提升其创新能力。高等教育和职业教育在培养学生的同时，也在国家创新体系中承担着科技创新的任务，特别是高校及科研院所更是科技创新的前沿阵地，是国家创新体系的核心力量。另一方面，创新驱动发展还需要加强科学普及工作。创新发展不仅需要科技创新，还需要科学普及。苏州把科学普及放在与科技创新同等重要的位置，认为如果没有全民科学素养的普遍提高，就难以建立起宏大的高素质创新大军，就难以实现科技成果的快速转化。为提高全民科学素养，各级各类学校可发挥重要的科普教育主阵地的作用。在苏州，优质的学校教育使越来越多的人提高了科学素养和创新能力，苏州的高等教育和职业教育更是聚焦重点科技创新和产业集群、标志性产业链，不断增强教育对产业发展和科技创新的引领服务能力，为推动苏州经济社会的高质量发展打造了强大引擎。

（四）推进教育公平，夯实共同富裕基础

苏州一直把推进教育公平作为实现共同富裕的前提和基础，作为推进共同富裕的重要途径。教育公平一般体现在机会公平、过程公

平、结果公平等方面，包括人人能平等享有教育权利、公共教育资源，反对教育特权等内容。机会公平是教育公平的起点。2021年3月11日，李克强总理在出席记者会时表示，教育和健康关系到每个家庭和国家与民族的未来。教育公平是最大的公平。一个社会如果不能确保教育公平，就意味着很多人会输在人生的起跑线上，很多人就无法充分发挥自己的才能为国家的经济社会发展做出贡献。如果缺失教育公平，社会不同阶层就会固化，底层会缺乏向上流动的通道，贫困代际传递得不到阻断，共同富裕也就成了空话。因此，共同富裕绝不仅仅是物质方面的共同富裕，也包括基本公共服务的均等化，要能使全体人民优质共享基本公共服务，而教育，特别是基础教育就是其中的重要内容。当然，教育公平并不是简单地让每一个人都接受毫无差别的教育，搞教育领域的绝对平均主义，强调教育公平也不能忽视教育质量的提高。苏州致力于发展"人民满意的教育"，充分认识到教育公平对实现共同富裕的基础性作用。无论是实施义务教育、持续增加的公共财政教育投入、探索集团化办学模式、完善新市民子女入学政策等，还是促进教育的信息化发展、构建终身教育体系等，苏州教育的优质均衡发展充分体现了教育公平的要求，走在了全国前列。

二、优质均衡发展的苏州教育经验

苏州历来教育发达、人文荟萃。历史上先后有51名状元、1 500余名进士出自苏州，数量位居全国各城市之首。徐有贞曾在《苏州儒学兴修记》中写道："吾苏也，郡甲天下之郡，学甲天下之学，人才甲天下之人才，伟哉！"截至2021年，苏州籍的两院院士已达139名，位列全国地级市第1位。中华人民共和国成立以来特别是改革开放以来，苏州的教育现代化水平不断提升，为服务区域经济社会发展做出了重要贡献。这里有全国第一所花了全县1/4财力创办的县办大学：沙洲职业工学院；有全国第一个高等教育国际化示范区：独墅湖科教创新区；有全国第一所在县级市创办的中外合办高校：昆山杜克大学……2020年6月，国家市场监督管理总局发布了"2019年全国公共服务质量监测结果"，苏州的公共教育领域满意度得分排名全省第一、全国第三，位居15个GDP万亿元以上城市首位，苏州在共同富裕征程中交出了一份优异的教育优质均衡发展的成绩单。

全国第一个高等教育国际化示范区：独墅湖科教创新区

独墅湖科教创新区自2002年正式开发建设以来，已初步建成为集教育科研、新兴产业、生活配套为一体的现代化新城区。2009年4月，苏州独墅湖科教创新区工委、管委会成立，承担科教创新区内各项综合管理与协调服务工作，初步建立了统筹高教资源、创新创业资源的管理体制。为引进优质教育资源、探索高等教育国际化，2012年12月，教育部与苏州工业园区管委会签署《共建高等教育国际化示范区框架协议》，独墅湖科教创新区被教育部授予全国首个"高等教育国际化示范区"称号。截至2018年，独墅湖科教创新区已经有32所国内外知名高校、研究所和5所国家级研究所入驻，拥有在校学生近8万人、院士24名，留学生总数超3 000人。

（一）重视基础教育优质均衡发展，持续提升教育民生温度

在整个教育体系中，基础教育是关键的组成部分，为适龄儿童和少年提供基本知识，培养其综合素质，树立准则规范等，对提升全体人民创造幸福生活的能力、推进中国特色社会主义现代化建设起着全局性、基础性和先导性的作用。改革开放以来，苏州的基础教育摘取了若干个"率先"：1982年，率先成为全国基本普及小学教育的地区；1992年，率先成为全国基本普及九年制义务教育的地级市；1998

年，率先成为全国普及高中段教育和十五年教育的地级市；2006年，率先在全国地级市中宣布实施义务教育；2007年，率先在全省整体通过教育现代化建设水平评估，在全国率先基本实现教育现代化；2010年，被确定为首批创建江苏省义务教育优质均衡改革发展示范区；2013年，率先成为全国义务教育发展基本均衡地级市。可以说，苏州在教育发展的每一个关键节点，基本都是以"领跑者"的姿态出现的。

近年来，苏州坚定不移实施教育优先发展战略，持续增加公共财政教育投入，加大并优化教育资源供给，办好每一所"家门口的好学校"。"十三五"期间，全市地方教育经费总投入达2 048.8亿元，新建、改扩建学校528所，新增学位52.43万个，新增学位数比"十二五"期间翻了一番。2021年，苏州全面完成了新建、改扩建中小学、幼儿园40所（新建31所，改扩建9所），总投资约87.2亿元，新建学位约5.47万个。苏州也重视学前教育的公益普惠发展，完成了24所省优质园创建、18所省优质园现场复审、16所市优质园创建，全市在公办和普惠性民办幼儿园就读的幼儿比例达到85%，普惠性幼儿园覆盖率达89%。苏州还持续开展看护点分类治理和提档升级，截至2021年9月，完成看护点清理34所。为呵护孩子的光明未来，苏州启动了学校照明改造升级。截至2021年，苏州已完成教室照明改造提升的中小学校有226所（含列入市政府实事项目的100所），总投资约9 700万元。列入市政府实事项目的100所学校分布在苏州10个板块，其他照明项目将在3年内实施完成。照明改造后的校园更明亮、光线更均匀，使广大师生们的眼睛更舒适。为推动普通高中多元扩大发展，苏州全力增加普通高中学位供给，开办综合高中班，普高招生比例逐年提升，普通高中招生占比在2020年提高至60%，在2021年达到了65%，努力让更多有意愿就读普高的学生进入普高就读。

苏州高度重视非户籍常住人口子女的读书问题，实施了积分入学政策。作为拥有 1 200 多万人口的大城市和全国第二大人口流入城市，苏州外来人口占比超过一半。这些来苏工作的新市民为苏州的经济社会发展做出了巨大贡献，也为城市带来了创新与活力。解决好新市民子女的入学问题，既是实现教育公平的必然要求，也是为苏州发展积累人才资源的必要保障。为保障新市民子女公平有序入学，苏州出台了义务教育阶段流动人口随迁子女积分入学细则。从 2016 年 1 月 15 日起，苏州市区实行流动人口积分管理制度，新市民可凭积分享受到户籍准入、子女入学和参加苏州城乡居民医疗保险等相关市民待遇。"十三五"期间，随迁子女公办学校吸纳率提高到 80% 以上，2020 年，全市积分入学提供公办学位 3.5 万个。2021 年，苏州市区流动人口起始年级适龄学生数共计 10.69 万人，其中以房入学的有 5.12 万人，占比 47.84%；符合条件通过积分入学进入公办学校就读的共计 3.34 万人，占比 31.19%。综上两种情况，流动人口随迁子女在义务教育阶段入读公办学校起始年级的人数总占比 79.03%，还有少数流动人口适龄学生回户籍地就读公办学校或留苏就读民办学校。

苏州的集团化办学模式打破了学校和区域之间的壁垒，进一步促进了基础教育的均衡化、优质化发展。集团化办学是名校引领、多校参与的一种办学形式，目的是扩大优质教育资源覆盖面，充分放大名校示范辐射作用，推动区域内学校教育资源的整体优化与教育质量的整体提高，促进优质教育平民化、普及化，满足人民群众更多公平地共享教育发展成果的需求。苏州的集团化办学形式多样，既有"名校+新校"式，也有"名校+弱校""名校+乡镇校"式，还有中外合作办学等各种模式。2021 年，苏州市集团化办学进入到向全覆盖、跨学段、跨区域迈进的 3.0 时代。全市共有幼儿园教育集团 45 个，义务教育阶段教育集团 196 个，高中教育集团 13 个，跨学段教育集团 41 个，集团成员学校 1 105 所，覆盖在校学生约 138.79 万人，基本实现义务教育阶段集团化办学全覆盖。在苏州基础教育集团化办学中，姑苏区的"三横四纵"集团化办学格局格外耀眼。千年古城，核在姑苏。苏州市教育局与姑苏区大胆探索,深化市直属学校、区属小学两级集团化办学改革,成立纵向衔接教育联盟,形成了姑苏区基础教育"三横四纵"集团化办学格局。"三横"指落户在姑苏区的小学、初中、高中的3个学段学校分别结成教育集团或者教育联盟,"四纵"是指落户在姑苏区的4个从小学到初中再到高中的衔接教育联盟,江苏省苏州中学、江苏省苏州第十中学校、江苏省苏州第一中学校、苏州市第三中学校这4所高中名校,作为"龙头"带动、牵引、贯通部分初中和小学。在苏州高新区,义务教育已实现100%集团化办学。教育集团将全域义务教育阶段的所有小学、初中全部囊括进去,还顾及民办学校。通过名校带新校、强校带潜力校、公办带民办,不让一个孩子落下。在苏州市阳山实验小学校教育共同体里,作为民办新市民学校的苏州高新区新浒学校就是成员校,2 000多名学生几乎都是外来务工人员子女,通过集团化办学,苏州高新区新浒学校的老师们就可以参加到苏州市阳山实验小学校的教师培训中去,有效提高了教学水平。如今,苏州的集团化办学犹如加速行进的航母,每个教育集团都在不断扩大优质教育资源辐射范围,实现管理共建、师资共配、研训共联、文化共育、资源共享、质量共升、发展共赢,建设成为向社会提供优质教育服务,具有规模优势的现代化一流教育集团。

相比苏州城区,苏州的县级市在基础教育优质均衡发展方面也毫不逊色。2013年,苏州10个县(市、区)全部申报"全国义务教育发展基本均衡县(市、区)",占全国申报数的近5%,张家港市、常熟市、太仓市率先通过全国首批县域义务教育发展督导评估,成为义务教育发展基本均衡县(市、区)。2020年12月9日,江苏省义务教育优质均衡发展县(市、区)名单公布,全省共认定3个县(市、区),其中两个在苏州,分别是张家港市、太仓市。两地在义务教育优质均衡发展方面取得了不俗成绩,主要有学校建设标准化、内涵建设优质化、城乡发展一体化等成果。2013年,张家港市成为全国首批义务教育发展基本均衡县(市、区),在全国率先实现了义务教育基本均衡发展后，持续加大投入，以"让每个孩子都能享有公平而有质量的教育"为基本追求，全面深化体制机制改革，教育综合实力与现代化水平实现了大幅提升。"十三五"以来，太仓市坚持把优先发展教育事业作为推动高质量发展的重要先手棋，提出了"三聚三争"教育目标任务和"活力教育"区域主张，以全国义务教育优质均衡发展县（市、区）创建为契机，扬长处、补短板、抓重点、解难题，大力抓好教育民生工程，全力办好人民满意的教育。

苏州工业园区基础教育走出了一条"扬峰填谷"的优质均衡发展之路。苏州工业园区是中国和新加坡两国政府间的重要合作项目，在成立之初，辖区内原吴县和郊区5个乡镇280多平方千米的区域内分布着100多所中小学和办学点，大部分都是单班、复式的农村学校。1 500多名教师中学历不合格的教师占到了1/3以上，骨干教师只有4人。教育基础条件薄弱、区域发展不够平衡。经过20多年的开拓发展，苏州工业园区基础教育成功走出了一条从全面普及到优质均衡的发展之路，实现了从"学有所教"到"学有优教"的战略跨越，先后成为国家级义务教育优质均衡发展试点实验区、江苏省义务教育均衡发展先进区和教育现代化水平监测区域。苏州工业园区基础教育的均衡发展不是"削峰平谷"，降低整体水平，而是让强的更强，弱的渐强，在整体水平提升的基础上实现优质均衡发展。同时，全面推行学校发展共同体和督学责任区制度深度融合，在区域内实施学校组团发展、联合办学机制，大力开展九年一贯制办学实践，强化资源共享、优势互补和管理互动机制，通过扶强、提弱、促中间，实现连片发展、集群发展，开创了全区中小学校"校园环境一样美、教学设施一样全、公用经费一样多、教师素质一样好、管理水平一样高、教育质量一样优"的良好局面，有力保障了教育公平。

在优质均衡发展的进程中，苏州基础教育推动"五育"并举的融合发展，素质教育结出累累硕果。苏州教育全面落实"立德树人"根本任务，内容丰富、形式多样、载体先进的思想政治教育活动取得切实成效，担负了为党育人、为国育才的职责使命。苏州出台了"青少年体育苏八条"，深化体教融合发展，全面促进青少年健康成长。苏州已拥有全国青少年校园足球特色学校250所，数量位居全省第一。苏州学生的体质健康水平不断提升，2020年全市中小学生体质健康标准合格率为96.44%、优良率为44.99%，位居全省前列。苏州着力放大"江南文化"优势，滋养"苏式美育"品牌，将美育教育贯穿到学校教育各学段、人才培养全过程。截至2021年，苏州共有专职艺术教师6 565名，美育校本课程687个，校本教材近1 000种，学校艺术课程开课率、艺术活动参与率已达100%。不少学校着意挖掘优秀传统文化，开发昆曲、核雕、桃花坞年画等彰显地域特色的"苏式美育"项目。苏州的劳动教育发力早、起点高、覆盖面广、"本土味"浓，2021年4月，苏州市获评"全国中小学劳动教育实验区"。苏州一年有70多万名学生参加实践活动。强大的师资力量和相关配套实践基地、体验站点的设置，为苏州劳动教育普及推广提供了保障。苏州中小学校广泛设立名师工作室、技能大师工作室、党员先锋岗位等，聘请相关行业专业人士担任劳动实践指导教师。已建成11个综合实践学校、11个青少年活动中心、800多个县（市、区）级社会实践基地（体验站），每所学校至少建立1个校级劳动教育教室（基地）。

在推进共同富裕的进程中，苏州坚持教育优先发展战略，在增加优质教育资源的同时，坚持教育公平，不断缩小城乡、区域、学校之间的教育差距，让更多人享有了平等接受教育的机会。现如今，哪怕是苏州最偏僻的乡村学校，其办学条件、教学设施和学校管理的水平也不亚于城市的学校。苏州在推进基础教育优质均衡发展上成为先行者。

（二）实施高等教育、职业教育高地行动，为人的发展提供坚实保障

为助力苏州实施创新驱动发展战略，苏州坚持创新引领高等教育和职业教育高质量发展，聚焦重点科技创新和产业集群、标志性产业链，积极抢抓数字化发展机遇，加快布局云计算、大数据、区块链等战略性新兴产业，构筑专业链、人才链，全面提升高等教育和职业教育服务苏州城市发展的能力。截至2021年，苏州一共有高校26所，其中本科高校9所，高职（专科）院校17所，形成了省属、市属、县（市、区）属高校层次完备，公办、民办、中外合作办学等类型多样的局面，更是构建了独墅湖科教创新区、苏州国际教育园等高校集聚地，基本形成了与苏州城市总体规划和产业结构布局相呼应的高等教育空间布局。

苏州深入推进名城名校融合发展，高等教育能级不断提升。高等教育是国家创新体系的重要组成部分。为增强教育对经济转型、产业发展和科技创新的引领服务能力，满足更多人的发展需求，苏州实施名城名校融合发展战略。在积极推动本地高校提升发展层次的同时，多渠道、多形式引进国内外高水平大学和科研机构来苏开展合作。推进中国中医科学院大学、南京大学苏州校区、中国科技大学苏州高等研究院等一批大院大所落地生根。2020年6月，教育部正式批复同意建设南京大学苏州校区，在人才引进和人才培养上将与南京大学本部同等标准，并对接苏州产业的现状和规划，将围绕国家重点实验室在苏州校区的延伸，做精做细综合平台，实现名城名校的同频共振、同向发力、同步前进。2019年11月28日，苏州大学未来校区在吴江区开工建设，这是中国第一个以"未来"命名的大学校区。在苏州市与苏州大学全面战略合作框架协议的指引下，苏州大学未来校区将融合高品质教育资源，建设高水平学科体系，集聚高层次创新人才，为区域发展提供强大的科技创新引擎。2021年4月22日，苏州市政府与中国中医科学院全面战略合作暨建设中国中医科学院大学签约仪式举行。双方致力于在苏州建设一所中医药特色鲜明、全国一流、世界著名的研究型大学，发挥"国家队"的高端引领作用，将优势科技资源转化为优质教育资源，培养高起点、少而精、广兼容的中医药高层次人才。此外，苏州还汇聚国外优质高等教育资源。除了西交利物浦大学、昆山杜克大学外，西交利物浦大学太仓校区也在加快建设，哈佛大学、牛津大学、新加坡国立大学、澳大利亚蒙纳士大学、德国卡尔斯鲁厄理工学院等国际知名院校也在苏设立研究院所。这些研究院所使得苏州参与全球竞争的能力获得新的提升。

苏州职业教育服务城市经济社会发展的能力不断实现新跃升。"十三五"期间，苏州被教育部列为国家职业教育高地建设城市。通过优化学校布局结构、注重专业集群式发展、挖掘"江南文化"基因，苏州职业教育培育了大量新时代高素质技术技能人才，培养质量不断提升。苏州职业教育参与全国、全省职业院校技能大赛、班主任基本大赛、创新创业人赛等赛事的成绩一直位列全省前茅。现代职业教育体系获批总体项目数和招生数均居全省第一。省现代化专业群、省现代化实训基地、省智慧校园等项目创建总量名列全省前茅。苏州职业教育主要发展指标和综合实力保持在全省和全国的前列。2018年和2020年苏州两次被评为"职业教育改革发展成效明显地区"。为适应苏州产业创新集群发展的需求，苏州职业院校紧密围绕新一代信息技术、生物医药、纳米技术、人工智能、航空航天等重点产业集群，开展专业群建设。在苏州，职业教育有15个大类专业覆盖了全市主导产业、新兴产业和重点服务业，建成省现代化专业群53个，专业结构与产业结构高度吻合。为传承苏州"江南文化"，培育"江南文化"艺术技能人才，苏州赋予职业教育更多的历史人文内涵，支持地区"老字号"品牌的传承保护与创新发展，开发建设评弹、茶艺、缂丝、御窑金砖制作等非物质文化遗产项目，依托丝绸、苏绣、核雕等特色产品、传统工艺，扩大职业院校与"一带一路"沿线国家合作，在促进人文交流的同时，加快培养适应经济、文化和社会发展需要的、掌握国际通用技术技能的应用型人才。

2020年9月,教育部、江苏省人民政府共建整体推进苏锡常都市圈职业教育改革创新项目正式启动,苏州以全国首个城市群职业教育创新发展高地建设为契机,先行先试、突破创新,加快建设根植"江南文化"、对接苏州制造、产教深度融合的现代一流职业教育。为推动职业教育人才的高质量培养,满足学生个性化、多元化发展需求,苏州的职业教育贯通培养项目打造了职业院校学生向上升学的通道,也打破了人们对"职教不成才"的偏见,提升了职业技能人才的专业素养和层次。2021年,苏州市共获批省现代职业教育体系贯通培养项目111项,其中"3+4"中职本科贯通培养项目3个,计划招生115人;"5+2"高职本科贯通培养项目5个,计划招生205人;"3+3"中高职贯通培养项目103个,计划招生3 090人,数量均居全省第一。

为进一步实施推进现代职业教育改革创新工程,深化产教融合,苏州开展了双元制、现代学徒制等人才培养模式的本土化实践,将校企合作成效作为评价职业学校办学质量的重要内容。双元制职业教育是源于德国的一种职业培训模式,该模式要求参加培训的人员必须经过职业学校和企业两个场所的培训。多年来,苏州市在引进德国先进的职业教育理念开展双元制职业教育方面进行了积极的探索,在"标准化+职业教育"融合方面,苏州太仓在全国率先进行了实践。依托区域内德企资源,遵循借鉴、吸收、创新的发展路径,经过多年的探索与实践,苏州建成了从中专到大专再到本科的完整的双元制职业教育体系,形成了本土化的双元制职业教育模式,推动了区域内人才培养和产业发展。除了长期开展的德国双元制教学实践及本土化研究外,江苏省常熟职业教育中心校、奇瑞捷豹路虎汽车有限公司及英国驻上海总领事馆合作开展了全省第一个中英现代学徒制试点项目。

依托双元制职业教育　开创国内两个第一

一、建立国内首个与德国职业教育同步的专业工人培训中心

2001年，太仓率先引入德国双元制教育模式，建立了国内首个与德国职业教育同步的专业工人培训中心。此后，太仓依托在太德企、本土院校、德国巴符州双元制大学、德国工商大会、德国工程师协会等多方资源，相继建立中德培训中心等10余个双元制教育培训基地，构建了中专、大专、本科等多层次有序衔接的人才培养体系，成为中国最大的德国职业资格考试和培训基地。截至2021年，已累计培养了1万多名高级管理人才和专业技术人才。

二、立项发布国内首部双元制师资队伍建设标准

2021年，双元制教育标准《双元制职业教育师资队伍人员能力评价规范》顺利通过评审，成功立项为2021年度第一批苏州市地方标准，填补了国内双元制师资队伍标准建设的空白。《双元制职业教育师资队伍人员能力评价规范》标准包括范围、术语、定义、类别划分、能力模型和要素、能力要求和评价改进等内容，涵盖专任教师、培训师和岗位师傅3种类别，制定了校、企、生及第三方机构的多元评价模式，为双元制人才培养在3类师资的准入、选拔、评价、考核、发展等方面提供标准依据。

（三）推动教育信息化，更好助力苏州教育优质普惠发展

教育信息化是运用现代信息技术来促进教育改革和发展的过程，对促进教育优质均衡高质量发展具有重要的意义。由于教育信息化的开放性、共享性、交互性等特征，其在促进教育公平，提高教育的普惠性、成效性方面都具有较大优势。2013年，苏州颁布了《苏州市教育信息化五年行动计划（2013～2017年)》，以教育信息化为抓手

推动实现教育现代化,将信息技术深入应用到教学、科研、管理及服务各个环节,为教育高质量发展提供强大内生动力。2017年,苏州的教育信息化在基础设施建设上实现了城乡一体均衡,高标准完成了"校校通"优化工程和教育城域网二期改造工程,全面升级了苏州教育城域网络中心核心设备和主干带宽,全市所有学校都拥有100兆以上的光纤,为民工子弟学校免费开设了集群式网站,改变了由于"各有地盘、规划不一"所造成的学校资源利用率低、浪费的状况,构建了"人人皆学、处处可学、时时能学"的学习环境。

2018年3月,苏州在全省率先建成互联网教育公共服务平台——苏州线上教育中心,实现线上课程资源"全名师、全学段、全学科、全过程、全免费"和县域全覆盖。作为苏州市政府民生工程,苏州线上教育中心为全市每位师生、家长提供全免费的苏州名师教学,开辟了教育公共服务第二渠道。在疫情防控期间,苏州线上教育中心课程总观看量超过1.4亿人次,全面实现"停课不停学"。截至2021年年底,苏州线上教育中心登录人数1 138.7万人次,观看人数超1 193万人次,共计开课1 719节,多节课程成为观看人数超"10万+"的网红课程。苏州线上教育中心第二届讲题大赛,相关讲题视频总浏览、点赞人数超过百万人次。在2021年秋季新学期,苏州线上教育中心上线了新一轮名师直播课程,680节课程覆盖从小学四年级至高三共9个年级。为响应"双减"政策,让校园成为育人的主阵地,该平台会聚了更多学科名师,增加了文化课的直播数量。平台主要学科基本做到了每周不落、周周有课。针对一周的课程内容总结提炼、精讲精练,让学生能够打牢根基、突破自我。苏州线上教育中心让全市中小学生平等便捷地享受了优质的公益在线课外教育资源,是促进苏州教育公平和高质量发展的重要举措。

为进一步促进教育公平,推动优质教育资源共享,实现全市中小学生同等待遇,苏州从2019年7月起启动了同城帮扶试点工作,以信息技术为抓手,让优质公办学校与外来人员子女学校共享名师课程。苏州出台了《苏州云上教育同城帮扶计划》等文件，聚焦课堂教学帮扶、教师帮扶结对，系统规划同城帮扶工作。建成同城帮扶直播教室近300间，覆盖全市所有外来人员子女学校。截至2020年年底，全市100所随迁子女学校的200个班级教室接入公办优质学校相关同步教学课程，1 000名随迁子女学校教师接受公办优质学校教师在线教研帮扶，覆盖随迁子女学校全学科、全学段。2021年，为推动同城帮扶工作常态化、高质量开展，项目被确定为苏州市教育局"我为群众办实事"项目，线上同城帮扶工作覆盖121所听课学校，利用线上线下结合的方式开展4 000多次同城帮扶教研活动，实际覆盖受惠学生超过50万人次。苏州的教育同城帮扶工作为推动共同富裕之路上的教育公平发挥了重要的积极作用。

此外，苏州还入选2020年度教育部"全国智慧教育示范区"创建区域名单，全国共10个区域，苏州是江苏省唯一入选的城市。苏州全面推进智慧教育融合创新，构建教育公共服务一体化平台，积极推动各学校间数字化教育资源的共享。2021年，苏州启动了全国智慧教育示范区《基于大数据的教育智能评价》课题研究工作，探索以智能评价推动五育并举，坚决破除"五唯"（唯论文、唯帽子、唯职称、唯学历、唯奖项）顽瘴痼疾的区域实践路径。现如今，苏州教育信息化正不断迈上新台阶，不断为苏州的广大师生提供好的学习体验、高内容适配和高教学效率的教育供给，更好助力教育优质、普惠、高效地发展。

（四）科学构筑终身教育体系，实现社会公共文化资源共享

苏州的终身教育工作在全省乃至全国均处于领先地位。近年来，苏州全部高标准完成了省级社区教育示范区和标准化社区教育中心的创建工作，完善了终身教育"4+N"管理网络，以市、县（区）、镇（街道）、村（社区）四级社区教育机构为主，以分布在各地的特色化市民学习阵地为辅，体现了终身教育"开放、共享、灵活、便捷"的理念；在全省率先全面推动社区教育项目化运作模式，挖掘社会优质资源，建立了如社区教育游学、市民学习苑、名师工作室、养教联动等多种类型的终身学习基地 76 个；全市开发社区教育课程 12 000 多门，开展终身学习志愿服务 522 万人次，市民在线学习 3 505.52 万人次，市民年参与率达 66.6%，众多市民的学习热情被激发，学习需求得到满足。其中，历经线路的论证、内容的打磨、成果的提炼，社区教育游学项目已逐渐成为丰富社区教育活动内容和形式的新载体。

2021 年，苏州充分发挥市社会教育服务指导中心、市终身教育学会的作用，做好工作指导。开展市级示范性社区教育中心建设和社区教育教师能力大赛，创建示范性社区教育中心 12 家，选拔 5 支教师能力大赛队伍参加江苏省社区教育能者为师竞赛，3 个一等奖全部被苏州包揽，取得二等奖 2 个。完成第二批 5 家市级社区教育市民学习苑中期验收，立项第三批 14 家市级社区教育游学项目。张家港"享学保税区，惠民项目化"等 3 个项目获评江苏省教育厅社区教育特色品牌。为积极应对人口老龄化的国家战略，推进老年大学建设发展规划，苏州启动并按计划完成了 7 项老年大学改扩建工程，项目涉及张家港市、太仓市、昆山市、吴江区及直属 7 所老年大学，建设总投资 600 余万元。社区教育潜力巨大，苏州开展社区教育老年赋能项目、老年人智能技术优秀数字化课程资源建设，促进社区老年教育发展，为老年人提供了更多的学习机会。

三、立足新时代的苏州教育展望

共同富裕是建立在社会各领域发展的基础上的，其中教育是关键。在新时代全面建设社会主义现代化国家新征程中，苏州加快建设充分展现"强富美高"新图景的社会主义现代化强市，不断推动共同富裕取得更为明显的实质性进展。新征程、新目标要求苏州必须加快建设高质量教育体系，高标准推进现代化教育强市建设，在取得已有成绩的基础上，谋求更加优质均衡的教育发展。

（一）持续推进教育现代化，培养更多适应新科技革命的创新型人才

党的十九大报告指出："建设教育强国是中华民族伟大复兴的基础工程，必须把教育事业放在优先位置，深化教育改革，加快教育现代化，办好人民满意的教育。"为落实党的十九大及全国教育大会精神，国家出台了《中国教育现代化2035》这一中长期战略规划，提出要在2035年总体实现教育现代化，迈入教育强国行列。为全面贯彻党和国家的教育方针，坚守为党育人、为国育才的初心使命，苏州教育要以立德树人为根本任务，努力构建与苏州城市发展相适应的高质量现代教育体系。共同富裕不是低水平的共同富裕，而是建立在高水平、高质量的发展基础上的共同富裕。高质量发展需要创新驱动，其本质就是人才驱动，这都需要优质教育助力赋能。

当今世界，人类社会正在步入以人工智能等新技术引领的第四次工业革命，这就需要我国的教育体系能够培养出越来越多的能适应新科技革命的各类创新型人才，传统的教育体系、教育模式已日益显示出其局限性。因此，苏州将积极探索应用先进教育装备促进教育教学发展创新模式，提升学生核心素养和实践创新能力，构建教育装备现代化服务保障体系，加强中小学教师装备运用能力和管理人员岗位能力建设。到2025年，全市将建成50个高水平特色实验室，中小学教学装备标准配备率力争达到100%，力争95%以上的学校达到省教育装备一类标准。

"十四五"期间，苏州将面向教育现代化的发展需求，以全国智慧教育示范区创建为契机，加快推进新型教育信息化基础设施建设，构建市级教育大数据中心。基于人工智能、大数据等技术建立"个性化学生成长评价、专业化教师发展评价、智能化学校综合评价、科学化政府履职评价"4类教育综合评价体系，实现更便捷、更专业的智能化教育综合评价。构建基于课堂、应用驱动、注重创新、精准测评的教师信息素养发展新机制，培养"首席信息官、数字教研员、数据分析师、数据安全师、数字教师"5支队伍，支持苏州工业园区国家级信息化教学实验区建设，努力打造适应学校信息化发展需求的教师信息技术应用能力提升新模式。到2025年，全市将创建三星级智慧校园800所、四星级智慧校园示范校200所，不低于60%的学校将成为苏州市人工智能教育实验学校，全市教师力争100%完成数字教师培训，将初步形成大数据支撑的高质量教育智能评价体系。

（二）构建服务全民学习的教育体系，不断增强人民群众的教育获得感

在教育强市、赋能共同富裕的新征程中，苏州聚焦人民群众对学前教育、义务教育、普通高中教育优质均衡发展的普遍期待，发展更加公平、更有质量的教育，并在此基础上进一步构建服务全民学习的教育体系，不断满足人民群众多元化、个性化的教育需求，让教育发展成果更多、更公平地惠及全市人民，持续增强人民群众对教育的获得感。

截至2021年，苏州全市拥有各级各类学校1 824所（含幼儿园），在校学生214.45万人。其中，幼儿园966所，小学442所，初中（含九年一贯制）258所，普通高中82所，中等职业教育学校（含技工学校）38所，特殊教育学校12所，高校26所。在此基础上，苏州将实施以下教育工程：一是学前教育普惠健康工程，大力建设公办幼儿园，鼓励引导社会力量开办普惠性幼儿园。优化学前教育布局，巩固城镇小区配套幼儿园治理成果，新建小区配套幼儿园全部为公办园或普惠性民办幼儿园，稳步推进学前教育服务区制度。二是义务教育质量提升工程。开展中小学课程基地项目、新时代有效教学项目、前瞻性教学改革项目研究，建设一批省市级中小学课程与教学品牌项目，大力推动学校课堂转变教学方式和教学行为。坚持集团化办学体制机制改革，打破学校壁垒、区域壁垒、学段壁垒，培育一批具有高辐射性、强引领力的教育集团品牌。三是普通高中育人方式改革工程。主动适应国家人才培养战略和高考招生制度改革，科学合理确定普通高中规模，促进普通高中与职业高中协调发展，拓展综合高中、国际高中和特色高中等多样化的办学类型，大力推进普通高中多样化、特色化发展。四是特殊教育融合发展工程。加强特殊教育学校建设，进一步完善普通学校融合教育资源中心设点布局和内涵提升。强化对特殊教育师资、经费、设备等方面的支持和保障，高质量普及残障儿童、少年15年免费教育政策。五是高等教育结构优化和内涵建设工程。多渠道、多形式引进国内外高水平大学和科研机构来苏开展合作，引导优质资源向各县（市、区）全面覆盖，推进教育高质量发展创新示范区建设。支持在苏高校厚植比较优势，确立主攻方向，提高学科建设的差异化和集中度，推动学校分类发展。深入实施名城名校融合发展战略。六是现代职业教育体系建设和改革创新工程。建设现代职业人才培养体系，重点培养学生精益求精的工匠精神和良好的职业道德。做精中职，做优五年制高职，做强三年制高职，稳步发展职业本科教育。推进部省共建苏锡常都市圈职业教育改革创新，深度融入长三角一体化发展，落实长三角生态绿色一体化发展示范区职业教育改革行动方案。加大特色专业建设，优选一批重点行业专业，打造现代化示范性专业集群。七是终身教育优质提升工程。完善全民终身学习推进机制，构建服务全民终身学习的教育体系。深化市级示范性社区教育中心建设，鼓励社会力量参与社区教育，打造适合市民需求的精品课程体系，积极参与终身教育学分银行建设，不断扩大终身教育优质资源供给。

（三）推动教育公平性发展，构建立体化教育合作新模式

苏州推动共同富裕取得更为明显的实质性进展需要在已有的教育成绩基础上，进一步推动教育公平性发展。公平是一个相对的概念，公平性发展也是一个不断推进的过程。在新征程中，苏州将聚焦教育发展中还存在的不平衡不充分问题，关注人民群众对各级各类教育优质均衡发展的普遍期待，发展更为公平、更有质量的教育，以覆盖城

乡、布局合理、品质提升作为发展的目标定位，持续提升人民群众对教育的满意度。坚持把教育作为战略性投入予以优先保障，确保教育投入结构与教育布局结构变化相适应。健全学生资助体系，全面精准落实各项学生资助政策，健全家庭经济困难学生奖助学金和助学贷款政策体系。在民办教育发展方面，坚持教育公益性原则，推进非营利性与营利性民办学校分类管理，完善政府补贴、政府购买服务等政策制度，实行差别化扶持。推动义务教育结构优化和布局调整，合理控制民办义务教育学校办学规模，不断提高流动人口随迁子女在公办学校就读（含政府购买学位）比例。

在推进教育公平发展的基础上，苏州还将进一步谋求立体化的教育合作，这主要体现在区域之间、学校之间、校企之间等。对于苏州来说，长三角一体化对教育事业开放融合提出了新要求，带来了宝贵的发展机遇。2021年4月29日，上海市教育委员会与苏州市政府签署了教育高质量协同发展战略协作框架协议，苏州将以此协议为依托，深化项目合作和资源整合，积极开展交流互访共建，加强平台载体建设。到2025年，将建立长三角及沪苏之间更有效率、更加开放、共同发展的教育高质量一体化发展机制，全面形成具有引领长三角、辐射全国、面向世界的沪苏教育协同发展模式。此外，苏州还积极主动做好江苏省内南北挂钩和对口帮扶支援合作各项工作。2021年12月21日，苏州市教育局与宿迁市教育局签订了两市教育战略合作协议，共谋与宿迁南北共建教育高质量发展。两地将深化学校基础教育、职业教育结对协作，加强师资队伍交流合作，深化资源共建共享，加大合作办学的力度等。苏州还将建立跨行政区域的产教融合、校企合作联动机制，合力打造高质量的区域职业教育协作典范，推动项目高质量落地落实。苏州还将实施中外优质资源融合工程。推动国际化经验与本地教育发展相融合。支持在苏高校在聘请专家学者、建设高端国际科研平台等方面互相借力、统筹推进。鼓励职业院校与企业携手参与国际产能合作，构建苏州职业教育专业化、特色化涉外办学格局。

第五章
筑牢共同富裕的健康根基

苏州贯彻落实习近平总书记关于"健康是促进人的全面发展的必然要求,是经济社会发展的基础条件,是民族昌盛和国家富强的重要标志,也是广大人民群众的共同追求"的重要指示精神,注重人民健康在中华民族伟大复兴战略及将苏州建设成为现代化强市战略中的重大价值,始终将人民健康和生命安全放在高于一切的位置,着力推动健康苏州、安全苏州建设。在推动共同富裕的行动中将高质量卫生健康事业促进全民健康作为衡量社会进步和人民幸福的重要指标,也作为实现共同富裕的重大基础保障。苏州坚持以人民为中心的发展思想,认真贯彻落实国家的各项决策部署,将人民健康作为健康苏州建设的主体内容和核心价值目标,以提高人民健康水平为根本追求,全力推动卫生健康事业高质量发展,助力共同富裕的苏州行动。

一、高质量卫生健康事业与共同富裕的逻辑关系

苏州在推动共同富裕的行动中不断摆正高质量的卫生健康事业与共同富裕的辩证关系,坚持共同富裕的根本目的是"实现人的全面发展和社会全面进步,共享改革发展成果和幸福美好生活"。苏州将健

康作为人的全面发展和社会全面进步的重要基础，也作为全体人民共享改革发展成果和对幸福美好生活向往的题中应有之义。将高质量的卫生健康事业，既当作实现共同富裕的基本前提和基础保障，又当作共同富裕的重要衡量指标。

（一）高质量卫生健康事业是人自由而全面发展的基础保障

马克思主义的卫生健康事业理论是苏州以高质量的卫生健康事业提升共同富裕内涵的重要指导思想。马克思主义认为，人的自由、全面发展不仅依赖于生产力的高度发达、物质产品的极大丰富，而且需要每个人体力和智力的全面发展、生理健康和心理健康的充分发展。马克思、恩格斯虽然没有在严格意义上提出"人民健康"这样具体的概念，但他们在论述资本主义异化劳动问题时曾多次强调关注工人阶级的身心健康，主张"保护健康，保持一切价值的源泉即劳动能力本身"，指出资产阶级在生产活动中"根本不关心工人的健康和寿命"。这充分说明了健康对于劳动者的意义，健康是劳动者创造财富的前提条件，劳动者的健康状况直接影响其劳动生产效率和从事生产活动时主观能动性的发挥。因此，以人民健康为核心的高质量的卫生健康事业是创造社会财富、达到社会主义生产目的、实现高质量发展和共同富裕的重要基础。

苏州以高质量的卫生健康事业提升共同富裕内涵有着深刻的时代背景和现实必要性。随着全面建成小康社会目标的实现，在开启实现共同富裕的新起点上，特别是高水平全面建成小康社会综合实现程度达97.6%（2019年数据）的江苏［苏州更是达到98.02%（2018年数据），其中人民生活实现程度达到99.99%］，人民群众的健康需求在不断扩展，健康标准也在不断更新。以习近平同志为核心的党中央高度重视人民健康发展，强调人民身体健康是"每个人成长和实现幸福生活的重要基础"，"要把人民生命安全和身体健康放在第一位"，健康是"经济社会发展的基础条件"，提出了"努力全方位、全周期保障人民健康"的重要观点。苏州始终秉持这样的观点，率先保证人民群众的身体健康，促进人的健康发展，将保证人民健康权益，提高人民健康水平，特别是提高健康预期寿命，作为提高全要素生产率的重要手段，将人民健康作为以人民为中心的发展思想的重要落脚点，作为实现共同富裕的重要任务。

（二）高质量卫生健康事业是"五位一体"整体文明观的逻辑再现

苏州在推动共同富裕的实践中深刻地认识到，共同富裕，其重要标志和价值诉求体现在"共同"二字上，不仅体现在实施主体是"全体人民"身上，还体现在全面协调发展的整体性逻辑上。这也是以马克思主义唯物史观的全局性、整体性眼光看待社会发展及客观规律的具体体现。西方马克思主义创始人之一的格奥尔格·卢卡奇就曾高度评价马克思的这一重要思想，他指出：马克思主义辩证法，不是从局部的、片面的角度认识社会，而是把人类社会作为一个总体来认识的。"不是经济动机在历史解释中的首要地位（Vorherrschaft），而是总体的观点，使马克思主义同资产阶级科学有决定性的区别。总体范畴，整体对各个部分的全面的、决定性的统治地位（Herrschaft），是马克思主义取自黑格尔并独创性地改造成为一门全新科学的基础的方法的本质。"因此，推动新时代共同富裕，要基于马克思主义全局性、整体性的逻辑，必须基于以经济建设推动物质文明、以政治建设推动政治文明、以精神文化建设推动精神文明、以社会建设推动社会文明、以生态文明建设推动人与自然和谐共生这个"五位一体"整体文明全面协调的发展。

高质量的卫生健康事业更是在推动共同富裕过程中提高"五位一体"整体文明全面协调发展不可或缺的重要一环，蕴含着整体性高质量发展所要求的大健康理念，彰显出以人民健康为核心的最终价值诉求。物质文明的健康发展、政治文明的健康发展、精神文明的健康发展、社会文明的健康发展、生态文明的健康发展都要以聚焦人民健康福祉为最终落脚点。正如习近平总书记指出的那样，健康是幸福生活最重要的指标，健康是1，其他是后面的0，没有健康，再多的0也没有意义。苏州在推动共同富裕的过程中，始终坚持全面协调发展的价值取向，以提升人民的健康水平，维护人民的健康权益，建设高质量的卫生健康事业为基本保障，为"五位一体"整体文明全面协调发展铺平共同富裕之路。苏州在《苏州市国民经济和社会发展第十四个五年规划和二〇三五年远景目标纲要》中提出的"基本建成创新之城、开放之城、人文之城、生态之城、宜居之城、善治之城，高水平建成充分展现'强富美高'新图景的社会主义现代化强市、国家历史文化名城、著名风景旅游城市、长三角重要中心城市"这一目标任务充分体现了苏州坚持"五位一体"整体文明全面协调发展的理念。

（三）高质量卫生健康事业是建设社会主义现代化强市的基础要素

苏州意识到，建设社会主义现代化强市是与高质量的卫生健康事业密切相关的。从国际社会看，健康已经成为全球可持续发展的核心与动力，成为每个国家发展进程中的重要课题，也成为衡量该国社会进步和人民幸福的最核心指标之一。联合国的人类发展指数（HDI）将人均预期寿命列为三大指标之一，《2030年可持续发展议程》将"确保健康的生活方式，促进各年龄段人群健康福祉"作为17项发展目标之一。

从国内看，一方面，健康是一个城市经济社会发展的基础。习近平总书记强调，健康是"现代化最重要的指标"，并指出"在实现'两个一百年'奋斗目标的历史进程中，发展卫生健康事业始终处于基础性地位，同国家整体战略紧密衔接，发挥着重要支撑作用"。在《中华人民共和国国民经济和社会发展第十四个五年规划和2035年远景目标纲要》确定的"十四五"时期经济社会发展的20个主要指标中，卫生健康指标有3个。另一方面，健康也是一个城市软实力和综合竞争力的重要组成部分。世界银行将健康水平和教育环境作为决定人力资本的两个基本要素，其中健康指标就占了3/5。由此可见，健康是重要的人力资本，健康投资是人力资本的基础性投资。要建设社会主义现代化强市，没有人的现代化和人民群众创造性的激发是不可能的，而人民健康又是实现人的现代化和激发人民群众创造性的基础保障，从此种意义上来讲，确保人民健康是苏州建设并实现社会主义现代化强市的基础要素。

（四）高质量卫生健康事业是共建共享原则的重要体现

苏州将高质量的卫生健康事业作为共同富裕行动中的共建共享原则的重要体现。一方面，始终坚持卫生健康事业的共建共享理念是我国社会主义制度内在逻辑所决定的理念。马克思、恩格斯在描绘未来理想社会时就提出"生产将以人富裕为目的""所有人共同享受大家创造出来的福利"，这些观点充分表达了一种共建共享的思想。习近平总书记在继承了这一思想的基础上，进一步提出，国家建设是全体人民共同的事业，国家发展过程也是全体人民共享成果的过程。发展依靠人民，发展为了人民，发展的成果要与人民共享，要把人民利益摆在至高无上的地位，这是社会主义卫生健康事业需要坚持的基本方向，要让包括高质量的卫生健康事业发展在内的一切工作更多、更公平地惠及全体人民，以实现全体人民共同富裕为价值追求。

苏州认识到，人民群众共享高质量的卫生健康事业发展的成果，也是衡量共同富裕的重要指标，其中包括卫生健康事业的公平性和公益性。马克思主义认为，公平、公正、平等的健康权益应归社会全体人民享有。习近平总书记秉持这一思想，指出：既要尊重和维护人民群众的基本健康权益，促进健康公平；又要坚持开展公益性健康事业，让健康公平公益落到实处。对于健康的公平性，习近平总书记指出，让广大人民群众享有公平可及、系统连续的预防、治疗、康复、健康促进等健康服务；对于健康公益性，他又强调"无论社会发展到什么程度，我们都要毫不动摇把公益性写在医疗卫生事业的旗帜上，不能走全盘市场化、商业化的路子"。这些论断充分说明了要坚持将卫生健康事业的公平性和公益性相结合，并共同惠及全体人民，推动全体人民不断迈向共同富裕。

苏州坚持将公平性和公益性写在卫生健康事业的旗帜上，用心用情为居民提供优质的健康生活和服务。如全面实现基本医疗保险和生育保险市级统筹，上线"一卡通"平台，实现全市同城同卡同服务；建立健全职工基本医疗保险门诊共济保障机制，实施医疗服务价格改革国家试点；持续不断加强体育公园、社会足球场、健身步道等体育设施建设，推动全市公共体育场馆免费或低收费开放，建设国家体育消费试点城市；聚焦"一老一少"服务；持续开展公益救护培训，仅2021年培训就覆盖了15万人。

二、发展高质量卫生健康事业的共同富裕苏州行动

苏州——一座可以"勾画现代化目标"的城市，作为在江苏乃至全国率先建成高水平小康社会、开启现代化强市建设新征程的先行区，在由全面小康向现代化强市迈进、实现全体人民共同富裕的新道路上，苏州坚持"以人民为中心、以健康为根本"的理念，贯彻总体国家安全观和新时期卫生健康发展方针，全方位、全周期满足人民群众卫生健康服务需求，全力打造居民健康水平高、医疗服务水平高、公共卫生安全程度高、人民群众满意度高的健康中国典范城市。

苏州先后被世界卫生组织、世界健康城市联盟授予"杰出健康城市奖"和"健康城市建设先驱奖"。居民主要健康指标达到世界发达国家水平，截至2021年年底，苏州市户籍人口期望寿命达到84.04岁，居民健康素养水平达到39.96%，累计获得了35项世界卫生组织和世界健康城市联盟颁发的健康城市奖项。2021年，在全国爱卫办公布的2020年度健康城市建设评价结果中，苏州市以地级市及以上城市第1名，下辖的张家港、太仓、常熟、昆山分别以县级市第1、2、3、9名，获评2020年度全国健康城市建设样板市，占全国总数1/5。

2021年7月和2022年1月,苏州作为全国地级市唯一的代表,先后两次亮相国家卫生健康委员会召开的专场新闻发布会,分享苏州建设健康城市的相关经验,向大家娓娓道出苏州百姓的"健康甜"。

近年来,苏州市各级政府不断加大卫生投入,投入资金从2013年的40.45亿元增长至2021年的173.12亿元,全市围绕建设高质量的卫生健康事业,提升市民健康水平,以开展健康苏州系列行动为抓手,以"建平台、重创新、强融合、严监管"为工作方法,不断提高市民健康管理水平,不断提高医疗服务供给能力,不断树立大卫生大健康理念,不断提升卫生健康治理效能,助推高质量的卫生健康事业,提升苏州共同富裕内涵。

83.82岁:苏州人均期望寿命全国第一

人均期望寿命是联合国人类发展指数三大核心指标之一,也是衡量一个城市健康水平的核心指标之一。2019年,苏州市人均期望寿命83.82岁,2020年上升到84.04岁,多年来始终位居各城市第一。

人均期望寿命是根据各年龄段人口数和死亡数计算得出的,并非当前苏州人的实际平均寿命。2019年,苏州市人均期望寿命83.82岁,对应的人群是2018年出生的婴儿。对于2018年15岁至19岁年龄段的苏州人来说,人均期望寿命是69.18岁,也就是说,如果没有意外发生,这个年龄段的人应该还能活69.18年。人均期望寿命中,男性为81.61岁,女性为86.03岁。随着生活水平、医疗水平的提高,生态环境的改善,人均期望寿命将逐年增长。另外,每个人的身体情况不一样,个体差异大,各年龄层的人均期望寿命并不能代表个人。

影响人均期望寿命指标的最重要数值是死亡情况,实际死亡人数减少,期望寿命就会上升。然而,要减少死亡人数,并非易事。2015年，苏州市对户籍人口死亡原因进行大数据分析发现，恶性肿瘤、脑血管病、心脏病、呼吸系统疾病、伤害等常年位居苏州居民死因前列。对此，苏州市委、市政府以此为突破点，相应建立胸痛、卒中、创伤、危重孕产妇救治和危重新生儿救治等五大救治中心，比国家统一部署早两到三年，并制订健康苏州"531"系列行动计划，通过日常筛查和管理，为苏州市民健康保驾护航。

（一）建平台，不断提高市民健康管理水平

《国务院关于实施健康中国行动的意见》中明确强调要"坚持预防为主，把预防摆在更加突出的位置""对主要健康问题及影响因素尽早采取有效干预措施，完善防治策略，推动健康服务供给侧结构性改革"。苏州秉持这样的原则，从供方思维转变为需方思维，借鉴国际先进理念，落实分级诊疗制度建设要求，围绕苏州市疾病谱、死因谱和市民"不生病、少生病、晚生病"的健康诉求，突出"早预防、早发现、早治疗"，着力推动爱国卫生运动从环境卫生治理向全面健康管理转变，从急病救治、慢病防控、健康促进、综合监管、公众参与等方面着手，建立"无病要防、急病要急、慢病要准"的健康管理新格局，实现从"以治病为中心"向"以健康为中心"的行动转变，将"主动健康"理念深深融入苏州的城市血脉。

1. 突出早预防，满足"无病要防"的健康需求

苏州通过对本地致病因素的分析，针对和疾病发生密切相关的健康素养、心理健康、意外伤害、重大传染、重点人群、出生缺陷等因素，实施了健康城市"531"专项行动计划，启动一个提升工程，完善三大工作机制，实施五大领域重点项目，对疾病的发生进行了有效预防。

一是启动全民健康素养提升工程。建立传统媒体与新媒体结合的

全方位、多途径、立体化的健康传播体系，开展千场健康公益讲座进社区、进企业、进学校、进机关、进军营等"五进"活动，推进全民健身和全民健康的深度融合，普及健康素养知识与技能，进一步提高居民健康自我管理的意识和能力，提升居民健康素养水平。

二是完善三大工作机制。建立完善"政府主导、部门协同、社会参与、个人主责"的联动机制，加强部门协同和全社会参与，努力打造"全民参与、全民共建、全民共享"的健康环境和健康社会。建立完善"联防联控、群防群控、防治结合"的预防机制，努力实现由"以疾病治疗为中心"向"以健康促进为中心"的转变。建立完善"医防联动、快检快测"的突发公共卫生事件处置的应急机制，强化部门信息共享，最大限度减少突发公共卫生事件的发生，有效控制和处置事件的发展，增强市民公共卫生安全感。

三是实施五大领域重点项目。实施重大传染病防治项目，进一步降低重大传染病和疫苗可预防疾病对市民健康的影响；实施心理健康促进项目，开展多层次心理健康服务，实现全周期、全方位、全人群的心理健康覆盖，提高全民心理健康素养；实施重点人群伤害干预项目，建立健全伤害综合监测网络，强化重点人群意外伤害安全防护意识，加大宣传和执法力度，降低意外伤害的死亡率和致残率；实施出生缺陷与重大疾病干预项目，加强婚前和孕前健康检查、产前筛查与诊断、新生儿疾病筛查、高危儿干预以及意外妊娠干预工作，提高妇女儿童健康水平；实施健康危险因素监测项目，实施以食品安全、生活饮用水、空气污染、学校卫生等为主要领域的卫生监测与风险评估工作，对可能引发公共卫生风险隐患的危险因素进行识别、分析和评价，定期发布健康危险因素监测与风险评估系列白皮书，减少健康危险因素对人群健康的影响。

2. 突出早治疗，满足"急病要急"的健康需求

为了让市民遇到危急疾病时能得到快速有效救治，苏州以防治重大疾病为问题导向，不断创新健康综合干预、疾病高危筛查、院前院

中联动、学科协同救治医疗卫生供给模式，持续优化医疗卫生服务机制，以实施健康城市"531"专项行动计划为抓手，全面增强重大疾病专业防治能力，不断满足市民"急病要急"的健康需求。

一是建立市民综合健康管理服务平台。在全市实现社区卫生服务向市民综合健康管理服务的转型升级，发挥社区卫生服务机构最贴近市民和最方便服务的优势，进一步强化市民综合健康管理服务功能。向社区居民推荐分年龄、分性别、有针对性的体检套餐；通过市民综合健康管理服务信息平台，实现社区与医院的专业联动和专科协作，为加强社区居民综合健康管理提供坚实的平台支撑。

二是建立居民疾病高危因素三大筛查机制。依托市民综合健康管理服务平台，建立"社区—医院"居民肿瘤筛查机制、心脑血管疾病筛查机制、高危妊娠筛查机制。通过这三大机制的运行，降低肿瘤致残率和死亡率，降低患者医药费负担；提高居民心脑血管疾病的健康评估和对高危人群的尽早干预能力；明确各级医疗保健机构和助产服务机构在孕早期、孕中期、孕晚期分别进行相应的危险因素筛查的职责，对妊娠风险以及妊娠合并症等实施分级分类诊疗和管理。

三是建立城市多中心疾病协同救治体系。建立胸痛中心、创伤救治中心、卒中中心、危重孕产妇救治中心、危重新生儿救治中心等五大中心，并分市、县二级建立不同等级和标准的救治中心，同时构建市胸痛急救信息网络平台、市创伤救治信息网络平台、市卒中中心数据管理平台，市危重孕产妇救治信息管理系统、市危重新生儿救治信息系统，通过利用医疗物联网技术和医疗云技术，实现院前急救和院内抢救的无缝衔接，及时分析筛查、干预和救治等数据，共享信息，做到患者未到，信息先到，建成区域协同联动的救治网络。

3. 突出早发现，满足"慢病要准"的健康需求

针对当前影响市民健康常见的、人群患病率高的、综合干预效果好的若干类健康问题，以全方位、全周期保障人民健康为出发点，苏州在健康城市"531"专项行动计划解决"急病要急"的基础上，又

进一步实施健康市民"531"倍增计划，推出"慢病要准"的区域疾病防治体系的综合解决方案，从而形成更加精准的市民健康管理及防病治病的有效供给。

一是进一步完善市民健康综合管理服务平台。进一步优化平台相关功能，针对常见健康问题进行危险分层并形成健康评估报告；推荐个性化体检，并通过健康监测和风险评估，指导个人或人群建立健康生活方式和控制危险因素；通过强化健康教育、健康管理、高危筛查和规范诊疗能力，联通家庭和医院做好疾病三级预防，实现健康管理协同供给、健康资源合理配置。

二是推广三大适宜技术。推广专门健康教育。以全民健康素养提升工程为依托，编写分病种健康教育指导手册，开展分人群的家庭医生签约健康管理服务。推广专项健身运动。为市民提供一张专业的运动生活处方，指导居民在规范治疗疾病的同时，开展有益于疾病康复的体育运动，实现疾病规范诊疗、健康全程管理和运动健康指导的结合。推广中医药服务。传承发展好吴门医派，将吴门医派的精华融入苏州市民的健康管理过程中，针对五大类健康问题，遴选适宜的中医药技术和方药开展疾病防治工作。

三是形成五大干预策略。第一，建立区域慢病防治指导中心，主要开展技术指导、专项培训、专科诊治、临床质控等工作。第二，完善早期识别及健康管理机制，建设五大类健康问题慢病识别及防治站，开展危险因素调查和高危人群评估，在此基础上对高危人群开展危险因素筛查，实行有针对性的健康干预。第三，制订基于"家庭—社区—医院"的健康问题防治指南，形成"家庭—社区—医院"协同开展的综合干预策略。在家庭运用自我监测及适宜技术，开展健康问题病因预防；在社区开展早期识别及健康管理，明确危险分层的应对干预措施；在医院发挥临床专科优势，开展防治指导和对症治疗，努力提高五大类健康问题防治的知晓率、治疗率和控制率。第四，推进专科专病医联体建设。组建有专科优势的医院成立专科专病联盟，与基层医疗卫生机构签订医联体合作协议，完善双向转诊机制，推进"基层检查、医院诊断"服务模式。第五，加强社区进修学院建设，加强社区医护人员继续教育，提高社区医护人员对健康危险因素的综合干预能力。

通过开展健康苏州"531"系列行动，苏州市民的健康管理实现了有效供给。截至2020年年底，苏州居民健康素养水平达38.96%，15岁以上人群吸烟率降低至21.79%，高血压患者规范管理率为65.21%，2型糖尿病患者规范管理率为64.91%，孕产妇死亡率为0.34‰，婴儿死亡率为1.87‰。截至2021年年底，已开展心脑血管筛查206.8万例，肿瘤筛查43.6万例，高危妊娠筛查55.1万例，其他各类慢性病筛查371.18万例。针对卒中、胸痛等急症，建立相应救治中心114家。院前急救平均反应时间缩短为12分23秒，达到国内领先水平。

（二）重创新，不断提高医疗服务供给能力

面对新冠肺炎疫情带来的新挑战、实施健康中国战略的新任务和提高人民健康水平的新要求，科技创新是最有力的武器。习近平在2020年9月11日主持召开的科学家座谈会上，将"面向人民生命健康"列为科技工作的"四个面向"的其中之一，充分说明了高质量的卫生健康事业发展必须依靠科技创新的引领和推动，要将创新发展理念践行到卫生健康事业的各个领域和层面，这是引领卫生与健康事业发展的动力，也是促进健康产业发展的关键举措。

苏州不仅是一座历史文化名城，也是一座实力雄厚、融合创新、开放包容的现代化城市，更是一座健康之城。在迈向共同富裕的新征程上，苏州将创新作为第一动力，在推进高质量的卫生健康事业发展上，不断加强政策支持，加大财政投入，在卫生健康人才领域、"互联网+"健康领域、中医药领域以及"三医联动"改革等方面推出了一系列创新举措，完善了全方位、全周期健康服务的链条，提升了市民健康获得感，保障了市民的健康福祉。

1. 创新"智慧健康"发展

当前,新兴信息技术的发展为卫生健康信息化创造了更加广阔的空间,苏州聚焦市民对卫生健康需求的新期盼,不断创新"智慧健康"发展,注重信息共享与融合发展,推动以治病为中心的医疗服务模式向以健康为中心的模式转变。

一是统筹发展,全面加强信息化建设。深入推动区域内卫生健康信息互联互通和共享,面向区域内医疗卫生机构和居民提供基本信息服务,2020年苏州市卫生健康委员会通过国家互联互通标准化成熟度五级乙等评测;围绕公共卫生信息整合,开通计划免疫数字化门诊,开通面向低龄儿童家长的微信服务号"苏州预防接种";抢抓"互联网+医疗健康"的发展机遇,启动医疗健康大数据中心建设,构建苏州市医疗健康大数据中心标准规范体系,推动建立个人和区域居民健康全息画像;探索"互联网+医疗健康"服务应用,基于医疗健康大数据平台建设的市级远程医疗服务平台支持远程视频会诊、远程医学影像诊断等功能应用;新冠肺炎疫情期间试点建设发热病区5G移动查房,探索医疗健康领域5G网络应用。

二是区域协同,"智慧健康"出实效。依托健康城市"531"专项行动计划,建立统一的区域智慧急救平台,截至2021年年底,已覆盖全市120院前急救患者,接入40个急救站、16家医院,实现对全市急救运行情况的实时展现和对信息的远程传输和共享;建设智能化社区健康综合管理平台,一体化医生工作站全面上线,建成覆盖全市的三级区域专病协同防治体系;推动新冠肺炎疫情远程会诊中心平台、市域一体化发热门诊预警云平台、新冠病毒核酸扩大检测信息平台等实现云端大数据分析、统计和预警,为疫情防控提供信息化支撑。苏州智慧急救与五大专科中心信息化建设获得中国医院协会信息专业委员会颁发的CHIMA2019医院信息化便民惠民优秀案例,入选2020第二届中国智慧健康医疗大会智慧健康医疗创新应用实践案例优选创新榜单;区域专病协同防治入选智慧健康医疗社会影响力卓越榜单。

三是技术赋能，信息惠民提质增效。苏州积极探索"互联网+"技术赋能，持续完善12320综合服务平台功能，推出"健康苏州掌上行"服务平台，打造苏州市医疗健康服务总入口，建设发布"医疗资源一张图"，打通医疗机构、医保、银行等多方渠道壁垒，上线一系列便民惠民服务，充分发挥信息化在辅助疫情研判、创新诊疗模式、提升服务效率等多方面的支撑作用。平台被国家卫生健康委评为"互联网+医疗健康"服务典型案例，同时还受邀在第三届数字中国建设峰会"数字化战疫"展示专区布展。

2. 创新健康人才队伍建设

苏州始终坚持将人才作为发展卫生健康事业的第一资源与核心要素，围绕人才这个强能力、优服务、提水平的关键，持续推动政策创新，加大人才引育力度，强化人才服务管理，创新实施五大卫生健康人才新政，通过专家团队"引进来"、本地骨干"送出去"、名医专家"动起来"、紧缺人才"育起来"、引进人才"留下来"，加强健康苏州人才队伍建设，打造医疗卫生核心竞争力，全力推动卫生健康事业高质量发展。

"十三五"期间，苏州依托重点学科、重要学会、重大专项等，大力吸引和培育具有重要影响力的卫生人才（团队），共引进65个临床医学专家团队；成立海外卫生人才工作联络站，引进海外院士团队3个、海外专家团队1个；多维度创设"姑苏医星"品牌，实施卫生青年骨干人才"全国导师制"，共培养骨干人才257人；建立名医工作室81家，入驻名医204名，促进优质医疗资源下沉；设立儿科、全科、超声诊断、精神卫生、康复医学、吴门医派6个进修学院，共培养基层紧缺专业人才388名；持续推进姑苏卫生人才计划，共实施七批次，入选人才362人，其中引进人才58人、培养人才304人。加强与院校合作，中国中医科学院大学落户苏州，旨在建设中医药特色鲜明、全国一流、世界著名的研究型大学，联合北京大学共建了公众健康与重大疫情防控战略研究中心（苏州中心），联合南京医科大学共建姑苏研究院，联合苏州大学建立健康中国研究院，为健康苏州建设提供人才和智力支撑。

3. 守正创新吴门医派

众所周知，苏州是吴门医派内涵的发源地，吴门医派曾以独特的"温病学说"，推动了中医的发展。在推动共同富裕的过程中，苏州不断推动中医药服务体系发展，提升中医药服务能力和水平，促进苏州卫生健康事业的高质量发展。

一是传承吴门医派精髓。推动吴门医派传承发展的主力军、主阵地——苏州市中医医院的建设；开展吴门医派脉络梳理项目，加强吴门医派"一院三所"建设；发扬吴门医派中医药专家的学术思想和临床特色诊疗技术，开展名老中医学习传承工作室（坊）项目建设，提高基层医疗机构中青年中医骨干的理论与学术水平；对部分名医故居（曹沧州故居、钱伯煊故居等）进行抢救性保护；注重中医药非物质文化申报，已有六神丸、尤氏针灸、闵氏伤科、郑氏妇科等21个项目分别进入国家、省、市级非物质文化遗产代表性项目名录；坚持服务"一带一路"建设，不断加强中医药对外交流合作，扩大吴门医派国际影响力，至今已在欧洲等国家和地区成功举办多次中医展。

二是融入长三角一体化中医药发展。苏州牢牢把握长三角一体化发展机遇，强化区域医疗资源对接，加强中医药创新研究合作。苏州市人民政府与中国中医科学院签署全面战略合作协议，建设中国中医科学院大学，与上海中医药大学、南京中医药大学等高校合作共建，共同推进长三角地区中医药快速发展。同时，苏州正积极构建由政府牵头，医院、大学、科研机构、医药医疗器械企业共同参与建设国家医学中心的城市模式，推进苏州市中医药产业、人才、生物医药产业全链条高质量发展。

4. 创新推动"三医联动"改革

一是苏州作为全国公立医院综合改革和省级综合医改试点城市，

始终坚持改革创新，落实分级诊疗制度，走出了一条具有苏州特色的"健康惠民"医改之路。率先实施公立医院医药价格"零差率"综合改革、率先建立区域智能处方审核系统、率先规范量化公立医院财政补助具体指标、创新推出家庭诊疗价格目录。不断完善医联体建设和基层服务体系建设，截至2021年年底，全市已建成11个城市医疗集团、15个县域医共体、92个专科联盟（专科专病医联体）、29个远程协作网，全市社区卫生服务机构标准化率达到90%以上。此外，苏州还不断深入推进家庭医生签约服务，出台《苏州市家庭医生执业管理办法（试行）》，推出菜单式签约服务包和健康管理服务包。全市开设家庭医生工作室964个，组建家庭医生团队1 583个，重点人群有效签约率达68.42%。国务院医改办将苏州市现代卫生综合监管体系建设列为医改典型经验在全国推广，并以"江苏省苏州市着力构建整合型卫生服务体系"为题，专题刊发国务院深化医改领导小组简报，全面介绍苏州市医改工作。

二是不断创新医保支付方式改革，完善以总额预付为主，按病种付费、按床日费用付费和按服务项目付费相结合的医保支付方式。截至2021年年底，全市职工医保和居民医保政策范围内住院医疗费用基金支付比例分别达到91.31%和74.25%，按病种付费的病种数达433个，并协同推进异地就医结算改革，医疗保障水平不断提升。在此基础上，苏州还在探索推进实施按疾病诊断相关分组（DRG）付费方式的改革，探索对县域紧密型医共体实行总额付费方式的改革，坚持合理超支分担原则，落实结余留用政策。完善基层机构医保政策，发挥医保支付杠杆和引导作用，推进分级诊疗制度建设。

三是健全药品供应保障体系。确保药品、医用耗材集中带量采购制度改革红利落地生效，2020年，仅此两项就为群众节约医疗支出费用7.4亿元和2.2亿元。巩固完善基本药物制度，逐步形成以基本药物为主导的"1+X"用药模式，全面贯彻落实药品、医用耗材阳光采购政策，将国家谈判药品全部纳入苏州大病医疗保险保障范围，进一步降低群众用药负担。仅2021年前11个月,全市约有276万人次享受国家谈判药品政策,基金支付约8亿元。高值医用耗材集中采购价格谈判成效在全省推广。

(三)强融合,树立大卫生、大健康理念

习近平总书记强调,要牢固树立"大卫生、大健康"理念,把健康融入所有政策,引导群众建立正确的健康观,形成有利于健康的生活方式、生态环境和社会环境。苏州牢固树立这一理念,各部门主动将健康融万策,将"大卫生、大健康"的概念融入"创新、协调、绿色、开放、共享"新发展理念中,为建设健康苏州提供强大合力。

1. 推动卫生健康事业和生物医药产业相融合

苏州大力开展医养、医旅、医工、医育融合等工作,主动推出惠民大病保险"苏惠保"等商业健康保险;积极打造国际知名和具有国内顶级竞争力、影响力的生物医药产业,并推进集聚智慧、集约要素工作,完善政、产、学、研、用协同创新体系,将医疗器械和生物医药等产业培育成为推动苏州新一轮发展优势的主导产业;积极推进大健康产业,以高端医疗、健康管理、照护康复、养生保健、健身休闲等领域建设为重点,努力打造"全国重要的生命健康产业基地、国内知名的新型医疗和养生休闲服务中心";积极推进医养融合发展,建设以居家为基础、社区为依托、机构为支撑,医养、康养相融合发展的养老服务体系,不断扩大养老服务多元化供给,对民办医养结合机构、养老机构内设医疗机构实施同等准入和优惠政策,2021年,苏州开工建设10个区域性养老服务中心,为3 500户家庭开展适老化改造;积极推进科技养老、智慧养老,打造高质量养老服务产业链,深化长三角养老服务合作;实施65岁以上老年人健康管理项目,开展老年人营养改善行动,深化老年人心理关爱服务,建立健全老年人健康危险因素干预、疾病早发现早诊断早治疗、失能预防三级预防体系;积极推进医育融合发展,在全省率先出台《市政府办公室关于促进托育服务高质量发展的若干意见》,从优化土地、规划及备案政策,拓宽普惠性托育服务多元供给渠道、加大托育机构财税资金扶持力度等6个方面，坚持以"三优先、一推进"拓宽普育托育供给渠道，探索构建"养老+托育+卫生"一站式整合性服务载体。截至2021年，苏州已新增普惠性托育机构36家，提供普惠性托位2 600个。苏州作为唯一的地级市代表，在国家卫生健康委员会召开的推进会上介绍了托育服务工作亮点。

2. 坚持预防为主，强化医防融合

苏州不断加强公共政策、健康管理与疾病管理的全链衔接，促进"零级、一级、二级和三级预防"无缝衔接。如开展学校健康促进，推出体教融合"苏八条"，省级健康促进学校比例达到96.75%；多部门联合开展道路交通安全项目，降低道路交通伤害；社会组织和志愿者主动参与健康城市建设，在提升健康素养、开展全民健身等方面发挥重要作用；率先发布了健康公约，将疫情防控中形成的好的做法固化下来；开展城乡居民健康素养干预及监测，推进全民减盐行动，加强居民膳食摄入量监测，促进居民科学合理膳食；建立健康知识和信息发布平台，完善市、县二级健康巡讲队伍建设；加强健康生活方式指导员培训，创新健康教育的方式和载体，引导医疗卫生机构积极开展健康教育；不断完善全民健身活动体系，推进体医融合发展，高标准建设体育公园、健身步道、社区健身中心、户外健身营地等全民健身设施，推动全市公共体育场馆免费或低收费开放，建设国家体育消费试点城市，普及科学健身知识，倡导群众养成健身运动习惯。探索打造体卫融合的疾病预防管理和健身服务的苏州模式。建立、完善和应用运动处方库。建设运动促进健康中心，发挥体育在健康促进、慢病防治和康复等方面的积极作用，并鼓励将国民体质测定纳入健康体检项目；突出基层医疗卫生机构、药店、大型城市综合体、学校和大型企业医务室等的"哨点"作用，为突发传染病的监测预警和慢性非传染性疾病的社会干预提供专业、灵敏、可及的"神经末梢"；整合全市卫生与健康系统新媒体资源，建设健康苏州新媒体矩阵，形成纵向联系紧密、横向全面覆盖、上下充分联动的新媒体网络格局进行健康资讯宣传。

3. 推动卫生健康与环境建设相融合

高水平的人民健康离不开美好的生态环境和人文环境建设，苏州大力推进健康环境建设，大力开展爱国卫生运动，建设数据融合的城市级健康感知体系，将城市看作是自然人与法人汇聚的"生命体"，坚持人与自然和谐共生的理念，实施健康城市"531"专项行动计划。以"健康细胞"创建为抓手，即推进健康城市、健康县城（镇）、健康社区（村）、健康单位和健康家庭等建设；以三大制度为保障，即创新单位健康促进制度、健康影响评估制度、健康自我管理制度；以建设五大健康环境为载体，即着力建设健康场景、开设健康讲堂、创造无烟环境、践行健康生活、开展行业健康危险因素干预促进活动等，苏州深入开展了一系列活动。例如，开展城乡环境卫生整洁行动，城乡一体推进生活垃圾分类和生活污水治理，全市行政村生活垃圾分类处理比例达到100%，农村生活污水治理率达到93%以上；"十三五"期间全市新建或升级建设各级各类健康场所4 275家，第三方评估结果显示，健康场所职工（居民）健康素养水平为71.52%，经常参加体育锻炼人数比例达到52.97%，吸烟率为11.94%。同时，积极促进健康服务与健康治理"从群众中来，到群众中去"，实现以治病为中心向以健康为中心转变。

（四）严监管，提高卫生健康治理效能

卫生健康监督是维护人民健康权益、提高人民健康水平的重要保障。因此，构建现代卫生健康综合监管体系，不断改革完善综合监管制度，对于增强人民卫生健康保障、提高人民健康素养、建设社会主义现代化强市、提升共同富裕的内涵具有十分重要的意义。

苏州以维护市民健康权益为核心，以依法公正监管、改革创新监管办法、提高监管效率为重点，着力实施健康卫士"531"行动计划，形成以政府为主导，行业组织、市场主体和社会各方积极参与的全行业监管模式，实现全市卫生健康治理体系和治理能力现代化。健康卫士"531"行动计划主要包括：打造一个现代卫生计生综合监管体系，即健全执法网络，明确监管责任，构建社会共治。突出全面监管三项重点，即重点领域全覆盖，涵盖医疗卫生、公共卫生、计划生育；重点环节全管控，包括资格准入、服务规范、质量安全；健全重点机制，包括综合协调机制、监督与信用联动机制、"双随机一公开"机制和工作细则等。明确提升监管能力五大任务，即完善法规制度建设，推进监督执法法治化；强化执法规范建设，推进监督执法规范化；强化专业能力建设，推进监督执法专业化；构建风险监管模式，推进监督执法精准化；统一监管信息平台，推进监督执法信息化。

苏州市卫生监督机构以健康卫士"531"行动计划为指引，构建了以信用监管为基础，"双随机一公开"为主要手段，重点监管为补充，"互联网+监管"为支撑的新型综合监管机制。首先，以"互联网+"为智慧卫监赋能。建设在线监测与信息共享数据管理平台，实现了此前所有分散建设的在线监测系统的数据对接与业务整合。截至2021年年底，全市已接入平台的有医疗污水在线监测点位96个、医疗废物在线监测点位3 361个、辐射监测点位104个、生活饮用水在线监测点位62个、泳池水监测点位235个，并不断推进其他专业在线监测模块建设。此外，苏州市卫生监督所还在积极构建职业健康生态圈。其次，以"信用+"为综合监管增效。截至2021年年底，全市一共有4 027家医疗机构设立依法执业管理员，向社会公开做出依法执业信用承诺。对医疗机构传染病防治分类监督评价率达100%，联合民政局、医疗保障局连续5年开展护理院规范化建设信用等级评价，评价率达100%。

2017年，苏州建设现代卫生综合监管体系和制度被列入国务院医改办、国家卫生计生委联合发布的35项医改重大典型经验之一。2020年，苏州"医疗机构信用监管体系（监测、评价、公示机制）"案例入选"2020价值医疗十佳优秀案例"。2021年，苏州市卫生健康综合监管平台建设获"长三角卫生健康治理最佳实践案例"和2021年度江苏省社会信用体系建设工作创新项目,"建立医疗机构依法执业自查制度"获评2021年度法治苏州建设创新项目。

> **苏州成为全国第一个世界卫生组织健康城市联盟理事城市**
>
> 　　健康城市建设是世界卫生组织针对城市化问题给人类健康带来的挑战而倡导的一项全球性行动战略。2003年9月,苏州市召开建设健康城市动员大会,传达关于加快健康城市建设的决定,标志着全国第一个向世界卫生组织申报健康城市项目试点市的创建工作进入实质性启动阶段。当年10月,世界卫生组织举行"健康城市地区网络咨询会议",推举苏州为世界卫生组织健康城市联盟首批理事城市。首批理事城市共有5个,分别来自不同国家,苏州是全国第一个世界卫生组织健康城市联盟理事城市,并在2006年成功举办了第二届世界健康城市联盟大会。

三、瞄准共同富裕目标　建设健康典范城市

　　面向未来,苏州将牢固树立卫生健康共同体理念,主动融入长三角一体化发展国家战略布局,锚定"建设面向未来、面向全球,符合城市发展定位,符合市民健康需求的整合型现代医疗卫生体系"这一目标,围绕"大开大合"——大都市定位、开放性平台、大健康理念、整合型体系四个关键词,建设覆盖全域全民的强大公共卫生体系,打造全方位、全生命周期的市民健康服务体系,增强面向未来的医疗卫生核心竞争力,推动构建智慧健康服务新业态,全面提高城市健康高水平保障,建成以现代化治理为特点的健康中国典范城市,进一步丰富苏州共同富裕的内涵。

（一）建设覆盖全域全民的强大的公共卫生体系，筑牢公共卫生安全防线

传染病及其他突发公共卫生事件是城市公共卫生安全的重要威胁，特别是随着长三角一体化进程的加快、交通的日益便捷、人员交往的增多，城市公共安全面临着前所未有的挑战。在这种情况下，苏州将牢固树立卫生健康共同体理念，健全疾病预防控制体系和公共卫生应急体系。苏州将推动疾控机构基础建设改扩建项目、疾病预防控制研究能力建设工程、社会心理服务体系十点工程以及医疗应急救治能力提升工程等主要民生重点项目，不断增强规范制度的针对性和可操作性，增强城市风险抵御能力，进一步加强"韧性城市"建设，构建强大的公共卫生体系，筑牢苏州公共卫生安全防线。

此外，苏州将着力探索建立"城市健康感知体系"，按照全域覆盖的一线哨点、全程覆盖的系统感知、全民覆盖的场景服务的构建思路，强化一系列改革的投入，将健康感知的触角延伸至基层医疗机构、商业综合体、地铁、学校、药店等一线。将"重大疫情医疗救治基本设施建设"纳入市政府实事项目，进一步强化公共卫生体系建设。加快传染病医院二期建设，提升重大突发公共卫生事件的应急救治能力；持续推进示范化发热门诊建设，做强疫情防控"前哨站"；进一步增强核酸检测能力，建设核酸检测基地7家；加快推进医防融合，以制度建设为引领，在医院内部探索建立针对疫情的"信号灯"系统，实现对公共卫生事件的监测和快速预警。

（二）打造全方位、全生命周期的市民健康服务体系，建成健康中国典范城市

把人民健康放在优先发展的战略地位，将健康融入所有政策，建设健康中国，推进卫生与健康事业高质量发展，是关系社会主义现代化强市建设、推动共同富裕的重大战略任务。在省委、省政府提出的建设健康江苏的战略目标下，苏州将以争做建设健康江苏排头兵的气魄，把提高人民健康水平、增进人民健康福祉摆在更加重要的位置，为建设经济强、百姓富、环境美、社会文明程度高的新江苏提供有力保障。

苏州将持续深化健康苏州"531"系列行动的内涵，以强化预防为主，持续完善妇幼健康、医养融合、老龄健康、职业健康、人口家庭管理、综合监管、中医药服务等体系，实施新一轮的健康素养提升工程，倡导文明健康、绿色环保的生活方式，全面开展健康城镇和无烟环境建设等。打造苏州体医融合品牌，建设运动促进健康中心、站、点，推进体卫融合公共服务综合体建设。创新和完善爱国卫生工作方式方法，推动工作重点从环境卫生治理向全面社会健康管理转变。构建居家社区机构相协调、医养康养相结合的养老服务体系和健康支撑体系。扩大普惠托育服务供给，落实普惠托育民生实事项目。深入实施计划生育特殊家庭联系人制度、家庭医生签约、就医绿色通道"三个全覆盖"等一系列举措。

（三）匹配经济社会发展定位，增强面向未来的医疗卫生核心竞争力

苏州是长三角一体化的重要节点城市，也是一座千万级人口的大城市，人口结构多元化。苏州面临着人口老龄化及少子化加剧，全面三孩政策实施，妇幼保健、老年人医疗、康复、护理以及托育等"刚性需求"加快增长，慢性非传染性疾病、地方重大疾病和新发传染病等疾病趋势日益明显和严重等复杂局面。未来，苏州将跳出"地级市思维"框架，进一步解放思想，完善体制机制，聚焦打造高精尖学科，提升医疗服务水平，加快长三角医疗名城建设，提升城市能级和核心竞争力，为高质量迈进共同富裕夯实医疗卫生服务的硬实力。

苏州将进一步抢抓健康中国建设和长三角一体化发展两大机遇，把握好与上海市卫生健康委员会长三角卫生健康一体化发展的战略协作、与中国中医科学院的全面战略合作、与南京医科大学的战略合作等契机，全力打造一批出成果、出人才、强教学、重应用的高水平理论研究和科学实践高端平台，全面提升卫生健康事业的发展水平。此

外，苏州还将全面落实《苏州市三级三甲医院建设方案》，加快建设与城市能级相匹配的高水平医院服务群；积极推动药物临床试验机构能力建设，提升质量管理水平；大力强化"三医联动"改革，优化完善分级诊疗制度，建设更加优质高效的整合型医疗卫生服务体系；加快医疗健康大数据中心建设，建立智慧健康生态圈，汇聚更多的现代信息技术资源，探索人工智能场景应用，推动5G智慧医疗技术创新；进一步完善区域智能处方审核系统功能；全面深化预约诊疗服务，加大卫生健康信息化便民惠民力度。通过以上手段进一步提升苏州市卫生健康事业高质量发展的核心竞争力。

（四）提升健康数字化水平，助力构建高水平的智慧健康服务新业态

新一轮科技革命和产业变革加速到来，生命技术和生物科学不断取得新突破并加快应用转化，新的临床诊疗、诊断技术不断呈现，创新药物和新型医疗器械不断面世，云计算、大数据、移动互联网、物联网等信息技术快速发展。未来，苏州将准确把握科技发展趋势，重视医学领域科技发展，畅通双循环、培育新优势，将健康、生物医药作为重点产业投资领域和经济发展新的增长点；充分运用信息技术，推动卫生健康服务和管理模式转变，加快卫生健康领域智慧化进程，探索构建数字孪生的整合型现代医疗卫生服务体系。

苏州将建立to C（居民）、to B（医疗机构和健康服务业）和to G（全域医疗卫生管理驾驶舱）三大平台。健全健康信息服务平台和网络，构建贯穿健康教育、健康咨询、健康预防、健康诊疗、健康康复、健康管理、健康服务等内容的全生命周期线上服务平台。以互联网思维、新技术应用促进人民健康水平的高质量提升，构建"互联网+医疗健康"支撑体系。2025年，将建成准确、可用、全面的医疗健康大数据中心，强化建设统一权威、互联互通、全量标准、开放共享的卫生健康数据"核"，完善"互联网+医疗健康"服务体系。推动"健康苏州掌上行"转型升级为"健康苏州云"，不断升级这一城市

医疗信息服务总入口，进一步优化医疗机构、公共卫生机构、健康管理机构等信息资源，促进医疗信息资源的统筹管理和综合利用，促进智慧医院和互联网医院建设。加强数字医院和智慧健康基础设施，完善以患者为中心、全流程闭环的智慧化医疗服务模式，为苏州市民提供更加优质高效的智慧健康服务。

第六章
扎实推动人民群众精神生活共同富裕

苏州在扎实推动共同富裕的实践中高度重视人民群众的精神生活，以培育和践行社会主义核心价值观引领群众精神生活，以苏州城市精神凝聚发展共识，深化全域文明城市创建，广泛深入地开展新时代文明实践活动，传承弘扬中华优秀传统文化，健全公共文化服务体系，持续推进公共文化服务标准化、均等化、优质化，用文明新风滋润美好生活，让人民群众共建共享更加丰富的精神生活，让地区之间、城乡之间、人群之间"各美其美"，促使"美美与共"的和谐理念深入人心，凝聚起推动共同富裕的强大精神力量。

一、找准推动人民群众精神生活共同富裕的路径方向

苏州在扎实推动共同富裕的进程中深刻地认识到，共同富裕是包括物质富裕、精神富裕在内的整体性富裕。实现共同富裕不仅需要促进人民群众物质生活的富裕，还需要促进人民群众精神生活的富裕，是一个物质生活和精神生活相互影响和相互促进的过程，也是一个人民群众的精神世界和精神生活丰实的过程。

（一）坚持将推动人民群众精神生活共同富裕作为文化强市建设的重要内容

改革开放以来，苏州高度重视物质文明建设和精神文明建设同步一体推进，并在此基础上坚持促进人民群众物质生活和精神生活同步富裕的发展战略，"两手抓，两手都要硬""既要富口袋，又要富脑袋"就是这一发展战略生动而形象的表达。2004年11月，苏州获评"中国十大最具经济活力城市"，同时，摘取含金量最高的"年度城市"大奖。评选委员会的评价是："一座东方水城让世界读了2 500年。一个现代工业园用10年时间磨砺出超越传统的利剑。她用古典园林的精巧，布局出现代经济的版图；她用双面刺绣的绝活，实现了东西方的对接。"作为具有深厚历史文化底蕴的城市，文化是苏州的独特优势，是苏州的一张名片，也是苏州核心竞争力的重要内容。苏州市委、市政府意识到，经济强市和文化强市是紧密联系、不可分割的，经济现代化与文化现代化是现代化不可或缺的重要内容，建立在物质生活的共同富裕与精神生活的共同富裕基础上的共同富裕才能行稳致远。2000年，苏州出台了《苏州市2001—2010年文化强市建设规划纲要》，提出了努力建设历史文化与现代文明交相辉映的社会主义文化强市的重大战略任务，明确要进一步增强文明城市创建的文化内涵，基本形成以优秀民族传统文化与苏州地方特色文化为主体、融合世界先进文化成果的文化体系，构建与现代化中心城市相匹配、独具特色、布局合理、装备先进、功能完善的文化设施体系，促进优势明显、结构合理、技术先进、竞争力强、接轨国内外市场的文化产业体系的发展，开创以苏州市区为文化中心、县级市为纽带、特色文化乡镇为基础、覆盖城乡的精神文化繁荣发展的格局。2004年苏州制定了《"文化苏州"行动计划》，提出了要以中国特色社会主义先进文化理论为指导，努力挖掘优秀传统文化资源，彰显苏州文化个性，吸收世界文化精华，打造具有特色、在全国和国际上有影响的"文化苏州"的发展战略，极大地推动了人民群众精神生活的共同富裕。

苏州厚植"历史文化名城""江南水乡""遗产典范""百馆之城""百园之城"等文化沃土，用好"江南文化"资源，使优秀传统文化浸润人心、涵养品格，保持"江南文化"的人格气质和道德追求；整合中共苏州独立支部旧址、铁岭关、常熟沙家浜革命历史纪念馆、新四军太湖游击队纪念馆等红色文化资源，使红色文化成为坚定理想信念、激发干事创业精气神的内在动力；以苏州"三大法宝"涵养城市精神，推动苏州干部群众在改革开放的时代大潮中敢拼敢闯、勇于拼搏，精心塑造特色浓郁、特征明显、内涵价值丰富、感知识别度高的城市文化品牌，全方位引领苏州人民群众精神生活。

（二）坚持把推动人民群众精神生活共同富裕与传承优秀传统文化紧密结合

苏州将促进优秀传统文化的创造性转换和创新性发展作为推动人民群众精神生活共同富裕进而促进共同富裕实现的重要任务，坚持不懈地提升人的文明素质，推进以人为核心的城市化和现代化发展。

苏州是国务院公布的首批历史文化名城，拥有全国唯一的历史文化名城保护区，保护好和利用好这座历经千年风雨沧桑的历史文化名城，是苏州现代化强市建设的重要内容，也为人民群众精神生活的共同富裕奠定坚实基础。

苏州在长三角城市群中有着十分丰富的文化资源，被公认为中华文苑艺林渊薮。苏州是名副其实的物质文化遗产和非物质文化遗产最为丰厚的历史文化城市之一，同时也是中国世界遗产点最多的城市之一。苏州是世界遗产典范城市、郑和下西洋的起锚地、丝绸之路的重要原发地、"一带一路"的交汇点、大运河文化的重点城市。在长三角，主要有吴文化、越文化和海派文化这三大文化体系，其中，吴文化是内容最为丰厚的文化体系。

苏州丰富多彩的文化资源为人民群众精神生活的共同富裕奠定了深厚基础。苏州以山水之胜、田园之美、文物遗存之众、艺术形态之多而驰名中外、蜚声世界。苏州园林，享誉全球；苏州工艺品，技艺精益求精，品质一流。苏绣名列中国"四大名绣"之首，双面绣，图案逼真，极具艺术价值。苏州的桃花坞木刻年画与天津的杨柳青木刻年画齐名，被称为"南桃北杨"。苏州的缂丝、雕塑、宋锦、苏扇、红木雕刻、花木盆景等，无不精益求精，巧夺天工，美轮美奂。吴门画派开一代画风，昆曲被誉为"百戏之祖"，苏州评弹被誉为"中国最美的声音"。伍子胥"相土尝水，象天法地"的建城文化至今仍闪耀着灿烂光辉；孙武的《孙子兵法》是全世界军事理论的经典；顾炎武"天下兴亡，匹夫有责"的名言，鼓舞着无数爱国志士为中华之崛起而奋斗。苏州的这些文化资源，为人民群众的精神生活提供了丰富的材料，其本身就是实现人民群众精神生活共同富裕的重要内容。

苏州扎实推动人民群众精神生活共同富裕，坚持以人民为中心的发展思想，全面推进文化事业发展，依托文化卫生科技"三下乡"、舞台艺术"四进工程"、文化惠民"六送工程"等重大文化惠民工程，为人民群众提供丰富多彩的文化活动。以基本公共文化服务为抓手，按照城乡一体的统筹规划，打造公共阅读服务体系；建设以各级图书馆为骨干，以家门口的"农家书屋"为延伸，以"市民读书站"为补充的全覆盖多层次的阅读设施；建成"十分钟文化圈""十分钟体育健身圈"，为苏州人民群众提供更为便捷、高效的精神生活服务。

（三）坚持把人民群众精神生活共同富裕转化为社会主义现代化建设的强大动力

苏州将人民群众精神生活共同富裕既当作共同富裕的题中应有之义，也当作为经济社会发展提供强大精神保障和强大精神动力的重要内容。辩证唯物主义强调，在物质和意识基本范畴中，物质决定意识，意识反作用于物质，要充分发挥人的主观能动性，调动人的积极主动性，通过丰富人的精神生活形成改造客观世界的强大精神力量。改革开放以来，从张家港市开始，苏州坚持一手抓物质文明建设，一手抓精神文明建设，两手都要抓、都要硬。推动共同富裕，必须改变城乡发展不平衡不充分的格局。苏州在重视城市精神文明建设的同时,高度注重农村精神文明建设。在实施乡村振兴战略中坚持做到物质文明和精神文明一起抓,特别注重提升农民精神风貌。苏州将推动经济社会全面发展作为一项系统工程,重视优化产业结构,创新科学技术,整治营商环境,尊重市场主体,在发挥市场对于资源配置的决定性作用的同时发挥好政府的作用,做好政府宏观调控,保持政策连续稳定。在各地的文明实践活动中,大力宣传灌输这样一个道理:共同富裕不是等来的,不是空谈来的,更不是恩赐来的。实现全体人民共同富裕,需要全体人民勤劳奋斗、勇于拼搏、敢于创新、善于创造,需要全体人民共同参与和主动作为。

苏州在经济社会发展过程中,始终重视发挥精神文明建设的作用,始终重视丰富人民的精神生活,形成了以"张家港精神""昆山之路""园区经验"为内容的苏州"三大法宝",这是苏州人民在波澜壮阔的改革开放伟大实践中,勇立潮头、奋发搏击而孕育形成的一种时代精神,是持久推动苏州经济社会高质量发展的精神动力,是苏州人民引以为豪的一张亮丽的城市名片。人民群众精神生活的富裕和苏州城市精神的深刻内涵,激发了全体人民不懈追求的积极性和主动性,激发了党员干部永不懈怠的创造性和进取性,改变了人民的精神状态,激发了人民的精神活力。全体苏州人民以饱满的精神状态、高昂的精神斗志、丰富的精神生活投入到实现共同富裕的伟大征程中。

二、苏州推动人民群众精神生活共同富裕的实践举措

苏州厚植"历史文化名城""江南水乡""人间天堂"等文化沃土,充分发挥国家历史文化名城的示范作用,建设古韵今辉、开放包容、兼收并蓄、卓尔不群的世界文化名城,强化苏州城市精神的引领作用,深化全域文明城市创建,弘扬传承中华优秀传统文化,以培育和践行社会主义核心价值观引领群众精神生活,持续推进公共文化服

务均等化,让苏州人民共享更加丰富的精神生活,让城乡之间、人群之间"各美其美",让"美美与共"的和谐理念深入人心,凝聚起推动共同富裕的强大精神力量。

(一) 以城市精神引领人民群众精神生活价值升华

城市精神是人民群众精神生活的内核,苏州城市精神塑造了人民群众精神生活的独有魅力,展现了人民群众精神生活的鲜明特色,成为人民群众精神生活共同富裕的强大引领。

1. 坚持培育苏州城市精神

1992年,面对改革开放的时代大潮,张家港人大胆解放思想、勇于打破藩篱、抢抓机遇、奋力拼搏,推出了一系列改革举措,提出了"三超一争"的响亮口号,即"工业经济超常熟、外贸超吴江、城市建设超昆山,各项工作争第一"。1993年12月15日,《人民日报》头版发表文章《苏州跃起六只虎》,指出"一虎呼啸,群虎出山。张家港的挑战,不但使常熟、吴江和昆山感到了紧迫,连吴县和太仓也坐不住了。苏州大地,变成了'六虎'争雄的角逐场"。苏州大地,掀起比学赶帮超的良性竞争态势,形成了你争我赶、你追我上的发展浪潮,苏州人民铆足了发展的劲头,内心充满了发展激情。张家港经济社会实现跨越式发展,塑造了"团结拼搏、负重奋进、自加压力、敢于争先"的城市精神。1995年10月18日,中宣部、国务院办公厅在张家港召开全国精神文明建设经验交流会,向全国推广"一把手抓两手、两手抓两手硬"的"张家港经验"。1995年10月18日,《人民日报》头版刊登文章《伟大理论的成功实践——学习张家港市坚持两手抓的经验》,"张家港精神""张家港经验"在全国范围内得到广泛宣传和报道。

1988年7月22日,《人民日报》头版刊发《自费开发——记昆山经济技术开发区》的报道,在《"昆山之路"三评》的评论员文章中第一次提出"昆山之路"。昆山从普通农业县,经过"农转工""内转外""散转聚""低转高""大转强"阶段,发展为全国经济百强县。"昆山之路"更是一条精神文明建设之路，是城市精神成长之路。从创办全国第一个自费开发区起，昆山人民就凭借"闯"的精神，不服输、不认输，敢争第一、勇创唯一，形成"艰苦创业、勇于创新、争先创优"的"昆山之路"精神要义。

1994年5月，苏州工业园区开发建设。依托中新合作机制，借鉴新加坡先进理念和经验，坚持"规划先行"的科学理念，推进产城融合、全面开放、先行先试，聚焦高新技术产业，形成独具特色的"借鉴、创新、圆融、共赢"的"园区经验"。"园区经验"中高举改革创新旗帜，秉承开放包容传统，追求卓越高质量发展，发扬敢为人先的精神，成为苏州工业园区独具特色的精神文化基因。

2005年9月，苏州总结张家港、昆山、苏州工业园区的成功实践和经验做法，把"张家港精神""昆山之路""园区经验"概括为苏州"三大法宝"。在苏州"三大法宝"不断丰富完善过程中，2006年11月，苏州把"崇文、融和、创新、致远"作为城市精神的缩写。2013年5月，苏州把"崇文睿智，开放包容，争先创优，和谐致远"作为新时代的城市精神，成为苏州人民精神生活的共同文化基因，成为苏州人民精神生活的显著标志，成为推动苏州人民精神生活共同富裕的强大凝聚力和引领力。

2. 坚持物质文明和精神文明两手抓

改革开放以来，苏州坚持物质文明和精神文明一起建设，重视物质文明和精神文明两手抓，以敢为天下先、勇于为全国发展探路、当好"两个率先"的先行军和排头兵为己任，勇做时代的弄潮儿，创造了以乡镇企业为主体的"苏南模式"，保持了干事创业的精气神，敢闯、敢拼、敢干，大力发展乡镇企业，以"离土不离乡、进厂不进城"的模式推进了工业化的进程，坚持外资、外经、外贸一体化，探索出外向型经济的发展新路。2020年，苏州市经济总量超过两万亿，位列江苏省第一，占全省经济总量比重为19.6%，迈上了新的发展阶段。

苏州在物质文明建设方面取得的成就，源于苏州人民敢于解放思想、敢闯敢试、努力拼搏、积极进取，具有饱满的干事热情和精神状态。苏州注重激发广大干部群众的积极性和主动性，坚持物质文明和精神文明一起抓，塑造了独具苏州特色的城市精神，强化苏州城市精神对发展的引领作用和促进作用，成为苏州经济社会发展的强大精神动力，为苏州成为全国经济总量最大的地级市、世界历史文化名城提供了强大的精神支撑，为苏州人民群众精神生活共同富裕提供了丰厚的精神滋养。

（二）深化全域文明城市创建

文明城市是人民群众精神生活的外在形态和空间载体，苏州把创建全域文明城市作为推进经济、政治、社会、文化以及精神文明建设等各项工作的龙头工程，坚持践行"人民城市人民建，人民城市为人民"的理念，以人为本，全民参与，共建共享，为人民群众精神生活共同富裕提供坚强保障。

1. 创建全域化文明城市

自张家港市2005年创建成为首届全国文明城市以来，苏州把精神文明建设纳入经济社会发展的全局来思考，持续加大文明城市创建力度，努力促进物质文明、政治文明、精神文明、社会文明、生态文明全面协调发展。2008年，苏州市荣获"全国文明城市"称号；在2011年、2014年、2017年蝉联全国文明城市，张家港市实现五届蝉联；常熟市2017年获评第五届全国文明城市；太仓市、昆山市2020年获评第六届全国文明城市。苏州成功实现全国文明城市"五连冠"，并历史性实现全国文明城市全域化、"满堂红"，努力构建起经济社会发达、人口结构复杂、受众面广泛的文明城市建设工作样本，努力建设崇德向善、文化厚重、和谐宜居、人民满意的文明城市。

党的十八大以来，苏州重视新时代文明实践中心建设，成立江苏省首个新时代文明实践研究院，把文明实践、文明创建、文明引导和民生服务、志愿服务、文化服务相结合，优化文明引导空间、丰富民生服务项目、打造共享服务网络、弘扬时代文明新风,发挥新时代文明实践中心在市民文明行为培育、乡风文明建设、公共文化服务等方面的作用,提升了苏州城市文明程度,提高了苏州人民群众精神生活的质量。截至2020年年底,苏州市实现新时代文明实践中心(所、站)全域覆盖,建成新时代文明实践所104个、新时代文明实践站2 105个,为苏州广大人民群众开展精神生活提供了空间场所和内容保障。

2. 创新文明城市创建体制机制

苏州创新文明城市创建体制机制,制定出台《关于建立健全创建全国文明城市长效机制的意见》《深化新时代文明实践引领 建设全国文明典范城市三年行动计划(2021—2023)》《苏州市文明行为促进条例》等文件,进一步健全公共文明和公民道德建设方面的制度体系。党的十八大以来,苏州每年召开"文明城市创建推进大会",每季度召开季度分析会,落实常态长效管理和重点领域整治。随着开启全国文明典范城市建设新征程,苏州把"机制的守正创新"摆上了更加重要的位置,着力完善了文明城市建设工作专班,建立了常态化工作模式。

3. 全民参与文明城市创建

苏州文明城市建设过程是人民群众参与、感悟、践行、提高、享受文明的过程,文明城市创建过程是人民群众公共文明素养和公共道德同步提升的过程。苏州每年评选表彰精神文明建设十佳新人、十佳新事和百名文明市民标兵,常态化开展"苏州好人"和"苏州最美人物"发布;创立"家在苏州·e路成长"未成年人社会实践活动品牌;把"文化"和"文明"作为城市发展的核心竞争力,以社会主义核心价值观为引领,创新开展"您这样,才可爱"文明礼仪宣传教育;在市级机关党员干部中开展"践行文明行为、争做文明先锋"倡议活动。苏州市民主动学习文明礼仪、培养文明习惯,文明素质稳步提升,志愿服务精神深入人心。截至2020年年底,苏州有全国道德模范8人(含提名奖),江苏省道德模范26人(含提名奖);注册志愿者约273.73万名，注册志愿服务团队约3.8万个，累计开展近218万场志愿服务活动；"中国好人"累计达187人，"江苏好人"累计达262人。评选"苏州时代新人"累计近200人，成为展示苏州奋斗群像的典型品牌。

张家港成为第一个县级全国文明城市、全国唯一获得"六连冠"的县级市

全国文明城市是反映城市整体文明水平的最高荣誉称号，是含金量最高、影响力最大的城市品牌。从2005年成为首个县级全国文明城市，到2020年实现全国文明城市"六连冠"，从昔日的苏南"边角料"，到2020年经济总量位于同类城市前三名，张家港走出了一条以经济建设为中心、"两个文明"协调发展、扎实推动共同富裕的成功之路。

1962年成立沙洲县，1986年撤县建市，当时在苏州下属的6个县级市当中，张家港长期位列倒数第一，可谓"一穷二白"。1985年，沙洲县勇于改革，办起了乡镇企业，争取到了国家级保税区，修通了张杨公路，短短两年的时间里，一口气夺得28个"全国第一"，更凝练出"团结拼搏、负重奋进、自加压力、敢于争先"的"张家港精神"。1994年，张家港率先喊出了创建"全国文明城市"的口号，以环境卫生整治为突破口，掀起了一场全城行动、全民参与的"扫帚行动"，不仅使城市环境焕然一新，也提振了张家港人的精气神，并使张家港获得了"国家卫生城市"称号。1995年10月18日，全国精神文明建设经验交流会在张家港召开，向全国推广"一把手抓两手、两手抓两手硬"的"张家港经验"。从此，"张家港经验"叫响全国。2005年10月，张家港荣获"全国文明城市"称号，成为全国唯一获此殊荣的县级市。

(三) 传承弘扬优秀传统文化

中华优秀传统文化是人民群众精神生活的丰厚滋养，是推动人民群众精神生活共同富裕的文化源泉。作为拥有 2 500 多年建城史的全国历史文化名城，苏州历史底蕴深厚，文化遗存丰富，崇文重教，人文荟萃，名人辈出。党的十八大以来，苏州立足"江南文化"的深厚底蕴，深入挖掘古城文化、古镇文化、园林文化、大运河文化、昆曲文化、苏绣文化等，为推进人民群众精神生活共同富裕奠定了文化基础。

1. 保护好古城历史文化遗产

历史文化是城市的灵魂，是城市的历史记忆，是人民群众精神生活的历史基因，我们要像爱惜自己的生命一样保护好城市历史文化遗产。苏州现有世界文化遗产 2 项、全国重点文物保护单位 61 处、国家级历史文化街区 2 个，获评"世界遗产典范城市"。拥有昆曲、古琴、宋锦、缂丝、香山帮营造和端午节 6 项世界级非物质文化遗产和 33 个国家级非物质文化遗产项目，被联合国教科文组织授予"手工艺与民间艺术之都"称号。姑苏区作为全国首个也是唯一的国家历史文化名城保护区，19.2 平方千米的历史城区，拥有 106 项各类非物质文化遗产代表性项目、184 处各类文保单位，文物单体数量和密度全国最高。

苏州认识到，古城是历史留下的宝贵财富，是承载苏州历史文脉，无法复制，更不可再生的文化遗产。苏州以"对历史负责、对人民负责"的态度，切实扛起使命担当，探索在历史文化名城保护、古城有机更新和活化利用等方面的路径。

苏州坚持一张蓝图绘到底，始终做好古城保护的大文章。1986 年 6 月，国务院批复苏州市第一版城市总体规划。坚持"全面保护古城风貌"，保持古城"水陆并行、河街相邻"双棋盘格局和"小桥、流水、人家"城市风貌，始终是苏州开展古城保护的原则，苏州探索出了具有苏州特色的保护路径。苏州古城保护始终坚持科学编制规划、严格执行规划，制定出台了《苏州国家历史文化名城保护条例》《苏州市古城墙保护条例》《苏州市江南水乡古镇保护办法》《苏州市古村落保护条例》等，形成了国内最系统、最完备的保护规划体系。

苏州在古城文化的整体保护中，探索古宅古建活化利用，推进古城保护和古城开发的有机结合，制定出台了《古建老宅活化利用白皮书》《古建老宅活化利用蓝皮书》，鼓励社会力量参与古建老宅活化利用，提高古城保护的社会参与度。南石子街5-10号的潘祖荫故居，位于西接临顿路、东连平江历史古街的一条安静小巷深处，是苏州探索整体修缮和活力利用古宅的典型。按照文旅融合的原则，苏州把潘祖荫故居打造成集旅游文化功能为一体的苏州文旅花间堂·探花府文化精品酒店和兼具主题书店、古建保护文化交流、收藏展示、会议活动功能的苏州文旅会客厅·探花书房，以及用于苏州古建筑修复和保护研究与展示功能的苏州历史古建筑遗产保护劳模创新工作室及书店配套工作间。

2. 全面打响"江南文化"品牌

苏州紧密围绕"江南文化"特色，用好"江南文化"资源，全面打响"江南文化"品牌，塑造"江南文化"的核心地位，努力构筑思想文化引领高地、道德风尚建设高地、文艺精品创作高地，以"苏州最江南"文化自觉扛鼎"江南文化"高地，将苏州打造成为"江南文化"核心城市。以苏州古城为核心，着力打造"世界遗产典范城市""手工艺与民间艺术之都"等世界级苏州文化品牌，积极打造"百园之城""百剧之城""百馆之城"等苏州名片。以创新活化优秀传统文化为目的，苏州致力于打造"百剧之城"，承办三年一届的中国昆剧艺术节、中国苏州评弹艺术节；长期承办文化和旅游部主办的"戏曲百戏盛典"，全国共有1.2万多戏曲演职人员参演，348个剧种"大团圆"展演展示，基层巡演74场，线上线下互动，网络媒体直播点击观看量超1.5亿次。

苏州作为运河沿线重要的文化古城，把大运河文化带与国家文化公园建设、"运河十景"建设贯通起来,把古城保护、文旅融合、"江南文化"品牌建设有机融为一体,努力建设大运河文化带"最精彩一段"。推出江南运河文化论坛、原创主题舞剧全国巡演等特色活动,举办运河主题文化活动和体育赛事等形式,讲好运河故事、传播运河文化,让古老的大运河在新时代焕发新的活力。

苏州着力打响苏州特色的"江南小剧场""江南小书场"演艺品牌。推动评弹、昆曲等地方特色文化进酒店、进景区、进特色街区,进一步提升"江南小剧场""江南小书场"市场影响力。自2016年起,苏州推出"艺往情深——苏州市公共文化中心艺术普及演出"系列品牌活动,将高雅艺术、非物质文化遗产、民俗文化等优秀艺术舞台类作品带到市民身边,让市民零距离感受艺术之美。

3. 推进传统优秀文化数字化保护传承

苏州推进传统优秀文化数字化转化,开展数字化保护,做好数字化传承,开发优秀传统文化数字化平台,推动优秀传统文化的数字化传播。

2018年,苏州出台《关于加快推进"天堂苏州·百园之城"的实施意见》。苏州充分利用数字技术创新保护模式,在古城率先推动数字孪生城市建设,深入实施古城细胞解剖工程,对古城内传统民居、历史建筑和历史院落进行信息采集、精准保护。完成古城保护信息平台建设,收录历史文化街区、历史地段、文保单位、控保建筑、古城墙、园林、古树名木等19类、4 000多个保护对象、10万多条数据。虎丘塔影园是苏州园林的代表作品之一,兼具文化传承和文物保护价值。48米高的虎丘塔是中国现存最古老的砖塔之一,也是古代苏州城的地标建筑,有"先见虎丘塔,后见苏州城"之说。2019年,融创中国与苏州市虎丘山风景名胜区管理处、中国文物保护基金会三方携手,就虎丘塔影园的古建筑保护与修复进行合作。2021年,融创古建保护专项基金·虎丘塔影园数字化项目圆满结项,为苏州园林留下了一笔宝贵的数字资产,成为探索数字化方式进行古建保护和文化传承的重要案例。

2021年,《我爱中华》《中国梦·朱颜》《中国梦·好合》《荷露娇欲语》成为世界上首批苏绣数字藏品。苏绣作品第一次以数字藏品的形式进行数字化展现,是互联网时代传播与推广中华优秀传统文化的现代化途径,通过结合现代科技吸引年轻人的兴趣,推进中华优秀传统文化的数字化传播。2019年12月,苏州积极打造普惠大众的"品苏"艺术慕课在线教学平台,充分利用"互联网+"优势,最大限度扩大受众面、传播面,以传承弘扬"江南文化"为己任,探索开设吴门古琴、苏作手艺鉴赏、砚台、苏绣、粉画等课程,线上访问延伸至23个国家和地区,访问量超过2 800万人次,在老艺术与新技术之间,找到了优秀传统文化的"活化"之路,获评2021年度江苏省智慧文旅示范项目。

(四) 推进文化产业高质量发展

文化产业是人民群众精神生活的载体,是推动人民群众精神生活共同富裕的有力抓手。苏州高度重视文化产业发展,制定出台《关于实施文化产业倍增计划的意见》《关于落实文化产业倍增计划的扶持政策》等政策。苏州坚持市场化改革方向,发挥市场在文化资源配置上的决定性作用,用足用好苏州独特文化内涵和文化名片,坚定不移把文化产业打造成苏州地标产业、支柱产业。

1. 推动文化旅游融合发展

苏州立足自身文化优势,坚持"以文塑旅、以旅彰文"的工作理念,发展特色文化旅游,大力开发具有苏州地域特色的旅游产品,以文化提升旅游业内涵、质量。深度挖掘苏州古典园林群、古镇群、古村群、古街群等特色文化资源,促进文化遗产保护和旅游产品开发深度融合。坚持以古城为"核极"、古镇古村为"支点",加强文旅资源统筹运营,启用苏锡常畅游卡,推进长三角一体化背景下的全域旅游,争创国家级文化产业和旅游业融合发展示范区。自2016年以来,苏州举办了5届中国苏州文化创意设计产业交易博览会、3届苏州国际设计周、2届中国苏州江南文化艺术国际旅游节等大型展会和交流活动。

苏州依托国家级和省级森林公园、湿地公园等生态资源优势,促进生态休闲旅游,推动生态与休闲、娱乐相结合,开发生态游与休闲娱乐活动,大力发展精品民宿、文化研学等特色文化旅游产品。苏州依托国家级人工智能创新试验区建设,创建"AI+文旅"应用创新区。加快建设"AI+文旅"代表性应用场景项目和"AI+文旅"创新应用项目,提升文化旅游管理与服务信息化水平。

2. 创新推进数字文化产业

苏州积极把握数字经济发展机遇,用好苏州文化资源优势,大力推进数字经济时代产业创新集群建设,推进"文化+科技"融合发展,优化数字化文化供给,大力推进数字创意、网络视听、数字出版、数字娱乐等数字文化产业发展。苏州立足"江南文化"的深厚底蕴,采用市场化的办法,通过创意设计、数字技术、艺术手法、影视制作等手段,大力传承、创新、活化利用昆曲、评弹、宋锦、玉雕、核雕、香山帮传统建筑营造技艺等优秀传统技艺,赋予传统技艺新的时代内涵,讲好"苏州故事",让传统文化资源转化为产业发展优势。

苏州始终努力创造最优营商环境,发挥市场化机制作用,充分释放市场主体活力。加大载体建设力度,积极推进文化产业园区规划布局,打造更多优质承载空间,做好企业孵化、培育、辅导和服务等工作。全面打响"人到苏州才有为"工作品牌,持续优化人才政策,不断完善企业、行业与高校的人才合作培养机制,招引更多优秀文化人才来苏州创新创业,构筑起文化产业发展的最优生态。

3. 构建文化消费新生态

文化消费程度是文化产业发展质量的检验标准,更是人民群众精神生活的直接体现。苏州积极推进文艺院团市场化改革,以市场为导向,推动昆剧、苏州评弹、苏剧、滑稽戏等传统院团发展成为国内同行业排头兵,歌舞、锡剧等转企院团发展成为演艺产业骨干企业。整合资源组建市属出版传媒集团，推动文艺院团、演出经纪机构、演出经营场所数字化转型，加快数字文化设施改造，加快培育一批数字文化产业领军企业和头部文化企业，不断挖掘数字文化消费潜力，搭建更多平台载体，让小剧场活起来、火起来。

从2017年起，苏州启动文化旅游消费月活动，向市民发放文旅消费补贴，市民在"文化苏州云"平台参与定制即可领取文创产品体验券。围绕"江南小剧场"、文旅创新产品、文创产品、图书、剧院、电影等，推出多种补贴券，为市民提供一场能看、能听、能玩、能买的文旅盛宴。2020年，为进一步激活文旅消费市场，释放内需潜力，促进文旅消费全面复苏，苏州发放了6 000万元的文旅消费补贴。通过发放旅游消费券、设立招徕奖励、进行满减促销等多种形式，邀请苏州市民和外地游客共赏苏州美景。苏州实施文化消费拉动战略，支持夜间经济文旅地标和文旅经济品牌建设，继续做强"姑苏八点半"等系列文化消费品牌。创新公共文化、传统产业与文旅消费相结合的文化消费新场景，发展网红经济、体验经济等文化消费新业态。观前夜间文旅消费集聚区、金鸡湖景区、夜周庄入选省级夜间文旅消费集聚区建设名单。连续4年举办"品质苏州·美好生活"文化旅游消费月活动，获评文化和旅游部2019年度文旅消费提升行动执行项目。

（五）健全公共文化服务体系

作为国家首批公共文化服务体系示范区，苏州始终以让人民群众共享精神生活为理念，不断优化顶层设计，完善公共文化法规，完善均衡分布的公共文化设施，打造丰富的雅俗共赏的公共文化活动，将公共文化供给侧结构性改革纳入全面深化改革总体部署，让人民群众共享精神生活共同富裕。

1. 制定顶层设计的公共文化法规

苏州制定出台《苏州市公共文化服务办法》《关于推进现代公共文化服务体系建设的实施意见》《关于加快推进村（社区）综合性文化服务中心标准化建设的实施意见》《苏州市公共文化机构服务标准》

《苏州市公共文化服务绩效评估标准》等政策法规,形成较为完备的公共文化服务法律法规体系。党的十八大以来,对照《苏州市2015—2020年公共文化服务保障标准》,苏州以县(市、区)为基本单位推进落实公共文化服务,明确向人民群众提供的基本公共文化服务项目的内容、种类、数量和水平。苏州市级公共文化机构均依法建立了各自的服务标准体系和年报制度,标准覆盖率和实施率100%,群众满意度均超95%。

苏州推进政府购买公共文化服务机制建设,修订《苏州市政府购买服务实施细则》,出台《向社会力量购买公共文化服务管理办法(试行)》《苏州市支持民营文艺表演团体发展奖励办法》《苏州市文化和旅游类社会组织扶持办法》等系列文件,创新政府购买公共文化服务方式,提高公共文化服务效率。每年公布向社会力量购买公共文化服务目录清单,年均购买经费超3 000万元。截至2020年年底,苏州共有民营院团134家,文化和旅游类社会组织149家,群众文艺团队1 468支,文化志愿者2万人,开展年志愿服务场次1.2万次,提供文化服务超过300万人次。2019年,苏州创新开展"苏州最江南文化惠民心"公共文化服务配送,整合长三角地区优秀公共文化服务资源,通过"菜单式"点选、"订单式"配送的形式,实现供需对接、精准惠民,有效提高公共文化服务水平,满足人民群众对美好生活的向往。2020年,苏州共开展配送活动801场,累计直接服务群众8万多人次,影响人群近700万人次,实现苏州各县(市、区)全覆盖。

2. 完善均衡分布的公共文化设施

文化设施是人民群众开展精神生活的载体,是人民群众共享精神生活的基础。党的十八大以来,苏州注重规划引领,编制出台《苏州市文化设施布局专项规划(2017—2035)》,坚持城乡统筹一体推进,打造"城乡10分钟文化圈",促进城乡公共文化设施均衡分布,打造具有苏州特色、体现苏州地域文化的公共文化空间,推进公共文化设施标准化，建设体系完备、类型齐全、功能完善、质量一流的公共文化设施。截至2020年年底，苏州人均公共文化设施面积达0.47平方米，年接受文化场馆服务6 000万人次，公共图书馆人均藏书量2.4册。

苏州把公共文化设施建设列入各级政府规划，明确公共文化设施建设标准，各级政府兴办的公益性文化设施单位实现100%免费开放。苏州建设农村"十里文化圈"，常态化开展"送戏下乡"活动，实现农家书屋与公共图书馆通借通还。2020年，100%行政村（社区）建成布局合理、功能齐全、标准统一、服务规范、各具特色、保障有力、群众满意度较高的基层综合性文化服务中心，成为苏州市文化建设的重要阵地和提供公共服务的综合平台。为了更好地适应城乡群众多元、多样、多变的文化需求，苏州持续推进"最江南·公共文化特色空间"打造工程，打造百个空间形态"美"、常态项目"优"、内容质地"好"、服务效能"高"、运营机制"新"的特色公共文化空间。例如，为适应城乡人民群众喜欢戏剧、热爱评弹的需求特点，苏州实施公益性小剧场"三百计划"，结合优秀文艺团队培育和精品剧（节）目创作，打造一批遍布街头巷尾、百姓喜闻乐见的公益性小剧场。

苏州推进全民阅读，建设书香城市，为广大群众提供学习、交流的平台，营造爱学习、善学习氛围，打造城市学习空间。苏州的图书馆、美术馆和博物馆总量位居全国第一方阵，实现四级公共文化设施从行政化"全设置"走向城乡"全覆盖"。苏州着力建设24小时便民自助图书馆，开启智慧阅读新模式，为群众打造家门口的精神家园，有效打通公共阅读服务"最后一公里"。24小时便民自助图书馆整合"线上智能借阅""喜马拉雅有声图书"，提供自助式、无人值守、24小时开放、免费Wi-Fi等自助服务。截至2020年年底，苏州建有各类博物馆、美术馆151家，公共图书馆831家，市、县（市、区）级公共图书馆12家（全部为国家一级馆），图书馆分馆819家，文化馆11家（国家一级馆10家），24小时图书馆、城市书屋等新型阅读空间116个，基层综合文化中心2 021个，实现公共文化设施全覆盖。2015年，苏州综合阅读率位居全省第一；2018年，苏州位列"城市阅读指数排行榜"全国地级市阅读指数第一。

3. 丰富雅俗共赏的公共文化活动

党的十八大以来，通过深入开展系列群众文化品牌活动，苏州不断扩大公共文化服务供给面和受众覆盖面，年均开展各类惠民展演展示活动超过7万场次，惠及农村、社区群众超过1 000万人次。创新推动"我们的节日""天天有""四进工程·社区行""广场主题活动"四大系列文化惠民工程，开展"社区文化艺术季""苏州阅读节""苏州市少儿艺术节""繁星奖"等公共文化活动。"我是你的眼"视障读者活动获中宣部学雷锋志愿服务"最佳志愿服务项目"；针对外来务工人员子女开展的"小候鸟"阅读推广服务获美国图书馆协会主席国际创新奖，苏州成为全国第三个、江苏首个获得此奖的城市。2020年，每个行政村（社区）每月为居民提供一场电影、一场讲座、一场演出、一次展览、一次辅导。

苏州是唯一同时拥有芭蕾舞团、交响乐团、民族管弦乐团的地级市，苏州交响乐团、苏州民族管弦乐团、苏州芭蕾舞团被誉为苏州文艺"新三朵金花"。苏州创新实施"戏曲进乡村、文化活动进乡村、志愿服务进乡村"公共文化"三进乡村"工程。依托公益性小剧场和社区、乡村评弹书场，每年开展评弹演出超万场；持续推动"百团大展演""欢乐文明百村行""广场文艺周周演""百姓戏台天天乐""乡村春晚"等备受乡村群众欢迎的系列活动提档升级，增强"江南文化"在基层公共文化服务中的浸润度和引领力，每年开展各类进乡村活动超2万场次，惠及群众超百万人次。苏剧《国鼎魂》摘得第十六届"文华奖"，中篇弹词《军嫂》获第十二届曲艺牡丹奖节目奖，14个群文项目入围江苏省"五星工程奖"终评。

苏州以全国第一的成绩
入选首批国家公共文化服务体系示范区

为了满足人民群众的精神生活需要,苏州市不断提升公共文化服务水平。2011年入选首批31个国家公共文化服务体系示范区创建市。2013年11月,国家公共文化服务体系示范区(项目)创建工作会议召开。苏州以全国第一的成绩,被授予"国家公共文化服务体系示范区"称号。2016年,苏州成功获评国家公共文化服务标准化示范区。一方面,苏州市委、市政府编制、实施了《苏州市区公共文化设施布局规划(2015—2030)》,年均开展各类惠民展演、展示活动超7万场次,惠及农村及社区群众6 000万人次以上。出台了《向社会力量购买公共文化服务管理办法(试行)》《苏州市支持民营文艺表演团体发展奖励办法》等系列文件,每年公布向社会力量购买公共文化服务目录清单,年均购买经费超3 000万元。苏州共开展配送活动801场,累计直接服务群众8万多人次,影响人群近700万人次,覆盖苏州各县(市、区)。另一方面,苏州还打造了苏州文化旅游总入口"君到苏州"平台,全面对接苏州智慧城市平台"苏周到",一站式提供16项公共服务功能。自2021年1月上线以来,"君到苏州"平台注册用户数超52万人次,访问量超106万次。此外,苏州积极打造普惠大众的"品苏"艺术慕课在线教学平台,推出苏作手艺鉴赏、砚台、苏绣、吴门古琴、粉画等课程,线上访问延伸至23个国家和地区。截至2020年年底,苏州市建有各类博物馆、美术馆151家,公共图书馆831家,24小时图书馆、城市书屋等新型阅读空间116个,人均公共文化设施面积达0.47平方米,年接受文化场馆服务6 000万人次,公共图书馆人均藏书量2.4册。

三、扎实推动人民群众精神生活共同富裕的未来展望

苏州将推动共同富裕作为需要长期奋斗的动态过程。苏州在实践中认识到,实现高品质精神生活富裕,要进一步在凝聚引领上下功夫,进一步在优化供给上下功夫,进一步在公益普惠上下功夫,进一步在共创共建上下功夫,不断推进苏州人民精神生活共同富裕。

(一)进一步在凝聚引领上下功夫

实现全体人民精神生活共同富裕,丰富人民群众的精神生活,丰盈人民群众的精神世界,要用社会主义核心价值观凝聚人心、引领共识,形成人民精神文化生活的共同价值指引,正确把握精神引领和高质量发展的辩证关系。

社会主义核心价值观是当代中国精神的集中体现,凝结着全体人民共同的价值追求,是推进人民群众精神生活共同富裕的精神指南。党的十九届六中全会指出,坚持用习近平新时代中国特色社会主义思想教育人,用党的理想信念凝聚人,用社会主义核心价值观培育人,用中华民族伟大复兴的历史使命激励人。习近平新时代中国特色社会主义思想是当代中国的马克思主义、21世纪的马克思主义,是中华文化和中国精神的时代精华。要推动习近平新时代中国特色社会主义思想深入人心,使全体人民在理想信念、价值理念、道德观念上紧紧团结在一起,形成强大的精神支撑和内在的精神认同。

正如精神世界是改变物质世界的强大力量,精神生活的共同富裕不仅是共同富裕的应有之义,更是实现物质生活共同富裕的内在动力。进一步在凝聚引领上下功夫,要深刻把握文化引领和高质量发展的关系,更加重视文化的引领作用。一方面文化是引领高质量发展的动力。高质量发展是一个综合概念,不仅仅是指经济建设高质量发展,还指包括政治建设高质量发展、文化建设高质量发展、社会建设

高质量发展、生态建设高质量发展在内的整体性发展。其中，人的理念、思维、认知、精神是高质量发展的关键要素，通过文化高质量发展树立人的科学理念、理性思维、正确认知、高尚精神，以"创新、协调、绿色、开放、共享"的新发展理念整体推进高质量发展。另一方面文化是引领高质量发展的归宿。高质量发展的落脚点是满足人民群众对美好生活的向往，满足人民群众对高品质生活的追求，满足人民群众对精神世界的内在追求。高质量发展是坚持以人民为中心的发展，体现发展为了人民的根本目的，通过提高人的精神境界和精神追求，最终实现人的自由而全面的发展。

（二）进一步在优化供给上下功夫

人民群众精神生活共同富裕是美好生活的重要组成部分。中国特色社会主义进入新时代，在追求美好生活的过程中，人民群众对精神生活的需求更加旺盛，对实现自身文化权益的要求越来越高。要重视人民群众精神生活需求，深化文化供给侧结构性改革，提供高品质的精神生活，满足人民群众的基本文化权益。

党的十九届五中全会提出到2035年建成文化强国的远景目标，"强富美高"新江苏建设要求推动文化各项工作争创一流、勇当标杆，不断提高人民群众获得感、幸福感和安全感，这对文化领域的改革创新提出了更高的要求。深化文化领域供给侧结构性改革，以改革创新为根本动力，立足经济社会发展新需求，与时俱进推动理念思路创新、方法手段创新、产品业态创新、机制模式创新，创新机制优化供给侧，实现供给侧的高质量发展。积极推进文化和旅游与其他领域融合互促，全面推进现代科技深度融入文化领域，推动线上线下融合，打造文化领域数字化新业态、新模式，激发新动能、开辟新空间、塑造新优势，为人民群众呈现更多原创性、时代性、创新性、引领性的文化成果，不断满足人民群众对高品质的精神生活的需要。

进一步在优化供给上下功夫，要健全现代文化产业体系和现代文化市场体系，推动文化产业融合发展、创新发展、开放发展、特色发展，突出跨界融合、守正创新，加快培育新型文化业态，突出历史传承、特色继承，打造独具特色的历史文化名片。要创新文化创作机制、交流机制、传播机制，推动文艺创新，实施文化精品战略，创作更多有筋骨、有道德、有温度的作品。统筹推进对外文化交流、文化传播和文化贸易，以高度的文化自信推动文化"走出去"，扩大和引导文化消费，讲好新时代"苏州故事"，增强苏州国际影响力，提高苏州文化软实力。

（三）进一步在公益普惠上下功夫

人民群众对日常精神生活的客观需要，对优秀精神文化产品的渴求，对精神文化活动的参与诉求，凸显出人民群众精神生活具有公共属性，它是一种公共产品，需要政府不断完善公共文化服务，确保广大人民群众共享公共文化服务。

进一步在公益普惠上下功夫，要坚持人民群众精神生活的公共属性和公益属性，强化政府公共文化服务职责，健全公共文化服务机制，完善公共文化服务保障，为人民群众提供更丰富、更优质、更便捷的精神生活。美好生活是一种全方位的美好，是包括物质财富、精神文化、公平正义、民主法治在内的发展需要。公平享有精神生活，是公民基本权益的重要组成部分，是公民文化权益的基本要求。在带领人民实现共同富裕、追求美好生活的过程中，苏州要进一步重视人民的精神生活，满足人民的精神需要，创造更多的精神产品，不断增强人民在精神生活方面的获得感和幸福感。

进一步在公益普惠上下功夫，要增强人民群众精神生活的普惠导向，面向广大人民群众，不同地区、不同群体及城乡居民都能享有精神生活、参与文化活动、使用文化设施。统筹地区、城乡公共文化服务，推进地区互动、城乡联动，促进地区之间公共文化服务活动、资源有效辐射、融合互动；使城市优质的公共文化服务辐射乡村、带动乡村、引领乡村，使城市优质的公共文化服务资源延伸到乡村、服务到乡村，推动城乡公共文化服务有效整合、整体联动；更加关注少年儿童、老年人、残疾人、外来务工人群等的文化需求，优化文化设施布局，创造更有针对性的精神文化产品，最大限度满足不同人群的精神需要。以县（市、区）级博物馆、文化馆、图书馆、美术馆、体育馆等为中心推进总分馆制建设，加强农村公共文化设施建设，提高农村公共文化服务质量，实现农村、城市社区公共文化服务资源整合和互联互通，强化城市对农村文化建设的帮扶，统筹利用资源，促进共建共享，创新服务方式，提升基层公共文化服务效能，形成常态化城乡联动工作机制。

（四）进一步在共创共建上下功夫

实现人民群众精神生活共同富裕，要尊重人民群众的主体地位，发挥人民群众的积极性，形成政府、企事业单位、社会组织、公民共同参与的良好格局，进一步在共创共建上下功夫，共同推进群众性精神文明创建工作。

创新群众性精神文明创建工作参与机制，形成共创共建的整体合力。引导社会组织积极参与共创共建，按照规范、透明、公开的原则，制定出台政府购买公共文化服务指导性意见和目录，明确政府购买的公共文化事项，规范政府购买公共文化服务流程，加大政府向文化类社会组织购买服务的力度，促进公共文化服务提供主体和提供方式多元化，鼓励和支持社会力量通过投资或捐助设施设备、兴办实体、资助项目、赞助活动、提供产品和服务等方式参与公共文化服务体系建设，提高公共文化服务效能，丰富优秀公共文化产品供给，优化公共文化服务格局。完善基层社区参与群众性文化创建机制，明确职责，规范要求，结合实际为基层群众开展文化活动提供场地、设施、经费保障。引导公民个体参与群众性文化创建，畅通群众文化诉求表达机制，及时吸取群众的意见建议，鼓励群众发挥特长、施展专长，开展特色鲜明、独具韵味的文化活动。

进一步在共创共建上下功夫，要坚持目标导向，增强共创共建效果，以社会主义核心价值观为引领，不断丰富人民的精神生活，不断创作文化精品，不断创新文化活动，建设更加均衡便利的文化设施，推出更加高端典雅的精神产品，营造更加温馨的人文氛围，倡导更加高质量的文化消费，为人民群众提供高质量的精神生活保障，不断满足人民群众多样化、多层次、多方面的精神需求。

第七章
共同富裕视域下的苏州社会治理创新

苏州在推动共同富裕的行动中始终将推进社会治理创新作为一项重要内容，严格落实党的十八大提出的构建"五位一体"社会管理体制的要求，十八届三中全会关于从改进社会治理方式、激发社会组织活力、创新有效预防和化解社会矛盾体制、健全公共安全体系四个方面"创新社会治理体制"的会议精神以及"十四五"规划纲要中关于大力"构建基层社会治理新格局"的战略部署，将中央的顶层设计与苏州社会治理的客观实际紧密地结合起来，将国际前沿社会治理理论、中国传统社会治理智慧、时代发展趋势紧密地结合起来，积极进行基层社会治理探索改革，用总体目标与分阶段推进的统一、理论创新与实践创新的统一、争取先行先试与形成可复制可推广经验的统一，促使苏州社会治理现代化水平一直走在全省、全国前列，充分展示了中国地方社会治理创新的"苏州形象"，强有力地推动了苏州共同富裕深入进行。

一、社会治理创新蕴含着深刻的共同富裕发展逻辑

共同富裕是社会主义的本质要求，也是中国式现代化的重要特

征,实现共同富裕的过程,同时也是推动社会治理现代化的过程。在全面建成小康社会之后,中国开启了全面建设社会主义现代化国家新征程,这标志着中国要更加扎实推动共同富裕,以国家治理体系和治理能力的现代化来高效推动中国式现代化,推进"系统治理、依法治理、源头治理、综合施策"的社会治理创新是新时代中国特色社会主义发展的必然要求。毫无疑问,中国社会治理变革始于改革开放。伴随着城市化、工业化进程,中国社会面貌发生了天翻地覆的变化,社会治理领域的各种矛盾、纠纷呈现出复杂性、多样性、专业性等特征,让加强和创新社会治理的需求日益突出。在"中国特色社会主义进入新时代"这个新的历史方位下,中国社会治理仍然面临着许多新挑战:从世界范围来看,全球化发展呈现逆向性、复杂性特征,东西矛盾、南北矛盾激化,新冠肺炎疫情的全球大流行,让人类继续创造财富的和平发展环境遭受巨大威胁,发展的不确定性、不稳定性持续增多;从科技发展来看,人类从互联网时代走向移动互联时代,大数据和信息传播交换进入到实时、快捷、高速、高频状态,碎片化、泛娱乐化、真假难辨的海量信息,使得人类精神世界的建构也面临重重考验……在传统安全与非传统安全交织的新时代,中国以特色社会治理创新应对挑战,成绩亮眼,但新冠病毒不断变异等冲击也让未来发展与安全统筹压力增加,更需要基层社会治理进一步创新作为。苏州作为改革开放的前沿城市、集体经济大发展"苏南模式"的重要创造者,在党和政府的坚强领导下,始终坚持以人民为中心推动社会治理创新探索,抓住新时代国家战略和区域发展战略重大调整等机遇,推动改革发展成果更多、更公平惠及人民群众,持续激发基层创新创造活力,并直面新时代社会治理之困,以共建共治共享的社会治理格局为高质量共同富裕保驾护航。苏州社会治理的创新实践,体现了中国共同富裕发展的逻辑,是透视中国共同富裕发展历程的一个代表性窗口。

（一）以社会共建凝聚共同富裕的思想共识

中国国家治理体系包含了对全社会的治理。从狭义上来进行划分，这个体系可以分为国家治理、社会治理和基层治理3个层次：国家治理指的是由执政党和政府对国家的经济、政治、社会、文化等领域问题的管理，在范围上相当于传统的国家管理的概念；社会治理是政府和社会力量对社会领域问题的管控和处理，治理主体不局限于政府，还有社会力量和民众；不管是国家治理还是社会治理，其各项工作最后都要落实到基层，基层治理既是对国家基层进行社会治理，也是在基层进行社会治理。在中国特色社会主义制度发展和完善的过程中，中国共产党紧紧依靠人民群众，以基层党组织和基层先锋队伍建设推动政府、市场、社会、公民向多元交互的共建共治转变，吸引最大多数人参与公共事务治理过程，推动着社会治理的现代化，形成了"党委领导、政府负责、社会协同、公众参与、法治保障"的社会治理体制。这也决定了社会治理创新的核心是中国共产党的领导。区别于传统的"社会管理"，新时代"社会治理"尝试将国家治理与社会治理结合起来，强调各治理主体在基层的有效互动合作，以社会共建为基础不断凝聚共同富裕的思想共识，实现中国社会治理从"大政府、小社会"到"强政府、强社会"的转变。

社会治理的创新实践不断推动政府、社会和广大人民群众积极参与共同建设，使共同富裕拥有不竭动力。党的十九大报告明确指出："中国特色社会主义进入新时代，我国社会主要矛盾已经转化为人民日益增长的美好生活需要和不平衡不充分的发展之间的矛盾。"新时代中国社会主要矛盾的转换，蕴含着新时代社会主义和谐社会建构的新起点，也标志着人们对社会公平正义的诉求向更高层次的跃升。公平正义是社会主义的基本特征，也是马克思主义社会观的重要内涵。社会主义制度本身就蕴含着公平正义的价值要素，社会生产资料的公有制决定了社会主义按劳分配的制度形式，也奠定了社会主义公平正义的物质基础，就像马克思、恩格斯所揭示的，"真正的自由和平等只有在共产主义制度下才可能实现：而这样的制度是正义所要求"，这也是马克思主义政党所建立的社会主义国家的先进性所在。以公有制为主体的社会建设，在万物互联的新时代，会更有基础、更有能力推动实现权利公平、机会公平、规则公平的统一，让人人享有平等参与社会发展的机会，人人成为社会发展的实践者、参与者、创新者。在这个意义上，扎实推动共同富裕的过程，就是以社会共建更好凝聚思想共识的过程。

党的十八大以来，以习近平同志为核心的党中央高度重视社会治理中的党建引领作用，从以"服务群众、做群众工作"为主要任务到以"提升组织力为重点，突出政治功能，把基层党组织建设成为坚强的战斗堡垒"，中央对城乡基层党组织建设提出了明确要求。苏州积极探索符合苏州城乡特点和规律的基层党建工作新路径，以"市（区）—街道（镇）—社区（村）"三级党组织为核心，围绕"基层权力给基层、基层事情基层办、基层事情有人办"，在基层根系末梢有机联结单位、行业及各领域党组织，实现组织共建、资源共享、机制衔接、功能优化的系统建设和整体建设。在整个社会建设过程中，党建引领共建，是苏州城乡社会治理的一个显著特点。以党建影响力、号召力引领各方贯穿对公平公正的追求，坚持经济建设和人民至上的两个中心，在公平与效率之间找准改革和治理的着力点，使得不同区域、不同职业的人民群众都能够在这一方土地上感受到公平，享受到社会进步发展带来的物质财富和精神财富，从而更加积极地参与到社会共同建设和维护之中。

（二）以社会共治化解影响共同富裕的社会矛盾

苏州坚持以社会共治不断地化解影响共同富裕的社会矛盾，使共同富裕成为以基层社会治理破解社会矛盾的发展过程。中国社会主要矛盾的变化蕴含着社会治理的新时代诉求。改革开放初期，物质的匮乏要求中国社会必须通过不断提升生产力来满足人民群众日益增长的物质文化需求，允许和鼓励一部分人先富起来带动更多人富裕；当

GDP达到一定数量，人民生活水平得到长足提高时，解决发展不平衡不充分问题就成为主要问题，而这需要治理思维和治理方式的转换。生产力和生产关系的新变化蕴含着经济社会发展的新历史境遇，是社会共治的新起点；传统矛盾、问题与新矛盾、新问题交织在一起，对党和政府、企业、公民以及社会组织等治理主体都提出了新要求，只有基于源头的良性运转才能够同步提升社会发展效率和效能，完善基层治理体系和提升基层治理能力成为新时代社会治理的切入点和着力点。新时代新征程中，一方面是人们对民主、法治、公平、正义、安全等各方面需求的快速增长；另一方面是发展的不确定性、社会风险的复杂性使任何一个社会治理主体都无法单独应对，在基层全面推进法科共治、德法共治、多元共治，是提升社会整体治理水平的必然选择。舒心、安心、安全的社会环境是每一个现实人的追求，以法治的理性、德性和力量引领公共秩序的建构，在最大公约数的认同中达到社会和谐，这个过程蕴含着中国特色社会主义社会治理的科学规律，是人民性、社会性、发展性的统一。

2021年7月，中共中央、国务院发布了《中共中央 国务院关于加强基层治理体系和治理能力现代化建设的意见》，就加强基层治理体系和治理能力现代化建设的指导思想、工作原则、主要目标、重点任务、组织保障等做了前瞻性布局、全局性谋划、系统性部署，城乡基层治理创新对于维护社会稳定和谐的基础作用被提到了更加重要的位置。党的十八大以来，《中国共产党农村基层组织工作条例》《中共中央 国务院关于建立健全城乡融合发展体制机制和政策体系的意见》《中国共产党农村工作条例》等文件相继出台，把党的全面领导延伸到基层社会"神经末梢"，在基层组织力提升和各方面力量、资源下沉中，逐步打通"最后一公里"乃至"最后一百米"，切实保障人民群众生命财产安全，形成科学共治的治理格局和强大的治理合力。

苏州基层社会矛盾有着先发性、典型性的特征，其发展变化反映了苏州社会发展的内在要求，也体现着中国特色社会主义发展的客观规律。从20世纪90年代末开始探索城乡统筹发展，到2008年被省委、省政府列为城乡一体化发展综合配套改革试点市，苏州初步形成了城乡基层治理的政策体系和制度框架。随着城乡社区、撤村并居、集中居住新型社区建设的推进，苏州以区域化大党建格局提升基层党组织核心作用，推动建设党员服务中心站（点）、社区服务中心、综治工作中心。一方面积极吸纳配备专业化社会工作人员；另一方面逐步将社区警务、驻区企业单位、法律调解引入基层治理一线。作为一个以开放型经济为主的特大移民城市，苏州面临着城市常住人口众多、老龄化程度趋高、城市体量和能级不匹配等一系列问题，新时代苏州以多元共治融合的基层社会治理机制创新，化解矛盾纠纷，为推进共同富裕打造了上下贯通、多方协同的社会安全网。

苏州成为全国第一个城乡一体化发展综合配套改革试点

作为"苏南模式"的主要发源地，苏州城乡发展水平一直走在全国前列，城乡一体化发展成为苏州新时期发展的显著特色。2010年11月，国家发改委同意将苏州市开展的城乡一体化发展综合配套改革试点列为发改委首个改革联系点，为推动全国深化改革发挥示范带动作用。2014年3月，国家发改委正式批复将苏州市列为"国家发展改革委城乡发展一体化综合改革试点"，苏州城乡发展一体化试点晋升至国家层面。根据《江苏省苏州市城乡发展一体化综合改革试点总体方案》，苏州在新型城镇化、公共服务均等化等重点领域和关键环节率先突破，创造了"三集中""三置换""三大合作""三大并轨"等先进经验，率先建成了全国首个统筹城乡社会保障典型示范区和义务教育发展基本均衡市。

(三) 以共建共治共享激发实现共同富裕的创造活力

苏州在推动共同富裕的行动中认识到，公共利益的合理分配和治理成果的共同享有，意味着治理是为全体人民服务的，这是中国特色社会主义与西方国家社会治理的最大区别，也是共同富裕这个社会主义最本质特征的必然要求。中国特色社会主义治理立足于现实的社会历史环境，在马克思主义社会治理思想和中国实际情况的结合中，在共建共治共享的社会治理现代化格局推进中，把人的主体性和主体间性统一起来，让效率与公平逐步形成最优组合。基层社会治理具有最广泛、最密切、最现实的群众基础，是彰显政党为人民服务宗旨、化解矛盾纠纷、体现群众自治最直接、最及时的平台。政党、企业、组织、团体、个人等不同社会主体在城乡社区相互联系、交互发展，只有在共享发展理念的指引下，一个个个体的、现实的人，在其中不断丰富和完善自身，才能实现不同社会主体共享社会治理成果、共同享受社会进步发展果实这样的目标。

苏州把社会治理创新和推动共同富裕落实到人的身上，以人的主体性、创造性、协同性促进社会治理创新和共同富裕取得明显成效。党的十九大报告把共建共治共享作为一个有机整体，这意味着新时代社会治理更加重视推动人的全面发展和社会全面进步，其核心就是坚持以人民为中心的社会治理思想，健全发挥人的主体性和主观能动性的体制机制，破除约束人的各种藩篱，激发人的社会治理和社会创造活力，在共同参与中寻找化解矛盾之法，在协商共治中让公平正义彰显，在问题的处理中实现治理者自身治理能力的同步提升，让社会整体价值意蕴得以充分展现。共享作为目标，回答了社会治理为了谁的问题，高质量的共建不断夯实共同富裕的物质基础，矛盾共治营造共同富裕的和谐环境，新技术应用进一步推动高质量共享。只有在基层不断深化社会共建共治共享改革创新实践，才能更加明晰社会治理主体权责，使社会治理方式科学化，从而持续提升社会治理现代化水平，持续激发实现共同富裕的创造活力。

苏州从2011年踏入"GDP万亿元俱乐部",到2020年GDP突破2万亿元,可以说已经处于从物质生活总体富裕到公共服务优质均等的跨越期,新时代社会治理成果共享离不开新技术的支撑。运用新技术提升社会治理的价值认同、推动社会治理创新,是共同富裕视域下的社会治理新向度。苏州社会治理创新一直受到中央和省委、省政府的重视,作为高水平建成小康社会的标杆,在新时代更加需要把握好时代之变,特别是中国特色社会主义数字时代治理的共享方向,应对好人们生产、生活、生存方式开放化、线上化等特征,做好包含政府自身内部数字化变革在内的社会整体变革。避免新科学技术下的数据鸿沟、数据孤岛、利益分化、价值碎化、公共性弱化等问题,让社会治理拥有"最广泛群众基础"和"最强大脑",以更加广泛的民意收集、更加全面的决策研判、更加透明的权利公开、更加法治的社会环境建设,满足不同治理对象的个性化需求。

二、新时代苏州以社会治理创新促进共同富裕的做法

中国社会治理遵循着因地制宜、循序渐进的原则,根据特定区域经济发展模式而不断探索推进。从创办经济特区、开放沿海城市开始,到逐步形成从南向北、自东到西、由沿海向内陆推进的经济战略格局,从局部富裕到共同富裕,一地一城形成的有效社会治理经验可迅速在多地复制推广。苏州作为"小康"构想发源地之一,始终坚持社会建设和经济发展同步推进,在改革开放进程中形成了独具特色的"苏南模式",在"农转工""散转聚""内转外""量转质"的不同发展阶段,全市在社会治理上大胆探索,形成了众多被全省、全国广泛复制推广的治理经验。新时代的苏州,按照中央和省委、委政府关于加强和创新社会治理的部署要求,创新打造了社会治理网格化联动机制、政法跨部门业务协同平台、公共法律服务均等化等全国知名的

社会治理特色品牌，形成了"党建引领、多元共治，一网覆盖、全域联动，扁平管理、精准服务，智能支撑、法治保障"的基层社会治理创新之路，人民群众的获得感、幸福感、安全感更加充实、更有保障、更可持续。苏州社会治理创新促进共同富裕的5点做法，也是法治中国、平安中国建设的鲜活地方实践经验。

（一）强化政治引领，以党组织体系建设聚合治理力量

党组织的组织覆盖力决定了社会治理的覆盖面，党组织的组织聚合力决定了社会治理的效能。苏州经济社会发展取得的显著成绩与始终注重加强党组织建设密不可分，在改革开放伊始就确立了"围绕发展抓党建，抓好党建促发展"的指导思想，各级党组织牢牢把握党建指导思想，主动适应经济市场和社会环境变化，转变工作方法。持续开展以重点任务为主题的先锋市（区）、先锋镇（街道）、先锋村（社区）"三级联创"活动，密织组织网络，完善治理指挥链。注重发挥基层党组织红色引擎作用，构建了"镇（街道）大工委—村（社区）大党委—网格党支部—楼栋党小组—党员中心户"五级组织架构，实现权责明晰、高效联动、上下贯通、运转灵活的指挥体系。早在2011年，苏州全市城乡社区2 874个党群服务中心（站）就实现了动态全覆盖，并逐步提升载体功能，将之从提供党员教育管理、党建工作咨询指导转变为服务群众、凝聚党心民心。在社会治理重心不断下移的趋势下，"十二五"期间，苏州将基层党员服务中心、社区综合服务中心、卫生室、警务室等统筹规划，全面完成市（区）、镇（街道）、村（社区）三级综合服务中心的系统建设。"十三五"期间，全市因地制宜建立了"中心+社区""一站多居""一居一站"多元联动模式，加快推进信息化、网络化建设，市（区）、镇（街道）、村（社区）三级平台综合管理和服务水平不断提升。

作为一个经济大市、工业大市，苏州紧紧围绕本市经济结构和经济形态变化来构筑社会共治同心圆，发挥基层党建催化剂、凝合剂作用，在两新组织、小微企业、专业市场、社会组织、群众团体、城乡

社区（自然村）中开渠扩源、固本聚力，依托党的组织体系科学加载治理功能以实现社会治理体系全覆盖。重点针对经济薄弱村（社区）、新经济组织加强党建引领，全面健全建强基层组织阵地，培育精干高效的基层干部队伍。两新组织行业党建工作经过探索实践，工作机制已基本健全，行业党组织战斗力不断增强，社会效应初步形成。上级党委成员挂钩联系基层制度，为基层党员发挥先锋模范带头作用、参与组织活动、履行党员义务、接受党组织教育与管理提供了重要的场所和平台，构建了以村（社区）工作者为龙头、海棠管家为主体、热心志愿者为补充的村（社区）治理体系，让村（社区）一线成为基层社会矛盾的化解中心、基层治理的核心枢纽、联系群众的组织阵地。在全省首创信访"融合智库"，遴选多领域专家人才，开展重大疑难复杂矛盾化解工作；建立医患纠纷、劳动争议等8个专业性矛盾纠纷调解委员会，下沉一线发挥人民调解基础性作用，探索形成适应新时代的矛盾纠纷多元化解机制。

（二）坚持高位部署，软硬结合夯实社会治理基础

苏州市委、市政府按照党中央和省委、省政府的总体部署和明确要求，始终坚持把创新社会治理与经济社会发展一体规划、一体部署、一体落实，从战略高度全面谋划、强势推进，强化治理机制和体制创新，将社会治理创新目标引领和基层自主建设空间有机融合，不断夯实社会治理的基层基础。按照走在全省全国前列目标地位，2012年苏州明确构建和完善公共服务、社会保障、社区治理、社会组织、公共安全和组织建设等体系工作目标任务，通过项目化管理、时序化推进提升社会治理创新整体质效，并在提升城乡服务均等化水平中总结推广基层创新经验，不断夯实社会治理基层基础。《苏州市社会治理创新三年行动计划（2018—2020年）》等指导性文件，接续确立了"任务书"、细化了"路线图"、明确了"时间表"，将社会治理创新重点任务具体化、项目化、指标化，实现可操作、可量化、可考核。全面取消城区街道承担的招商引资、协税护税等工作任务，建立街道

权力清单和责任清单，调整优化街道机构职能，探索街道"大办制"，变"向上对口"为"向下对应"；率先探索推动学校、医院和财政派出机构、水务站、交管所、动防站等"七站八所"划归镇（街道）属地管理，赋予镇（街道）财政、资源、人事等管理监督调配权限，实现基层权力给基层，基层事情基层办，为苏州推进社会治理现代化、全面建成小康社会、继续走在全国发展前列奠定了重要基础。

在全省率先试点社会治理网格化联动机制建设，制度化规范和固化网格化社会治理苏州标准，构建符合苏州实际的网格化"4268"工作机制，将公安、民政、人社、住建等17个条线部门的网格融入"一张网治理"，并不断加强社会治理事务的终端采集、源头处理。在全省率先出台《关于加快推进城乡社区治理现代化的意见》，出台《全面推进城乡社区治理现代化的行动计划》等一系列政策文件，一线社会治理阵地、组织、管理、服务的软硬件建设同步提升。基层社区服务设施提档升级，全市城乡社区综合服务设施面积标准为不低于每百户40平方米，其中，城市社区不低于400平方米、农村社区不低于500平方米，镇（街道）级社区综合服务中心不低于2 000平方米，区级不低于4 000平方米。目前城乡社区综合服务设施平均面积分别达到1 400、1 600平方米，其中一大批具备综合受理、居家养老、三社联动、治安防范、基层调解等功能的城乡社区服务综合体不断涌现，具有极强群众影响力。社会治理人才队伍不断壮大，2013年起按照"年人均报酬原则上不低于上年度城镇非私营单位在岗职工平均工资"落实社区工作者待遇；2018年出台《关于加强社区工作者队伍建设的实施意见》等指导性文件，落实推进"三岗十八级"薪酬体系、培训教育、激励奖励措施，进一步规范畅通社工发展通道，指导社会组织建设，吸引了大量专业性社会组织和青年人才参与到社区治理根系之中。健全以财政投入为主的城乡社区运转经费保障制度，设立"社区党组织为民服务专项经费"并支持社会基金建设，用于托底基本公共需求，持续激发社区党组织、社会和居民自治团队活力。

（三）强化法治保障，完善社会治理法治化体系

苏州坚持以建设法治型党组织为引领，着力构建法治政府、法治市场、法治社会"三位一体"的法治建设先导区，从实际需要和人民群众利益出发，加强社会治理领域的立法、执法，不断完善构建社会治理法治化体系。针对全市出租房屋数量居全省首位、大量社会治安和公共安全隐患潜藏其中的问题，出台了《苏州市出租房屋居住安全管理条例》，将出租房屋安全纳入法治轨道；完成了《苏州市电梯安全条例》《苏州市住宅区物业管理条例（修订）》《苏州市文明行为促进条例》等法规立法，有效回应群众诉求。在全省率先开展立法协商，出台了《苏州市人民代表大会常务委员会立法协商工作办法》，在立法过程中邀请政协委员、民主党派、工商联、无党派人士、人民团体、社会组织等开展立法协商，确定了20多个镇（街道）为市人大基层立法联系点，立法专家顾问和乡镇基层立法联系点共同参与立法审议。2019年印发了《关于加强全市社会综合治理网格化联动机制规范建设的意见》，全市统一开发系统和终端，通过终端采集、信息化联动、大数据研判，面向决策、面向基层、面向群众提供数据智能服务，提高预测、预警、预防能力。2021年出台了《关于全面加强基层法治建设 提升基层依法治理水平的实施意见》，全市实现依法治镇（街道）委员会及其办公室全覆盖，部署开展法治镇（街道）示范创建活动，上下贯通的法治建设协同机制基本形成，基层法治实践探索不断深入。

坚持行政为民、司法为民，依法行政、公正司法。探索开展镇域相对集中行政处罚和相对集中行政许可权试点工作，在省内率先建成覆盖市、县、镇三级的重大行政决策网上运行平台。在全国探索建立"执转破"案件简化审理机制，全面推行"捕诉合一"改革，统筹推进公共法律服务"光辉工程"。2018年，苏州在中国法治政府评估中排全国第4位，地级市首位；2021年市司法局"行政立法全流程质量监控体系"初评入围第六届中国"法治政府奖"，系全省唯一的入围

项目。深入推进全市两级法院审级职能定位、民事诉讼程序繁简分流等改革工作，法院工作先后7次受到最高法院主要领导批示肯定。深入贯彻"少捕、慎诉、慎押"理念，审前羁押率远低于全国平均水平，相城区检察院被列为省"不起诉案件非刑罚处罚规范化"试点检察院。建成运行执法办案中心、执法管理中心、涉案财物管理中心，对6类执法要素闭环管理，对民警执法行为全程监管。在全国创造性地启动公共法律服务体系建设，统筹推进公共法律服务"光辉工程"，满足了人民群众日益增长的法律服务需求，公共法律服务"太仓经验"被写进了中央文件，昆山淀山湖镇建成全省首家跨省公共法律服务工作站。全市建立了300多个法治文化阵地，在社会崇法向善形成风尚的基础之上，探索市民信用评价产品"桂花分"，2018年苏州获评全国首批社会信用体系建设示范城市。

（四）推动基层自治，提升社会治理基层活力

进入新时代，苏州持续推进以村（居）民自治工作为核心的基层民主建设，落实基层群众的知情权、参与权、表达权、监督权，基本形成具有时代特色、苏州特点的城乡一体化统筹发展的基层群众自治机制。作为全国"政社互动"的发源地，苏州"政社互动"在厘清政社权责关系、划分权责边界等方面形成了一大批有效经验，历经10多年深耕，已经从最初的"清单管理"时期进入到"能治善动"的新发展时期。从《关于进一步推进"政社互动"工作的实施意见》到《苏州市城乡社区治理和服务"十三五"规划》等文件，苏州让基层自治制度更加完善，村（居）民（代表）大会、民主议事会、"两委"联席会和民情恳谈、民意听证会等工作制度全面建立，产生了一批乡村社会治理专项公约，涌现出村（居）民议事会"六步工作法""民主决策日"等品牌制度，有效增强了城乡基层事务决策民主化、科学化。全市村居深化以"五民主一公开"为核心的自治实践，依法自治达标率达99.2%，4个县（市、区）先后成为"全国村民自治模范县（市、区）""全国村务公开和民主管理示范县（市、区）"。

不断创新自治改革,持续激发基层自治活力。在全省率先探索开展全科社工、智慧社区、协商共治、跨界合作和城乡社区服务社会化全覆盖等"五项改革"试点,以社区工作机制改革为突破口,建立"综合受理、区域通办、一门服务、全科社工"的社区工作机制。根据动迁社区、老城区、开发区不同特点,探索"全科社工"改革,以"前后台、AB角""全员全科"等不同服务模式,让居民"找到一个人,办成全部事",该改革工作获评"2018年度全省现代民政建设创新成果"。建立《苏州市年度政府职能转移对接目录》《苏州市政府向社会购买服务指导目录》《具备承接政府职能转移和购买服务条件的社会组织目录》3份目录,推动政府职能转变,破解基层自治组织行政化倾向,为村(居)自治让渡空间。通过创新登记管理办法、探索"枢纽型"管理、推动孵化培育基地建设、提升社会组织治理能力、加强监督管理等服务举措,让全市各类社会组织快速发育壮大,各类社会力量在基层治理中发挥积极作用。截至2021年年底,苏州市注册志愿者人数达到291万,每万人拥有社会组织数超过20个,基本形成了"布局合理、功能健全、诚信自律、作用显著"的社会组织发展体系。

(五)强化智治支撑,打造社会治理智能强动力

苏州顺应社会生产生活数字化转型趋势,全面实施社会治理"智慧工程",推动全市社会治理体系架构、运行机制、工作流程的智能化、数字化再造,以智治确保城乡数据安全、网络安全、社会安全。数据赋能司法实践,智慧法院、智慧检务、警务大脑、智慧司法得到进一步提升,苏州中级人民法院探索形成了"电子卷宗+全景语音+智慧服务"为主要内容的智慧审判"苏州模式";省内首创"数字门牌+立法征求"渠道,很好地发挥了"立法民意直通车"作用,让群众诉求一键可达。数据赋能防控体系,具有苏州特色的"六星科技·纵横警务"实战应用体系,实现了全警种数据、系统、情报、业务深度融合,全面提升"打击犯罪、城市防控、基础管理、目标管控、队伍督管、便民服务"效能；推进"铸盾亮剑"工程建设，打造了全国领先的公共安全"城市盾牌"体系，织密城市防线；推进新一轮升级版"技防城"建设，汇聚公安、交通、住建、教育、卫生、应急、环保等部门监控视频资源，公共安全视频共享平台数据接入、储存、共享、安全维护能力全面提升。在全市外来人口高位增长、网络犯罪易发高发的情况下，2020年苏州全市违法犯罪警情数同比再降6.1%，刑事警情由2016年的128 446起逐年下降至2020年的75 175起，降幅达41.5%；刑事立案由2016年的127 088起逐年下降至2020年的82 268起，降幅达35.3%；破案率由2016年的24.1%上升至2020年的40.1%，八类案件平稳可控，现行命案全部破获。由此，苏州也成为全国最安全的城市之一。

社会治理智能化不会凭空产生，让综合智治在"融、通、用"上产生实效与突破，是苏州社会治理智能化的关键。以社会综合治理联动中心为中枢，苏州构建了以"市—县（区）—镇（街道）—村（社区）"四级管理、"市（区）—镇（街道）"两级指挥为骨架的综合治理运行架构和责任机制，依托一个平台、一张网络、一个号码、一支队伍、一套机制、一个办法的"六个一"工作体系，形成了社会治理事项发现、受理、分流、处置、跟踪、督办、反馈、评价的流程化处置机制。一系列工作创新探索，实现了更大力度聚合资源力量、更大范围引导群众参与、更大限度拓展联勤联动。例如，开发苏州市社会稳定风险评估工作信息系统，实现了稳评项目一网办理，有力提升了稳评工作效能；创新开展"一标三实"信息采集，以房屋"二维码"门牌建设应用为手段，对实有基础信息进行了全要素采集和拓展关联；加强涉众涉疫重点工作督查督办，综合运用改进工作、完善政策、问责追责"三项建议权"和"两函一单"制度，以法治化、信息化、数字化、网格化为抓手，强化责任落实，以"微网格"整合、"微治理"集成达到"大安全""大治理"效果。全口径规范并持续畅通信、访、网、电受理办理工作流程，让群众诉求在第一时间就"听得见、看得到、办得好、有回音";规划"市民网上办事厅""市民社区议事厅"虚拟空间,实现"局域共融、全市共享"的智能公共服务模式,让社会治理智能化确实体现在公共平安、公共服务等各个方面。

三、开启助推共同富裕的市域社会治理现代化新篇章

时代在不断发展,社会在不断进步,以习近平同志为核心的党中央旗帜鲜明地走中国特色社会主义治理之路,以治理能力和治理体系的现代化推动更高质量共同富裕。作为用实践印证改革开放总设计师"小康构想"之地,苏州在改革开放中一步一个脚印把"强富美高"蓝图生动展现,用社会治理创新凝聚共同富裕的强大合力,开启了以市域社会治理现代化助推共同富裕的新篇章。市域治理是国家治理的重要支柱,发挥着承上启下的重要枢纽作用,加快推进市域社会治理现代化,是以习近平同志为核心的党中央推进国家治理体系和治理能力现代化的重大战略决策,是应对当今世界"百年未有之大变局"、有效防范化解各种风险挑战的重大战略举措,是实现"两个一百年"奋斗目标和中华民族伟大复兴中国梦的重大战略考量。第七次人口普查显示,苏州常住人口总量已达 1 275 万人,其中流动人口占比在 53%左右,60 岁及以上老年人口占比达 16.96%,苏州正面临着资源、人口、制度和产业等结构性矛盾,以及城市能级蝶变期、新型经济赋能迭代期、破除传统路径依赖阵痛期、社会治理现代化攻坚期、人民群众幸福感持续提升考验期"五期叠加"新考验。苏州争创"市域社会治理现代化示范城市",全面推进"苏城善治"品牌建设,以展现社会主义现代化强市的社会治理新格局的构建,推动共同富裕迈上新的台阶。这是苏州未来行动的重点,体现为以下三个"进一步"。

（一）进一步强化政治引领，以标杆目标推动市域社会治理现代化

市域社会治理中的"市域"，既包括乡村在内的行政管理区域，也包括地域相连、经济社会文化交流频繁的都市圈；要有一定的行政边界，有利于治理责任落实，还应从实际出发，处理好城与乡、城与城之间的关系，加强区域统筹协调，提高社会治理资源整体利用效率。着眼于苏州作为特大城市在率先加快推进现代化的历史进程中面临的新任务、新矛盾、新挑战，进一步强化政治引领，突出党组织在市域社会治理中的引领作用，提升对社会治理各项工作的全面领导能力，将市域社会治理现代化融入苏州市域一体化发展大局，从而为苏州高质量共同富裕提供保障。要继续厚植党建根基，把基层党组织有效嵌入市域社会治理各领域各层级，将"海棠花红"先锋阵地根植网格，让网格党建更"有力量、有资源、有制度、有阵地、有效果、有品牌"。要坚持党建带群建、带团建、带社建，积极鼓励和引导多方治理主体参与社会治理，发挥各类社会力量在基层治理中的积极作用，推动组织联建、队伍联育、项目联办、成效联考，培育扶持生活服务、公益慈善、文体活动、专业调处等各类社区社会组织，聚焦社会性、群众性、公益性服务事项，引导群团组织、社会组织参与社会治理、联系服务群众，有效扩大党组织的工作半径。要进一步拓宽网格化联动机制舞台，积极构建"党委领导、政府负责、群团助推、社会协同、公众参与"的社会共治同心圆，增强实现社会治理现代化的向心力；明确网格化联动机制中市域、县域、镇域、村居、网格五级职责作用，打造以网格化联动为骨架的权责明晰、高效联动、上下贯通、运转灵活的社会治理指挥体系，形成纵向善治指挥链；完善网格治理方式，把社会治理触角延伸到每户家庭，让党建+"微治理"释放出大能量。

（二）进一步推动改革创新，将系统治理理念植入具体工作实践

苏州市域社会治理创新需要将系统化、法治化理念植入实际工作，牢固树立治理"全生命周期"意识，进一步深化社会治理的体制机制改革、加强基层社会治理创新，以改革创新破解发展难题、释放发展活力、强化发展动力。当前苏州城乡基层社会治理中已经形成了一些有效创新的做法，这些做法有的局限于特定区域、特点事件，可以在对比分析中提炼改进进而在全苏州、全省乃至全国推广。各级组织更要深度融入长三角一体化、自贸区改革等国家战略，在统筹经济社会发展和疫情防控中，围绕基层疫情防控、维护平安稳定、服务保障民生"三件大事"，在制度机制、基层基础、科技应用等方面开展有效工作。苏州成立了平安苏州建设领导小组，以"大平安"建设统筹推进苏州政治、经济、文化、社会、生态五大平安，出台了《苏州市市域社会治理现代化"十四五"规划》，切实定位了社会治理的全域性、全局性、系统性和统筹性特点，对苏州进一步推动落实市域治理现代化给出了引领性、指导性意见，以争创全国市域社会治理现代化示范城市为契机，扎实推动苏州市市域社会治理现代化"八心工程"。下一步要大力推进"苏州市平安建设促进条例"项目立法，推进"一站式"矛盾纠纷调处化解中心建设，持续深入开展法治宣传教育，增强基层普法实效，将柔性法律服务和动真碰硬的法治手段有机结合，让社会共建共治共享更加深入人心。

（三）进一步应对机遇挑战，以现代化治理水平的持续提升满足人民更高需求

站在新的更高起点上，苏州社会治理要抓住全域推广网格化服务管理被写入《长江三角洲区域一体化发展规划纲要》以及市域社会治理现代化试点工作契机，科学编定"十四五"社会治理规划，全面提升理论水平和实践内涵，为"苏州之治"奠定现实基础。面向未来，提高社会治理社会化、法治化、智能化、专业化水平，需要充分运用现代科技手段特别是大数据、移动互联和人工智能等成果，推动社会

治理进入"六治融合"（六治为党治、政治、法治、自治、智治、心治）新阶段。抓住在江苏省率先全域推行网格化社会治理模式、社会综合治理网格化联动机制在苏州首创首试机遇，完善全市信息化"两级平台、四级用户，1+10"总体架构智慧建设，整合各类移动终端APP应用，在治理品牌打造中提升综合治理能力。推动"天堂经纬"——"一网五经十纬"的网格化社会治理"苏州模式"建设，通过社会综合治理网格化联动机制实现市域社会治理有序美好。具体而言，"一网"指基于"2+N"制度体系下的苏州基层社会治理"一张网"；"五经"即五个定，从"定格""定员""定岗""定责""定考"五方面搭建网格化治理四梁八柱；"十纬"即十个"化"，从党建全面化、治理网格化、联动实战化、队伍专职化、平台集成化、责任清单化、流程科学化、执法综合化、要素嵌入化、参与多元化十个方面织就"百花齐放、色彩斑斓、结实细密"的社会治理网格。

新时代，人民群众的公共需求由生存型向发展型升级，呈现出增长迅速、结构复杂、形式多样的主要特点，各种社会矛盾相互交集、相互影响，让社会安全监管和风险防控越来越趋向源头治理，趋向每一个现实个体感受中的安全感、幸福感。应对机遇挑战，苏州市域治理的现代化更需要充分考量苏州市十大板块特点，以及各类传统和新社会组织发展样态，从理念现代化、目标现代化、布局现代化、体制现代化、方式现代化、政策现代化、能力现代化等方面充分搅动社会治理的"一池春水"。全面推进特大城市社会治理现代化进程，进一步构建以科技为手段的社会治安防控新体系、以安全责任为抓手的公共安全监管新体系、以防范化解矛盾风险为重点的社会有效运行新体系、以打造"创业者天堂"为导向的人口服务管理新体系、以加强风险评估为前提的社会稳定保障新体系、以形成合力为关键的民生福祉支撑新体系、以网格化治理为突破的基层基础工作新体系、以强化规范为核心的社会治理法治化"八大新体系"，满足人民群众更高标准的需求，率先全面建成市域社会治理现代化示范城市，厚植共同富裕的苏城根基，打造向世界展示社会主义现代化的"最美窗口"。

争创全国首批市域社会治理现代化试点城市

加快推进市域社会治理现代化，是以习近平同志为核心的党中央推进国家治理体系和治理能力现代化的重大战略决策。2019年12月3日，全国市域社会治理现代化工作会议召开，宣示着市域社会治理现代化试点工作的正式启动。2019年12月27日，苏州市委在十二届九次全会上明确提出了以"全国首发姿态争创市域社会治理现代化示范城市"的奋斗目标。2020年5月，苏州获批全国首批市域社会治理现代化试点城市，正式吹响了争创市域社会治理现代化试点城市的号角。

苏州全面贯彻落实中央和省委、省政府工作部署，扎实推进"1568"工作体系，以全省首个《市域社会治理现代化"十四五"规划》为引领，聚焦防范化解政治安全风险、社会治安风险、社会矛盾风险、公共安全风险、网络安全风险等"五类风险"，充分发挥政治强引领、自治强基础、法治强保障、德治强教化、智治强支撑、心治强底蕴"六治融合"作用，精心创推"八心工程"行动计划，全力打响"苏城善治"特色品牌。群众安全感达99.33%，命案发案率≤0.65件/10万人，切实在"中国之治"的壮丽篇章上留下了属于苏州市域社会治理的"奋进之笔"！

第八章
为共同富裕织密织牢社会保障"安全网"

苏州在推动共同富裕的行动中始终注重精心织密织牢社会保障这张重要的"安全网",按照中央关于"兜底线、织密网、建机制"的要求,全面建成了覆盖全民、城乡统筹、权责清晰、保障适度、可持续的多层次社会保障体系。习近平总书记在十九届中央政治局第二十八次集体学习时指出,坚持人民至上,坚持共同富裕,把增进民生福祉、促进社会公平作为发展社会保障事业的根本出发点和落脚点,使改革发展成果更多更公平惠及全体人民。社会保障是民生建设的基础构成,是为社会弱者提供基本生活保障、为国民增进生活福利的重大社会制度,也是推动共同富裕的基础性制度设计。在全面建设社会主义现代化新征程中,健全多层次社会保障体系,为全体人民提供更全面、更可靠、更高水平的社会保障,是实现共同富裕的必要条件。苏州在高水平实现全面小康的进程中,坚持以人民为中心的发展思想和共享发展理念,通过制度建设、机制创新和资源投入,提供了高水平的社会保障服务,增强了人民群众的获得感、幸福感与安全感。今后,在打造向世界展示社会主义现代化的"最美窗口"和率先实现高水平共同富裕的新征程中,苏州要进一步构建更完善的社会保障体系,为共同富裕织密织牢社会保障"安全网"。

一、更可靠的社会保障是推动共同富裕的必要条件

苏州在推动共同富裕的行动中坚持将共同富裕看作是社会主义的本质要求，看作是中国式现代化的基本特征，也看作是推动经济社会发展的根本目的。共同富裕不是整齐划一的同步富裕，而是一个先富带动后富、逐步实现全体人民共同富裕的过程。苏州牢记习近平总书记的指示：社会保障是保障和改善民生、维护社会公平、增进人民福祉的基本制度保障，是促进经济社会发展、实现广大人民群众共享改革发展成果的重要制度安排，是治国安邦的大问题。通过更可靠的社会保障，充分发挥其在推动共同富裕的进程中对经济社会发展、收入分配调节、美好生活构建等方面所起到的重要的"安全网"和"稳定器"的作用。

（一）社会保障是经济平稳健康发展的稳定器

苏州经济社会持续健康发展与加强社会保障建设是分不开的。苏州意识到，共同富裕首先是物质生活的共同富裕，必须建立在生产力高度发达的基础之上。社会保障是指国家通过立法，以征税、收费等方式筹集资金，在社会成员患病、年老、意外事故、贫困等情况下提供基本生活保障、增进国民生活福利的制度安排。社会保障事业的发展，尤其是作为其核心制度安排的社会保险制度，对经济平稳健康发展发挥着多方面的促进作用。第一，社会保障收入作为居民收入的重要组成部分，有利于扩大内需。社会保障资金发放覆盖面广、侧重中低收入人群，资金流向大多进入日常消费领域，增强了社会购买力，扩大了内需市场。例如，苏州市 2019 年发放城镇职工基本养老保险金共计 432.17 亿元，受益人数达 155.82 万人，有力地支撑了市场消费。第二，社会保障资金征收与发放的制度安排，有利于平抑经济波动。在经济发展较快时，社会就业充分，社会救助开支较少，社会保

障基金伴随经济发展加快积累，基金积累进入投资渠道，满足经济发展需求。在经济发展较缓时，社会就业不充分，社会保障开支增长，刺激消费，拉动经济复苏。第三，完善的社会保障制度有助于吸引人员流入，促进地方经济发展。苏州近年来企业养老、失业、工伤保险参保人数保持稳定增长，年度目标任务完成率均超过100%，为来苏、在苏工作人员提供了健全的社会保障，成为吸纳外来人口就业、创业的重要因素。

（二）社会保障在推动共同富裕中发挥兜底作用

苏州之所以注重发挥社会保障在推动共同富裕中的兜底作用，是因为，苏州认识到共同富裕不是同步富裕，而是在社会主义市场经济和现代风险社会的条件下逐步实现的。市场经济的重要特点就是优胜劣汰，在市场竞争中，必然有一部分创业、就业人员因能力、机遇、努力程度等因素而竞争失败，出现一定数量的失业人口，不少人会陷入生活困境，需要社会保障各项制度来维持基本生活。同时，现代社会是风险社会，人类不仅面临着疾病、贫困、年老等与自然界和物质世界关联的风险，还面临着现代性带来的人为风险，甚至是全球性风险，包括生态环境、金融危机、供应链危机甚至社会心理危机等。因而推动共同富裕必须高度重视防范各种风险因素，而社会保障制度在推动共同富裕过程中发挥着关键性的防风险兜底作用。社会保障的首要原则是生存保障原则，生存权是最基本的人权。社会保障的多项制度安排，包括养老、医疗、失业、工伤等社会保险制度，以及最低生活保障、大病救助等社会救助制度，都是应对相关风险而设置的。在推动共同富裕的过程中，如果没有健全、可靠的社会保障制度，遭遇风险的弱者不仅无法跟上共同富裕的节奏，还会出现因病返贫、失业返贫等现象。对此，习近平总书记指出，织密扎牢托底的民生保障网、消除隐患，确保人民群众安居乐业。在发挥社会保障对共同富裕的兜底作用方面，苏州近年来不断提升困难群众救助保障标准。自2021年7月1日起，苏州市最低生活保障标准由1 045元/月提高到1 095元/月，特困供养人员基本生活标准由 1 463 元/月提高到 1 533 元/月。苏州市还针对低保边缘重病困难对象进行专门救助，从 2005 年到 2020 年 4 次拓展救助面，2020 年低保边缘重病困难补助人均 662.23 元/月，发挥了较好的防止返贫的兜底作用。

（三）社会保障是重要的收入再分配调节机制

苏州注重发挥好社会保障作为重要的收入再分配调节机制的作用，坚持共同富裕是共享发展的重要体现，调节收入分配，在分配制度上更加凸显公平是实现共同富裕的重要要求。共同富裕虽不是"劫富济贫"，但是要求在收入分配结构上"提低""扩中""调高"。习近平总书记指出扩大中等收入群体是"维护社会和谐稳定、国家长治久安的必然要求"，"必须完善收入分配制度"。在收入分配环节上，初次分配主要由市场完成，注重效率也注重公平，而国民收入的再分配和第三次分配以公平原则为主。社会保障是国民收入再分配的主要制度之一，缩小受保人之间实际收入差距、使低收入者获得更多利益的正向分配原则是其制度设计的基本原则。在我国社会保障具体制度中，社会保险通过按薪资比例缴费以及设置统筹账户来达到正向分配的目的，社会救助通过汇集政府财政和社会捐赠资金，直接使低收入人群受益。除了正向分配原则，普遍性与选择性相结合原则也是社会保障的重要原则。选择性是指社会保障针对特定群体提供福利，包括对低保家庭的保障，针对残疾人、儿童、老人等特殊人群的福利；普遍性是指社会保障要提供全民享有的普惠性福利，包括养老、医疗等基本社会保障，以及公共设施、社会服务等。不管是普遍性还是选择性，社会保障都实现了国民收入再分配流向中低收入居民和需要特定帮助的群体，是实现共同富裕的重要制度支撑。

（四）高水平的社会保障是美好生活的基本特征

苏州牢固确立高水平的社会保障是人民美好生活的基本特征的理念，将人民对美好生活的向往作为根本的奋斗目标。十九大报告指出要"在发展中补齐民生短板、促进社会公平正义，在幼有所育、学有所教、劳有所得、病有所医、老有所养、住有所居、弱有所扶上不断取得新进展"。实现美好生活和人的全面发展是共同富裕的根本目的，高水平的社会保障为居民提供了获得感、幸福感和安全感，是美好生活的基本特征。党的十八大以来，党中央把社会保障体系建设摆上更加突出的位置，加快各项制度建设，统一城乡居民基本养老保险制度，实行机关事业单位和企业养老保险制度并轨，整合城乡居民基本医疗保险制度，全面实施城乡居民大病保险，同时积极发展养老、托幼、助残等社会福利事业，建成了世界上规模最大的社会保障体系。苏州依托雄厚经济实力，加大民生投入，有序推进社会保险各项体制改革，稳步提升社保待遇保障水平，优化多层次社会保障体系，养老、医疗、失业、工伤、住房、低保、救助等各项社会保障事业水平不断提升，处于全国先进行列，有效地解决了人民群众的后顾之忧，为实现美好生活打下了良好基础。

二、苏州构建高水平社会保障推动共同富裕的主要做法

苏州在构建高水平社会保障体系的进程中，一方面按照国务院和人社部、江苏省相关政策部署，积极推进社会保障制度建设、政策落实；另一方面依托苏州相对雄厚的财政与经济实力，开拓创新，加快投入，不断满足人民群众对美好生活的需求。苏州高水平社会保障主要体现在养老保障、医疗保障、失业与工伤保障等方面。

（一）宽领域统筹提升养老保障水平

养老保障是社会保障的核心构成，在当前社会老龄化程度不断加深的情况下，保障老有所养、老有优养，是实现美好生活、推动共同富裕的重要基础条件。近年来苏州在养老保障方面，不断深化体制机制改革，加大养老投入，尤其注重以城乡一体和全面保障为目标构建的宽领域、多层次的养老保障体系，不断提升养老待遇水平。

1. 在全国率先实现城乡社会保障一体化

苏州着眼城乡一体化发展，完善政策，对市区居民社会养老保险和按月发放征地保养金待遇的被征地农民参照市区企业退休人员实行社会化管理。早在 2013 年，全市就有 65.1 万名城乡老年居民被纳入社会管理服务。城乡居民社保一体化的苏州制度和经办经验受到全国关注。2013 年 5 月 25 日，人力资源和社会保障部社会保障研究所在苏州召开"统筹城乡社会保障经验交流会"。在实现城乡一体化管理后，苏州进一步畅通城乡制度间转移衔接通道，维护参保人员跨制度转移时养老保险权益。苏州还逐年提升被征地农民养老补助金标准。从 2021 年 7 月起，苏州市区被征地农民养老补助金待遇提高到 1 190 元/月。对于苏州这样高度城市化、被征地农民数量众多的大市来说，这基本实现了城乡居民相当的养老保障待遇。

2. 构建宽领域的企（职）业年金制度

企（职）业年金是养老保险的补充层次，对于提高养老保险待遇水平作用巨大。苏州自 2013 年起多措并举加大企业年金工作的宣传和推动力度，简化流程，优化服务，鼓励符合条件的企业规范建立企业年金制度，逐步扩大企业年金的覆盖面。2015 年苏州市政府专门出台指导意见，从优化年金制度设计、落实税收优惠政策、完善年金方案备案等方面加快推进力度。在机关事业养老保险改革后，相应在事业单位全面建立职业年金制度。在企业年金制度的拓展创新方面，从 2021 年以来，苏州市坚持创新引领，全面实施公益性岗位人员企业年金制度，以"四个突出、四个强化"举措，突出关爱、强化制度设计，突出规范、强化管理机制，突出激励、强化绩效考核，突出效率、强化经办服务，为多层次养老保障体系的发展积累了宝贵经验，受到江苏省好评。2021 年，苏州市级机关事业单位公益性岗位人员企业年金参加单位 217 家，参加人员 2 428 人，累计缴费资金 1 921.88 万元，有力提高了公益性岗位人员的养老保障水平。

3. 探索养老保险关系跨省域转移接续

为探索养老保险在全国范围内统筹和转移接续，进一步保障参保群众切身利益，苏州市按照"长三角一体化"及"沪苏同城化"要求，开启企业养老保险关系转移接续绿色通道，率先打通长三角区域内转移业务链条和数据共享堵点，共同推进沪苏两地企业养老保险关系转移接续"提速办"。建立沪苏企业养老保险关系转移接续绿色通道，实现互通数据、联手催办、持续跟踪，复杂业务协同办理。苏州主动对接上海，积极拓宽联系渠道，提高增量业务办结率，解决转移申请业务数量不断增多、养老医疗业务捆绑阻碍转移等问题。沪苏两地先行先试的探索性实践为长三角社保一体化经办提供了可复制、可推广的先行经验。

4. 不断扩大养老保障覆盖面和提高待遇水平

从2015年以来，苏州全市企业职工基本养老保险缴费人员从400万人逐年提升到2017年的428万人、2018年的458万人、2021年的619.76万人，参保扩面成效显著，基本实现全覆盖。2021年全市完成企业养老保险基金征缴收入798.04亿元。各类养老保险待遇水平不断提升，2021年苏州全市176.6万名企业退休人员参与养老金调整，月人均增加118元，增幅5.3%。其中，苏州市区31.8万名企业退休人员调整后月人均养老金3 408元，月人均增加160元。全市超过45万名老年居民的基础养老金进一步提高，其中市区城乡居民基础养老金调整后分别达到590元/月和440元/月，同时继续实施高龄倾斜政策，65周岁以上老年居民每人加发5~30元/月。

（二）多层次健全医疗保障服务体系

医疗保障事关人民群众生命安全，健全的医疗保障服务是整个社会劳动力再生产和经济发展的重要保障，也是防止中低收入者陷入因病致贫和因贫致病恶性循环的基本依托。近年来，苏州市全面落实党中央深化医疗保障制度改革的决策部署，奋力推进各项改革任务，构建了多层次医疗保障服务体系，努力确保医保事业发展红利全民共享。截至2020年年底，苏州全市基本医疗保险参保人数达1 065.14万人，基本医疗保险参保率维持在99%以上。职工医保和居民医保政策范围内住院医疗费用基金支付比例分别达到90.94%和76.81%，保障范围和保障水平继续保持全省最高、全国前列。

1. 对职工医保和居民医保实行市级统筹，推进城乡一体化

针对全市分散的7个职工医保统筹区医保保障水平、收支不一的问题，苏州市政府专门制定统筹实施方案，明确市级统筹工作路线图、任务书、时间表，从全市医疗保障基金统收统支开始，推进大市范围医保就医零手续"一卡通"，统一政策，统一待遇标准，统一职工医保个账计入、结算年度、门诊统筹等，市级统筹工作走在全省前列。对于居民医保，苏州积极统筹推进城乡居民医保一体化发展。2022年度，苏州城乡居民基本医疗保险财政补助标准调整为每人每年850元，全市1 000多万参保人员统一在全市6 917家医保定点医药机构实时划卡结算，给人民群众就医提供了良好和便利的体验。

2. 完善医保参保和救助政策，确保全面覆盖、普遍惠及

优化灵活就业参保办法，适度放开保障范围，规范待遇水平，优化参保流程，做到常住人口应保尽保。完善学龄前儿童参保政策，将非本市户籍学龄前儿童纳入苏州市居民医保参保范围，仅2021年就有8 013名儿童获得参保资格。落实退捕渔民医疗保障待遇，全市长江流域渔民9 839人、长江干流及水生生物保护区渔民4 627人全部落实医保待遇。精准充实医疗救助制度，将困境儿童等6类人群纳入救助人群范围，全市享受保费补助人数5.3万人，享受实时救助人数79.68万人次。通过整合救助资源，发挥好医保救助的托底作用。

3. 大病保险提档升级，探索自费保障，防止因病返贫

苏州逐年对大病保险制度全面提档升级，2019年将大病保险参保人员支付比例由50%提高到60%，将实时救助人员支付比例由55%提高到65%，保障水平全国领先。2020年苏州大病医保进一步优化待遇结构，保障重点向高费用段重大疾病人群倾斜。2020年全

市大病保险补助人数12.43万人，补偿金额8.67亿元。2021年苏州参保人员的自付与合规自费费用通过大病保险实行二次报销，报销比例为50%~85%，上不封顶，实现基本医保和大病保险待遇的无缝衔接和叠加享受。通过多层次叠加的大病保险托底，有效地防止了因病返贫的现象。

4. 稳步提高医疗保障待遇水平，增强参保人员获得感

苏州充分发挥医保覆盖面广、保障资金充足的优势，确保各类医保参保人员保障水平在省内、全国领先，为人民群众提供更充分的获得感和安全感。2021年，苏州全市在职、退休、灵活就业参保人员在二级医疗机构门诊统筹报销比例提高了15%；居民门诊统筹费用限额由每年1 000元提高到每年1 200元，住院统筹费用限额由每年20万元提高至每年35万元。苏州还积极落实居民高血压、糖尿病两病保障待遇，全面减省手续环节，减轻患者用药负担，实现"无申请、零手续"确认登记和享受待遇。在医疗保险与生育保险"两险合并"之后，苏州上调了产前检查待遇和单病种定额结付标准。其中产前检查统筹基金支付涵盖120余项诊疗内容，生育保险一次性营养补助上调到2 275元，有力地配合了全面二胎等计划生育政策改革。

5. 积极探索长期护理保险制度，推进医养融合，完善失能保障

苏州从2016年起成为国家首批长期护理保险试点城市，已实施两个阶段的长期护理保险试点工作。长期护理保险制度是国家健全社会保障体系的重要制度安排，用以保障失能人员基本生活权益，保障老龄人口护理需求，是国家社会基本保障制度的重要创新。苏州市长期护理保险主要通过个人缴费、医保基金划转和政府补贴筹集资金形成长期护理保险基金，组织第三方评估，对经评估达到失能标准的参保人员的护理费用进行一定补偿，减轻失能人员负担。苏州长期护理保险试点工作多次被选为苏州市政府实事项目，不断拓展重点人群的长期护理保险待遇享受覆盖面，优化服务体系和内容，对接年老失智等特殊人群的护理需求。2020年6月5日，《新华日报》以"'长护

险'为失能失智人员撑起'保护伞'"为题专题报道苏州"长护险"试点。苏州"长护险"两个阶段的试点圆满达到预期目标,切实增强了人民群众的获得感和幸福感,有力促进了养老护理服务产业的发展。

"昆山31万多农民'刷卡'看病"
——在全国率先实现农村医疗保险全覆盖

2004年3月3日,昆山31万多农民也可以和城里人一样"刷卡"看病。在这一天,昆山市7个行政村发放点的上千名老百姓每人都领到了一本墨绿色的《昆山市农村居民基本医疗保险证》和一张IC卡。这不仅意味着昆山农村基本医疗保险工作开始进入全面运作阶段,也表明农民的医保问题得到了解决。

凭着这张IC卡,昆山的农村居民在本市的任何一个医保定点医疗单位都可以自由"刷卡"就医。这项医保覆盖包括居住在农村的小城镇户口。对于村里的低保人口,采取倾斜政策,不用缴纳一分钱,就可以进入医保保障体系。根据昆山的农村医保施行办法,筹资标准为每人每年200元,其中市、镇两级财政各补贴65元,村集体补贴20元,农民自己支付50元,就可以纳入全市农村居民基本医疗保险体系。如果不幸遭遇大病,最高可以得到近1100倍的补偿,也就是说,最高可以报销将近55 000元。昆山的农村医保,除了筹资标准低于城镇职工、报销补偿的具体数额不一样外,在运作管理模式上已经与城镇职工的医保没什么区别,报销的医药范围和5 000元报销起付线都是一样的。在昆山,不论是外来媳妇,还是牙牙学语的孩童,只要是户籍在昆山市的、未纳入城镇职工基本医疗保险范围的所有农村常住人口,都可以参加农村医疗保险,享受同等待遇。2004年,昆山市农村医疗保险到账基金5 813.9万元。其中,政府财政支出4 300多万元。2003年,昆山用于农村基本养老保险的投入约为1.1亿元,土地补偿款也达到1.4亿元。折算下来,一年政府要拿出5个多亿补贴农民。

(三) 多举措完善失业保障制度

失业保险是社会保障制度的重要构成,事关充分就业,对于促进经济平稳健康发展作用重大。苏州制造业规模超大,就业人口众多,完善失业保障制度任务艰巨、成效显著。苏州积极推进"劳动者就业创业首选城市"建设,失业保险参保人数逐年提升,截至2021年年底,全市失业保险参保人数为555.31万人,参保人数两年平均增长率达到3.52%,其中女性参保人数为230.89万人,占比41.58%。

1. 推进失业保险基金市区统筹,提升失业保障水平

自2021年10月1日起,苏州实施失业保险基金市区统筹,苏州市本级、吴江区、吴中区、相城区和工业园区纳入市区统筹管理。截至2021年年底,苏州失业保险基金累计结余51.89亿元,同比增长12.66%,有效地提升了失业保险金的风险防控能力。失业保险保障水平逐年提升,2021年苏州市失业保险金最低标准从1 568元/月提高到1 643元/月,实现"十二连涨",失业保险金最高标准从2 020元/月提高到2 280元/月。2021年,苏州全市失业保险金发放约16万人,发放金额15.78亿元,发放人数及金额均处于全省领先水平。

2. 推进失业补助金制度,拓展失业人员救助范围

失业补助金是针对领取失业保险金期满仍未就业的失业人员、不符合领取失业保险金条件的参保失业人员发放的补助金。苏州市加大失业补助金政策宣传力度,利用网络、报纸、微信公众号等方式,全面解读失业补助金申请流程,做好政策"应知尽享"。2021年全市失

业补助金发放13.60万人，发放金额2.40亿元，发放人数及金额均处于全省领先水平。

3. 在全国首先实施稳岗返还政策，发挥促进就业功能

2021年1月，苏州市出台"稳岗惠企十条"政策，其中稳岗返还资金以"免审即享、部门联审、比对发放"的苏州首创模式，"加速度"发放到位。同年8月，苏州市在省内率先实施普惠性稳岗返还政策，放宽稳岗返还裁员率标准，继续扩大受益面，增加了非企业参保单位返还对象，社会团体、基金会、社会服务机构、律师事务所、会计师事务所、以单位形式参保的个体经济组织都可享受普惠性失业保险稳岗返还。2021年，苏州市累计发放稳岗返还资金6.41亿元，发放数占全省的30%，惠及企业16.49万家、职工228.71万人，在全省领跑、全国领先。苏州市稳岗返还政策的创新探索被《中国就业》杂志和《中国劳动社会保障报》专题报道。

4. 以技能提升为引领，坚持失业预防与促进就业并举

苏州市实施失业保险技能提升"展翅行动"，形成了参保职工提升技能、企业职工岗位技能、"最美劳动者"奖励等三项技能提升补贴奖励制度。建立失业保险支持参保职工提升职业技能补贴长效机制，2021年，市本级累计为5 470人次成功办理失业保险技能补贴，发放金额为1 067.24万元，人均领取补贴水平为1 951元。自2020年以来，苏州市新增对企业职工发放企业职工岗位技能提升补贴，2021年，市本级累计为200人次办理企业职工岗位技能提升补贴（一级、二级证书），发放金额为91.72万元；建立"最美劳动者"提升奖励制度，2021年，市本级累计为44人次办理"最美劳动者"提升奖励，发放金额11.47万元。通过失业预防相关制度构建，激励职工提升技能，防止失业，促进就业提质增效。

苏州在全国率先发放稳岗返还资金

2021年1月22日，苏州市政府发布"稳岗惠企十条"政策，其中明确要实施重点企业稳岗奖励。当天，市人社部门就发布加快兑现2020年度失业保险稳岗返还具体事宜的通知。市级失业保险经办部门立即行动，完成了相关系统的改造，依托大数据平台，筛选出苏州市区符合政策享受条件的企业2.76万家，经联席会议成员单位审核后，短短两周内，2.76万家企业的7528.05万元稳岗返还资金全部发放到位。2021年，苏州在全国率先发放稳岗返还资金。

2021年8月，苏州市又在省内率先实施普惠性稳岗返还政策，再次放宽稳岗返还裁员率标准，企业裁员率标准由1.77%放宽至6%，30人（含）以下的企业进一步放宽至20%。同时，将符合条件的社会团体、基金会、社会服务机构、律师事务所、会计师事务所、以单位形式参保的个体经济组织纳入发放范围。

稳岗返还发放工作采用"免审即享、部门联审、对比发放"模式，单位无须提交申请，依靠大数据比对，系统筛选出符合条件的参保单位，通过联审平台由市级稳岗返还联审联席会议成员单位相关部门审核，召开联审会议，确认最终企业名单，进行网上公示。稳岗返还资金直接拨付到单位账户。2021年，苏州市累计发放稳岗返还资金6.41亿元，发放数占到了全省的30%，惠及企业16.49万家、职工228.71万人，处于全省、全国领先水平。

（四）全过程构建三位一体工伤保障"安全网"

工伤保险是针对工伤事故和职业病危害而设置的专项社会保障制度，对维护职工生命安全与合法权益意义重大，体现了生命至上的根本原则。苏州制造业发达，城市建设中建筑业规模大，工伤保障制度建设事关 600 多万职工。截至 2020 年年底，苏州市工伤保险参保人数 621.11 万人，参保户数 40.12 万户。2020 年全市共收到工伤认定申请 31 664 起，受理 31 620 起，其中认定工伤 30 897 起。苏州积极推进工伤保险全覆盖，坚持工伤保险与工伤预防、工伤康复"三位一体"制度建设，着力提升人民群众的安全感。

1. 积极推进工伤保险全覆盖，实施工伤保险市级统筹

苏州实施"同舟计划"一期和二期工作，针对建筑行业以及交通、能源等各类工程建设项目从业人员，严格按照"谁审批、谁负责"和"先参保、再开工"的要求，推进从业人员全员参加工伤保险。实现工伤保险全覆盖，进一步落实建筑业（工程建设项目）快捷参保流程；改变服务理念，在新开工建筑工地现场宣传政策和进行上门业务指导。经过努力，保证了苏州市新开工建筑企业项目工伤保险参保率达 100%。对于工伤保险市级统筹，自 2020 年 5 月 1 日起，吴江区、吴中区、相城区和工业园区纳入苏州市区统筹范围，与市本级整体同步实施浮动费率政策，统筹范围的扩大也进一步保障了工伤保险基金安全。

2. 推进工伤保险制度拓展与改革，覆盖灵活就业人员

吴江区通过工伤保险与商业保险合作模式的探索实践，开展灵活就业职业伤害保险试点，截至 2020 年年底，全区已参加灵活就业人员职业伤害保险 2.6 万人。将灵活就业人员纳入职业伤害险保障范围，有利于保障灵活就业人员职业伤害权益，对于促进多层次社会保障体系的建立具有积极意义。在吴江区试点的基础上，苏州市全面推进非全日制从业人员参加工伤保险工作，充分保障了非全日制从业人员的合法权益，同时也大大降低了企业的用工风险，解决了企业的后顾之忧，对促进劳动者多渠道灵活就业起到积极的作用。

3. 大力开展工伤预防工作，从源头上减少职业伤害

苏州市积极探索工伤预防基层联动工作，联合安全生产科技管理协会开展工伤保险与安全生产监督联动工伤预防项目，落实企业安全

生产主体责任，树立预防优先理念，提高全员工伤预防和安全生产意识。苏州市还制订了工伤预防五年行动计划，综合运用线上培训和线下培训相结合方式，推进重点行业、重点企业、重要岗位人员工伤预防培训全覆盖，实施工伤预防与乡镇街道基层联动，充分发挥工伤保险费率浮动制度的激励和约束作用。

4. 不断完善工伤康复工作，保障职工健康安全

工伤康复作为苏州市"三位一体"工伤保险制度体系的重要一环，是最大限度地恢复和提高工伤职工身体功能以及生活处理能力、劳动能力，让其重返工作岗位的一项医疗服务。苏州市积极推进工伤康复服务工作"两个延伸"。建立工伤康复提前介入筛查机制，确保早期介入，推动康复服务工作向前延伸。加强工伤康复筛查评估告知工作，做好工伤治疗与康复的有机衔接，拓展工伤康复服务工作后续延伸，提高工伤康复事业发展水平。在工伤异地就医方面，苏州推进工伤康复沪苏同城化发展，将上海市工伤康复定点机构、工伤保险定点辅助器具配置机构纳入苏州市协议范围，方便苏州市工伤职工异地就近康复治疗，享受上海优质医疗康复资源。

三、苏州构建高水平社会保障推动共同富裕的基本经验

苏州在构建高水平社会保障体系推动共同富裕的进程中，一方面遵循党中央、国务院和江苏省有关部门的政策部署，坚决贯彻到位；另一方面，依托苏州雄厚的经济实力，结合苏州本地实际和人民对美好生活的现实需求，开展了系列的创新举措，积累了行之有效的经验。

（一）坚持以共享发展理念引领社会保障事业

共享发展理念是新发展理念的核心，就是要让发展成果由人民来共享。苏州在经济社会发展进程中，以利益共同体、责任共同体、发

展共同体、共享共同体的整体性合力,不断朝着共同富裕的目标前进。社会保障是二次分配的主要渠道,事关人民福祉,苏州在构建高水平社会保障事业中,始终坚持共享发展理念,坚持以人民为中心,通过制度安排、待遇改善、服务便利让人民共享苏州经济社会发展成果。例如,苏州对被征地农民养老补助金、医疗保障的健全制度安排,对灵活就业人员参与养老保障、医疗保障、工伤保险提供便利条件,在医疗救助等方面提高报销比例、实行二次报销等,都体现了苏州在社会保障事业发展中,着重让社会弱者共享发展红利。在普惠性待遇方面,苏州的最低生活保障、医疗救助、失业保障等,都走在全省、全国前列。

(二) 坚定走在前列不断推进社会保障体制改革

社会保障体制改革是全面深化改革的重要组成部分,进入新时代,我国相继进行了城乡居民养老保险合并、机关事业单位养老保险改革、医疗保险与生育保险合并等重大改革。苏州在构建高水平社会保障进程中既坚定不移地执行社会保障体制改革政策,稳妥前进,又结合市域实际和构建高水平社会保障的现实需要,勇于探索,走在深化改革的前列。通过增强改革的科学性,释放改革红利,彰显制度优势。在深化机关事业单位养老保险改革方面,苏州着眼新老制度平稳衔接,积极做好"中人"待遇计发工作,全力推进符合条件人员"应改尽改"。积极探索建立长期护理保险制度,为全国推广提供经验。在工伤保险改革方面,苏州2020年开展了非全日制从业人员参加工伤保险的创新,在全国走在前列,这项改革有力地支持了劳动者多渠道灵活就业,降低了企业用工成本、减少了用工风险。

(三) 坚守初心使命努力提高社会保障服务水平

社会保障事业事关人民福祉,必须坚守党的初心使命,坚持人民至上、生命至上,努力提高社保为民服务水平。苏州在构建高水平社会保障进程中,不仅注重提高保障待遇水平,而且努力提高社保工作服务水平,提高人民群众的获得感和满意度。苏州社保系统秉持为民服务和便民服务理念，积极搭建"五个一"经办服务架构，牢固树立"一步到位"的服务理念、"一次办结"的服务时限、"一网通办"的服务功能、"一个标准"的服务体系、"一网查询"的服务模式。依托网办平台，探索"一网通办、异地可办、就近能办、全省同办"的便民服务新模式。聚焦关系转移，实行"一条链"优化服务，加强数据整合共享应用，着力实行"减时间、减环节、减材料、减跑动"，实现养老保险关系跨省转移多地联办、全程网办、跨省通办。自2021年以来，苏州市区统筹区办结一笔跨省转移业务平均仅需11.1天，较新政策要求的15个工作日再缩短3.9天。针对企业退休人员社会化管理服务提档升级，苏州市创建"乐龄苏州，社保添福"社会化管理服务品牌，市县联动，推动社会化管理项目更加充实、更有保障、更可持续，把苏州打造成退休者乐龄养老首善城市。

（四）坚持与时俱进着力加强社会保障技术支撑与风险防控

社会保障基金是老百姓的养老钱、保命钱，安全性是社保基金筹集、使用的首要要求。苏州在社保基金管理过程中，与时俱进运用新型管理技术和信息化技术，全流程多方位让社保风险防控建设落实有力。一是实现财务精细管理，制定《苏州市社会保险财务统计报表工作评价暂行办法》，进一步细化业务指标，增加缴费人数、基金收支同比环比分析，实现财务统计核心数据全面覆盖。二是形成长效监管机制。建立内审月报制度，加强对重点岗位、重点业务的稽核审计。按季度对基金监督和内部风险防控工作进行总结汇报，定期统计汇报整改情况，按时完成整改任务。成立专项检查小组，对全市社保经办机构进行风险防控监督。三是实现数据精准应用。做好参保人数、基金运行情况分析，重点分析阶段性减免、缓缴社保费用等政策因素对基金收支平衡的影响，结合经济形势对参保人数等核心指标变动情况做好按月监测和深度分析，为决策提供数据支持。

四、更好发挥社会保障推动共同富裕的展望

苏州在全面建设社会主义现代化强市、实现共同富裕的新征程中,要充分发挥社会主义制度的政治优势,推动社会保障事业行稳致远,加大再分配力度,强化互助共济功能,进一步织密织牢社会保障"安全网",更好发挥社会保障推动共同富裕的作用。

(一)进一步提高社会保障统筹层次增强可持续性

按照实现共同富裕的要求,不断满足人民群众多层次、多样化需求,健全覆盖全民、统筹城乡、公平统一、可持续的多层次社会保障体系。推进基本养老保险全国统筹,从根本上破解劳动人口流动导致的东中西部养老保险不公平、不均衡的状态。苏州是吸收外来劳动人口较多的经济发达城市,应当在基本养老保险全国统筹的改革中做出更多应有的贡献。推动基本医疗保险、失业保险、工伤保险省级统筹,提升统筹层次,增强互助共济的层次范围,提升社会保险制度运行的可持续性。有序扩大企业年金、职业年金的覆盖范围,发展多层次、多支柱的养老保险体系。

(二)进一步完善社会保障运行机制提升科学性

当前,我国社会保障制度改革已进入系统集成、协同高效的阶段。要准确把握社会保障各个方面之间、社会保障领域和其他相关领域之间改革的联系,完善社会保障运行机制,提高统筹谋划和协调推进能力,确保各项改革形成整体合力。在保障覆盖机制方面,苏州要在非全日制从业人员参加工伤保险等制度创新基础上,继续探索农民工、灵活就业人员、新业态就业人员参加社会保险的机制,增强社会保障制度的弹性和适应性。在医疗保障方面,要协同推进"三医联动",深化医保支付方式改革。苏州要继续按照疾病诊断相关分组(DRG)模式规范医疗机构病案结算信息,按照本地实际进行细化调

整,保证结算规则的科学性。

(三) 进一步增强社会保障调节再分配力度夯实公平性

坚持社会保障的正向分配原则,发挥再分配调节作用,是社会保障推动共同富裕的关键所在。完善城镇职工基本养老金合理调整机制,逐步提高城乡居民基础养老金标准,在总体待遇保障随着经济社会水平提升的同时,合理降低两类养老保险制度待遇水平差异,实现制度公平性与可持续性的统一。以城乡低保对象、特殊困难人员、低收入家庭为重点,健全社会救助、社会福利对象精准认定机制,完善分层分类的社会救助体系。健全基本生活救助制度和医疗、教育、住房、就业、受灾人员等专项救助制度,完善救助标准和救助对象动态调整机制。按照区域经济发展水平,有序提升社会救助待遇水平,坚决防止各种返贫现象对实现共同富裕的干扰。

(四) 进一步优化社会保障公共服务增强人民幸福感

社会保障是基础性的公共产品,在提升待遇水平的同时,必须提高公共服务水平,提供更便利、更周到的服务。苏州要继续提升技术服务水平,有效对接全国统一的社会保险公共服务平台,坚持"一网通办",深入推进社保经办数字化转型。继续完善社会保障管理体系和服务网络,提高管理精细化程度和服务水平,尤其是坚持传统服务方式和智能化服务创新并行,根据老年人、残疾人等群体的特点提供暖心贴心服务。坚持党建引领、赋能发展,充分发挥社保机关事业单位党组织的战斗堡垒作用和党员先锋模范作用,以卓有成效的党建工作为引领,以更加高昂的政治热情、炙热的为民情怀、务实的工作作风投入到高水平社会保障事业发展之中,在实现共同富裕新征程中勇立新功。

第九章
让慈善事业在共同富裕道路上发挥更大作用

慈善是一件利国利民的大事，承载着中华民族世代传承的美德；慈善事业也是一项扶贫济困、促进社会和谐、推动社会文明进步的崇高事业。习近平总书记强调，慈善事业是惠及社会大众的事业，是社会文明的重要标志，是一种具有广泛群众性的道德实践……必须把发展慈善事业作为一件大事来抓，真正确立慈善事业在经济社会发展中的地位。党的十八大以来，以习近平同志为核心的党中央高度重视慈善事业发展，做出一系列重要决策部署，引领慈善力量健康有序发展，慈善事业发展不断取得新进展、新成就，在打赢脱贫攻坚战和全面建成小康社会中发挥了积极作用，在抗击新冠肺炎疫情中做出了突出贡献。党的十九届五中全会通过的《中共中央关于制定国民经济和社会发展第十四个五年规划和二〇三五年远景目标的建议》提出要"发挥第三次分配作用，发展慈善事业，改善收入和财富分配格局"，这是党中央对"十四五"期间乃至更长一段时期内慈善事业发展做出的重大战略部署。

苏州慈善历史悠久，苏州素有"好义之名"，范氏义庄是我国第一个非宗教性民间慈善组织，作为苏州市社会福利总院前身的普济堂是我国现存时间最长的社会福利机构。历经40多年改革开放的洗礼，时至今日，苏州已成为我国东部沿海的经济大市。在深厚的慈善文化积淀和良好的经济社会基础之上，苏州市委、市政府始终高度重视和扶持慈善事业发展，深入贯彻落实习近平总书记关于慈善工作的重要指示精神，创新慈善模式、动员社会力量、汇聚爱心资源。在一系列慈善政策措施的引导支持下，苏州慈善事业稳步发展，形成了独具特色的"苏州模式"。

一、发展慈善事业：推动共同富裕的必然要求

（一）慈善事业的价值指向符合社会主义消除两极分化的本质要求

慈善事业与共同富裕的核心内涵具有相通性，慈善倡导的互帮互助与共同富裕强调的共富共享相辅相成。苏州慈善始终心系困难群众衣食冷暖、关注弱势群体疾苦安危，成为"全心全意为人民服务"宗旨具体而生动的实践，充分体现了社会主义消除两极分化、实现共同富裕的本质要求。

党的十九届四中全会首次将慈善列为"第三次分配"，将其作为社会保障体系的重要组成部分置于国家经济社会发展整体布局中进行考虑。十九届五中全会从改善收入分配与财富分配格局的角度，进一步明确了慈善事业的定位，使其成为国家基本经济制度特别是收入分配制度的重要组成部分。2021年8月召开的中央财经委员会第十次会议，着重提及"三次分配"，将慈善事业突破性地列为基础性制度安排。这是党和国家对慈善事业在国家治理体系和治理能力现代化大格局中特殊地位的精准定位，赋予了慈善极为重要的历史使命——化解社会矛盾，提升社会治理水平。

事实上，以市场为主体的初次分配强调效率优先，以政府为主体的再分配着重突出公平，而第三次分配的主体是广大社会力量，具有广泛性、自主性、能动性。在道德观念进步、文化水平提升、政策制

度支持等诸多因素作用下，第三次分配通过人与人之间的守望相助实现社会资源和财富的自由流动，彰显着向上向善的主流价值和伦理精神，能够有效促进社会公正。苏州慈善事业通过政策激励、宣传倡导，激发社会公众对困难区域、强势群体的关注和支持，推动不同地区、不同群体之间进一步产生"温情效应"，增强纽带作用、消除隔阂。例如，人们能够自主选择以捐赠者、募捐者、志愿者和委托人、受托人等多种身份，通过开展慈善捐赠、提供志愿服务、参与慈善活动等方式，以及成立慈善组织、设立慈善信托等形式，促使物资、资金和服务资源向老弱病残等弱势群体和发展较为落后的区域倾斜。慈善事业提倡的乐善好施、扶老助残、恤幼济困等伦理精神，也与社会主义核心价值观高度契合，有助于在全社会形成崇德向善的价值导向和氛围，持续凝聚社会共识，巩固实现共同富裕的思想基础。

在苏州现代化建设中，城乡之间、区域之间、不同群体之间仍然存在一定的差距，社会公众在教育、就业、医疗、养老等方面的社会保障和公共服务均等化水平依然有待提高，在发展中积累的不平衡不充分问题对基层社会治理提出了更高的要求。发展慈善事业，培育慈善组织，发挥第三次分配的作用，激活慈善组织、社会工作者、志愿者在救扶困难群体、联络动员群众、维护公共利益等方面的作用，对于提升苏州基层治理水平，建设人人有责、人人尽责、人人共享的社会治理共同体意义重大。

(二) 慈善事业在新时代呈现新特点

目前，苏州慈善事业与全国慈善事业一样，参与分配的主体、内容和涉及的领域均呈现出新的特点。慈善参与主体逐渐呈现出大众化的发展趋势。随着慈善组织的发展壮大，通过慈善组织进行慈善捐赠和慈善志愿服务活动的参与者范围越来越广，中等收入群体捐赠占比不断提高，社会公众通过线上、线下多种载体参与慈善事业的热情日渐高涨。在内容上，慈善内涵已超出货币或实物捐赠的范畴，形式多样的志愿服务、与金融行业高度融合的慈善信托等"新花样"更加普遍；在运作方式上，科技进步推动了慈善募捐渠道的创新，各类"慈善+互联网"形式如社交平台捐赠、众筹等屡见不鲜。慈善所涉及的领域也从最初的扶贫济困拓展到教育、医疗、文化、体育、环保等，所蕴含的价值突破了纾困扶弱的局限，包含了鼓励科学探索、推进社会进步、造福全人类、促进世界和平等。慈善事业的新特点更加有利于促进公正、追求进步，体现了"共享发展"的理念，带动"乐善好施""知恩报德""滴水之恩，涌泉相报"等优秀慈善文化的传播，弘扬和升华了社会主义核心价值观，成为推动共同富裕的重要动力。

随着数字化、信息化技术的高速发展，互联网慈善以其便捷高效、内容丰富、公开透明的特点，成为苏州慈善领域的"新宠儿"。由于移动互联技术的普及，与传统的慈善方式相比，互联网慈善能让更多人随时随地、方便快速地参与到慈善活动中，实现慈善资源与慈善需求的精准匹配。捐赠者通过互联网慈善平台的慈善项目，"动动手指"即可向全国各地实时捐赠，其捐赠金额和规模呈现出小额、大众的特点。据2022年中国互联网公益峰会上民政部披露的数据显示，近3年来，每年都有超过100亿人次点击、关注和参与互联网慈善，2021年通过互联网募集的善款接近100亿元。互联网慈善内容形式也更为丰富多元，如人们在购物平台购买东西时即可实现小额公益捐赠，在购物时"顺手"便做了慈善；在支付宝上，通过绿色出行、运动即可经营"蚂蚁庄园""蚂蚁森林"等，在线参与爱心沙漠种真树等环保项目，有效激发公众参与慈善和环保事业的热情。此外，互联网慈善的及时性、互动性也让慈善组织在项目活动实施的全过程保持高度透明，自觉、主动接受媒体、社会公众的全方位监督，有利于慈善组织提升信息公开水平，不断提升"阳光慈善"的美誉度。

疫情防控是关系民生的大事，也是苏州慈善事业关注的重点。如今，许多慈善组织已将疫情防控作为日常资金收支用途的重要类别。苏州各类慈善组织依法募集物资资金、快速组织应急响应、及时做好信息公开的能力进一步提升。慈善组织既发挥"整合资源"的统筹能力,又体现"因势利导"的突出优势;既提供"解决急难"的暖心服务,又彰显"示范引领"的专业特色,构筑起一道坚实的疫情防控战线:与志愿服务组织密切沟通,开展款物募捐、供需对接,协助核酸检测人员开展信息登记、秩序维护、政策宣传等工作,及时调配各类物资、资金、服务资源,促进疫情防控资源合理配置;与社工机构、社会工作者密切协作,及时为居民提供困难援助、健康关爱、心理疏导、社会支持等专业服务,并及时总结、制定指南,不断形成慈善专业力量助力疫情防控的长效机制。

(三) 慈善事业发展面临着新机遇

当今世界正经历百年未有之大变局,经济社会发展面临的国内外环境正在发生复杂的变化,我国社会主要矛盾也已经发生历史性转变。党的十八大以来,在以习近平同志为核心的党中央的高度重视下,我国慈善事业发展正处于难得的历史机遇期。政治、法律、文化等方面的制度环境为慈善事业的高质量发展保驾护航,进一步为苏州慈善事业助力共同富裕奠定了坚实的基础。

习近平新时代中国特色社会主义思想为慈善事业高质量发展提供了强大的思想武器。习近平总书记关于慈善事业的精辟论述已成为习近平新时代中国特色社会主义思想的重要组成部分,是我国慈善事业发展的政治保证和行动指南。习近平总书记曾多次提到发展慈善事业,充分肯定了慈善事业的重要社会价值,指出了慈善事业在扶贫济困、促进社会和谐、弘扬社会主义核心价值观等方面的重要作用,阐明了慈善事业在我国治理体系和治理能力现代化中的重要作用和发展方向,是我国慈善事业发展的根本遵循。

党和国家对慈善事业的高度重视,为慈善事业的发展开辟了广阔的前景。十九届四中全会提出"要统筹完善社会救助、社会福利、慈善事业、优抚安置等制度""重视发挥第三次分配作用,发展慈善等社会公益事业";十九届五中全会进一步强调"发挥第三次分配作用,发展慈善事业,改善收入和财富分配格局";2022 年《政府工作报告》将慈善事业放在社会治理大格局中进行安排，以慈善事业助力消除贫困、促进社会和谐、完善基层社会治理……党和国家进一步释放重视慈善事业发展的重大信号，为高质量推进中国特色慈善事业发展、实现社会主义共同富裕提供了战略指引。

经过多年发展，我国慈善事业已步入依法治善的新时代。2016年，《中华人民共和国慈善法》正式颁布实施，作为我国慈善事业第一部基础性、综合性法律，成为我国慈善法治建设的重要里程碑，对促进依法治善起到了直接的推动作用。此后，民政部联合财政部、国家税务总局等有关部门出台了近20项配套政策，中央和地方共出台400余份配套法规规章和规范性文件，标志着我国慈善事业进入了依法治善的新时代。公众的慈善意识和参与慈善的积极性明显提升，慈善事业从过去少数人关注的领域走向了大众化、平民化，为我国慈善事业的持续健康发展奠定了良好的群众基础。慈善组织的法治意识也显著增强，依法设立的慈善组织在内部治理、善款筹集、项目运行、服务实施、信息公开等方面日益走向制度化、规范化，公信力有了大幅提升。

二、苏州慈善事业发展的经验成果：做大、分好"慈善蛋糕"

苏州兴起于春秋战国时期，隋唐时期经济实力进一步增强，明清时期经济文化实力达到顶峰。今天的苏州是中国第六大经济中心城市、长三角第二大经济中心城市、全国工业中心城市。根据苏州市统计局发布的数据，2020年苏州全年实现GDP 20 180.5亿元，是全国第六个GDP突破2万亿元大关的城市，也是唯一突破2万亿元大关的普通地级市；全市实现一般公共预算收入2 303亿元，比上年增长3.7%，首次位列全国大中城市第四。苏州慈善事业的发展有着良好的经济条件，也具备源远流长的深厚文化底蕴。宋代的范仲淹在苏州创立了全国最早的义庄"范氏义庄",明清时期苏州还兴办了"普济堂""育婴堂"——苏州慈善事业不仅起步较早,其水平也比较高,无论是在哪一个历史发展阶段上,都走在全国各个地区的前列。在一代又一代慈善人、一个又一个慈善组织、一场又一场慈善活动的延续传承下,苏州积淀了"慈心为人、善举济世"的深厚慈善文化底蕴,"人人知善、人人向善、人人从善"蔚然成风。"十三五"期间,苏州坚持以习近平新时代中国特色社会主义思想为指导,慈善事业不断取得新进展。自2005年、2010年分别开展全国和省级慈善奖评选以来,全市共有114人次获得表彰,获评数位居全国地级市首位。在2020年第五届"江苏慈善奖"评选中,苏州25个单位、个人、项目、组织获奖,占全省总获评数的1/4,迎来了"高光时刻"。自2011年中国慈善联合会开展"中国城市公益慈善指数"评比以来,苏州连续四届综合指数位居全国城市第七,并多次获评"全国七星级慈善城市""中国最具爱心城市""中国城市公益慈善百强榜"等荣誉。在第五届"中国城市公益慈善指数"评选中,苏州位列全国第五,紧跟北京、上海、广州、深圳等一线城市之后,昆山、太仓、张家港、常熟排名也均进入全国前50强。

截至2021年年底,全市共有慈善组织164家、基金会141家,其中,2018年全国首个地方性社会工作基金会——通鼎社会工作发展基金会成立,标志着公益慈善向社会工作领域拓展。各县(市、区)均成立了慈善总会、慈善基金会,全市共成立乡镇(街道)慈善会105家,基本实现全覆盖,2 131个社区(村)成立慈善工作站超过1 300个、慈善实体55个、标识志愿服务组织233个,注册志愿者290余万人。近5年来,全市福利彩票销售额持续排名全国地级市首位,销售总量近163亿元,累计筹集公益金46亿元,全市社会捐赠总额达82.4亿元。

苏州城市公益慈善指数列全国地级市首位

2018年11月5日，中国慈善联合会在广州发布第五届中国城市公益慈善指数，苏州综合指数得分86.93分，位列全国第5位，地级市首位。[第五届中国城市公益慈善指数榜（前10位）见图9-1] 中国城市公益慈善指数是衡量一个城市慈善事业发展水平的重要指标体系，被称为"城市爱心GDP"，它是由社会捐赠、慈善组织、慈善项目、志愿服务、政府支持、慈善文化6个二级指数加权形成的，满分160分，受到社会各界的广泛认可和高度重视。第五届中国城市公益慈善指数根据社会捐赠、志愿服务、社会组织、政府支持4个方面和结构、规模、贡献、可持续性4个维度，对全国221个样本城市2016至2017年的公益慈善事业进行综合监测和科学评价。样本城市遍及26个省份，覆盖了43%的地级市、23%的县级市，覆盖人口达6.35亿，占全国总人口的46%，具有一定的代表性。

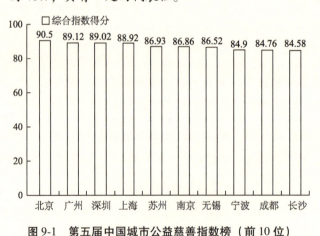

图9-1　第五届中国城市公益慈善指数榜（前10位）

（一）坚持创新引领，牢牢把握发展着力点

正如习近平总书记所指出的那样，变革创新是推动人类社会向前

发展的根本动力。谁排斥变革，谁拒绝创新，谁就会落后于时代，谁就会被历史淘汰。对慈善事业来说，创新举足轻重。创新不是复制粘贴，更不是新瓶装旧酒，而是要用新技能、新应用、新知识激活现代慈善的专业化发展。

苏州探索"慈善+金融"发展模式，金融行业创新服务慈善事业渐成规模。在第一次分配、第二次分配中，金融都深度参与并发挥了重要作用；在第三次分配中，金融的重要作用也不容忽视。作为解决贫困问题、推动共同富裕的新型工具，慈善信托近年来快速发展。慈善信托由专业的受托人按照委托人意愿对慈善财产进行管理和处置、开展慈善活动、实施专项救助，不仅能为慈善事业引入多样化的财产来源，而且能够有效撬动更多的社会资源参与慈善活动，让慈善资产实现"自我造血"。苏州鼓励个人、慈善组织、金融机构利用慈善信托参与慈善事业，截至 2021 年，全市累计备案 17 笔、资金规模达 3.18 亿元，其中异地备案 1 单、资金规模 1.3 亿元，资金量位于全省乃至全国前列，涵盖扶贫、教育、养老、医疗、文化艺术等诸多领域。

汇聚各界慈善资源，创新拓展捐赠渠道。从 2013 年开始，苏州出台企业（单位）、个人（家庭）冠名慈善基金办法，进一步发挥冠名基金链接慈善资源、扩大帮扶对象的优势，与多家单位合作开展冠名基金项目，多领域、多渠道开展募捐和救助。市民可在线便捷申请设立慈善基金，根据自己意愿，设定慈善项目或受益人群，畅通社会参与渠道，打造人人行善的平台。截至 2021 年，苏州市慈善总会累计设立冠名基金 130 个，资产总额达 1.3 亿元。无论是"最多跑一次"的"互联网+政务服务"改革，还是疫情期间"铁脚板+大数据+网格化"的基层治理经验，都离不开"互联网+"的有力保障。"互联网+"的精准、高效、透明，是解决慈善组织"疑难杂症"的"灵丹妙药"。依托"互联网+"，慈善组织的募款能力迅速提升，项目设计充满巧思，收支情况清晰明了，人人参与慈善变得门槛更低、更加便捷，慈善也变得更透明。为此，苏州各慈善组织积极开展线上及线下募捐活动，打造"互联网+慈善"新模式，推动形成"时时可为、处处可为、人人可为"的新时代慈善风尚。2020—2022年，"99公益日""520为爱一块做好事"等线上网络筹款近1亿元，不断实现新的突破。

提升基层社会治理水平，创新开展"慈善同心·志愿同行"活动。首届活动成功打造一个金牌平台、发布3类群体需求、集聚N家社会组织，由"政府端菜"改为"群众点菜"，推动慈善领域的供给侧结构性改革，激发慈善组织、志愿服务组织的内生动力。重点关注孤寡老人、困境儿童和残障人士3类群体，针对其在身体健康、心灵充实、成长工作等方面的需求，推出"乐·颐养""优·成长""臻·圆梦"3个计划，以征集和扶持创新项目、成熟项目为抓手，重点解决"隐形贫困"问题，如老年群体的心理健康、困境儿童的发展需求、残障人士的就业愿景等一系列"看得见管不着，管得着看不见"的特殊群体的头疼事，充分发挥慈善事业在社会保障兜底中的补充作用，形成慈善资源和志愿服务力量融合发展、分工协作新模式，让群众充分共享高质量发展红利。截至2021年，活动共投入福彩公益金48万元，引导慈善资金近600万元，链接30余家慈善、志愿服务组织开展健康保障、心理疏导、结对帮扶、能力提升等服务，有效满足群众多元化、个性化需求，促进基本民生保障和基层社会治理水平提升，打造苏州慈善领域资源对接品牌标杆。

（二）助力脱贫攻坚，紧紧把握帮扶精准度

扶贫济困是慈善事业的首要职责，苏州不断打造完善精细化、专业化、数字化的慈善救助体系。通过"慈善再救助"补充救助格局。针对零就业家庭、大病低收入家庭、失能和半失能"二无老人"等7类人群，在全市开展"帮特困慈善再救助"行动，形成政府救助为主导、慈善再救助为补充的帮扶格局。以吴中区为例，省、市、区三级慈善总会联合投入192.6万元，帮扶19个慈善扶贫基地，让173名低保或处于低保边缘的困难群众实现就业脱困。党员关爱基金会的成立，更是标志着党建引领、党员带头，致力扶贫帮困的常态化。自2012年以来，全市党员关爱基金会帮扶资金达5.35亿元，帮扶高校资金近1 000万元，帮扶困难户超过33万户，资助大学生10 000余人。借助"项目联动化"提高救助效率。苏州市慈善总会改造传统的"七助一联"救助项目，创新资助形式，扩大资助范围。与苏州市残疾人联合会合作开展"幸福亮居工程"，为低保重度残疾人家庭改造无障碍设施，消除安全隐患，优化家居环境；由市慈善总会搭台、爱心企业捐助，为低保、处于低保边缘和特困职工等家庭贫困学生进行资助，已发放助学金5 600余万元，资助困难家庭学生3万余人次；对因病致贫、因病返贫群体开展慈善药品援助项目，累计服务苏州市内外患者近17.98万人次，发放药品27万余盒，药品价值32.98亿元。苏州还积极做好"聚焦脱贫攻坚慈善项目精准对接"专项行动，完善慈善供需对接机制，对接项目53个、资金3 400余万元。利用"数字化平台"推动智能救助。探索社会救助发展新路径，推进社会救助由单一物质救助向"物质类救助+服务类救助"模式转变。如相城区推出了"相帮扶、城温暖"服务型救助体系，推进困难群体智慧帮扶信息平台建设。该平台统筹各类救助政策和帮扶资源，覆盖帮扶业务全流程，实现区、镇（街道）、村（社区）三级有机衔接。通过平台大数据分析技术，不但可以实现困难群众精准帮扶，而且可以帮助爱心人士找到适合自己的帮扶项目。自2019年12月上线以来，相城区、镇（街道）、村（社区）三级民政工作者运用平台发布并实施帮扶项目3 847个，惠及困难人群近8万人次。

积极投入国家对口帮扶支援工作，成效显著。苏州投入真金白银、倾注真情实意，持续开展东西部协作，在产业扶贫、消费扶贫、干部交流等方面开展了全方位、多层次、宽领域的扶贫协作工作，努力助推受援地的脱贫攻坚进程。与贵州省铜仁市、西藏自治区拉萨市林周县、新疆维吾尔自治区霍尔果斯市等地加强联系、通力合作，投入市级福彩公益金资助当地民政基础设施建设，引导社会慈善公益力量参与帮扶，有力提升受援地区在社会福利、养老服务、社会救助等方面的服务保障水平。苏州10个市（区）与贵州铜仁10个区（县）建立"一对一"帮扶关系，自2017年以来，苏州已向铜仁派出十部和专业人员1 637人次，注入帮扶资金12亿元。围绕"苏州所能与铜仁所需相互融合、协同共进"的主线，苏州市级福利彩票公益金共资助265万元用于铜仁市儿童福利院脑瘫康复中心、沿河土家族自治县（简称"沿河县"）红星桥日间照料中心、德江县复兴镇幸福院、万山区龙生社区日间照料中心的设施设备购置以及贫困家庭残疾儿童的康复训练治疗等5个项目，均如期顺利实施。2020年，铜仁市所有区（县）如期实现脱贫摘帽。"十二五"期间，苏州资助林周县604万元，包括林周县100平方米藏式殡仪馆、唐古乡300平方米的抗灾救灾物资储备仓库、春堆乡300平方米的抗灾救灾物资储备仓库、林周县1 156平方米的老年活动中心。"十三五"期间，苏州拨付350万元用于林周县中央级救灾物资储备库对口援助项目。自2016年以来，苏州共安排市级福彩公益金140万元，援助霍尔果斯市伊车嘎善锡伯乡老年养护院项目、莫乎尔牧场塞克山乌依村养老院项目、救灾物资储备库项目、殡仪馆项目等4个项目。各政府部门、慈善组织、社会组织也积极参与扶贫协作和对口支援工作。如苏州海关在2020年"城乡结对、文明共建"活动中结对帮扶泗洪县双沟镇汤南村，委派干部代表深入村民家中，了解生产生活情况，并拨付资金超过13万元，用于建设党员活动中心和慰问建档立卡困难户。金螳螂公益慈善基金会于2016年起在陕西省延安市、贵州省铜仁市辖区国家级贫困县开展扶贫计划。实地调查走访10多个贫困乡村，在了解情况后，启动"千人工匠·精准帮扶组合计划"，旨在打破"代际贫穷"，尽早实现"一人就业，全家脱贫"的精准脱贫目标，把外部输血式扶贫与内部造血式扶贫相结合，从根本上铲除地区性滋生贫困的土壤，使得当地更快、更好地发展。全市社会组织积极主动参与脱贫攻坚、乡村振兴行动。公益慈善、助老助残类社会组织跨区域开展慈善捐赠、扶贫帮困、扶老助残等活动。近10年，累计资助善款善物达144亿；社工类社会组织积极参与民政部发起的支持中西部社会工作服务的"牵手计划"，全市共有7家社会工作服务机构参与，累计派出专业社工338人次；各类行业协会、商会动员会员单位以各种形式重点支援西部地区和贫困山区开展助教、助学、助老、助困行动，投入大量人力、物力、财力、智力。

与此同时，慈善在疫情防控、防汛救灾等突发公共事件中也发挥着越来越重要的作用。苏州市、县两级慈善总会和基层慈善组织为抗击新冠肺炎疫情累计募集款物超过4亿元，苏州社会各界捐助款物超10亿元；60余万名志愿者、1 700余名专业社工深入社区、服务一线，提供心理咨询和情绪支援服务，开展上门排查、防控卡口执勤、特殊人群服务等多样化服务。在2021年救援河南水灾中，全市社会各界的捐赠额近1亿元。面对一次次"大考"，苏州市政府相关部门、慈善、志愿服务组织及社工机构、志愿者与社工等各路慈善力量慨当以慷赴一线、百折不挠磨实力，不断提升应急响应能力，精准链接多方资源，为受助对象送去最及时的救助、最温暖的关怀、最专业的服务。

（三）协调多元参与，不断激发社会新动能

"一花独放不是春，百花齐放春满园"。慈善事业在现代化发展的过程中，经历了从政府单向主导向政府、社会、公众协同发力的转变，社会化参与的"百花齐放"是慈善领域中的一大明显趋势，这也与当前苏州着力打造的"党政主导、组织运作、公众参与、人人共享"的"大慈善"发展格局相呼应。

慈善工作联席会议制度通过各部门、各单位协调合作为苏州慈善事业发展凝聚合力。2015年，苏州率先在全省建立了由22个党政部门参加的慈善工作联席会议制度。2019年成员单位增至44家，包括党政部门、人民团体、慈善组织，以跨部门、融合式合作为慈善事业发展提供有力保障。

作为中国红十字运动的发祥地之一,苏州与红十字会渊源颇深。在苏州大学红十字国际学院成立之前,国际上还没有一所真正意义上的红十字大学(学院),红十字国际学院在苏州大学的挂牌成立,填补了这一空白,成为红十字人才培养和人道文化传播的基地。建会已有上百年历史的慈善工作联席会议成员单位——苏州市红十字会,始终坚持履行人道主义职责。近年来,推动红十字基层组织向乡镇、街道、社区、学校等延伸,打造群众身边的红十字会,扩大服务覆盖面,截至2020年,已有基层组织756个,会员22.53万名,冠名医疗机构11个,江苏省红十字示范学校62个,城市"博爱家园"43个。一是激励市民参与献血捐髓。近5年新增造血干细胞采样8 766人份(累计2.7万名志愿者加入中华骨髓库),实现捐献75例(累计181例),稳居全省第一、全国前列,成为城市文明的闪亮名片。二是不断拓展对外捐献,成功实现苏州市首例对加拿大、韩国的捐献,还组织实施江苏省首例外籍人士在苏遗体、器官捐献,充分发挥红十字会的民间外交作用。三是推进遗体和人体器官捐献,近5年实现人体器官捐献90例(累计128例)、角膜捐献313例(累计415例)、遗体捐献454例(累计849例),使数百名等待移植的患者重获新生或重见光明。四是打造应急救援力量,共建立6支综合救援志愿者队伍,主动融入政府应急体系。市、县两级红十字会与应急管理部门建立防灾、减灾、救灾工作协调联动机制,积极参与马拉松等重大赛事和重要水域安全保障,完善保障激励机制,提高救援队伍快速反应和初期处置能力。推进救护培训进机关、进学校、进社区、进农村、进重点行业,近5年来,共培训88万人次,位居全省第一,"人人学急救,急救为人人"的理念深入人心。在全市公共场所配置急救器材和急救用品,率先批量投放156台AED,轨道交通4条线路每个站点均配备急救箱,环古城河健身步道设立17个急救点,AAAAA级景区红十字救护站实现全覆盖,织密织牢了群众生命安全"防护网"。

另一成员单位苏州市志愿者总会则发挥着引领、联合、服务、促进的作用，完善志愿服务组织体系，为文明实践志愿服务常态开展奠定基础。苏州积极推动行业板块枢纽型社会组织建立。整合行业部门资源，发挥行业部门、条线单位优势，激发各行各业枢纽型志愿服务组织内在活力，培训了一批枢纽型志愿服务组织，成立了轨道蓝盾志愿服务队、苏州园林志愿服务总社等枢纽型志愿服务组织。推动市属国有企业新时代文明实践工作，以志愿服务为主要手段调动市属国有企业新时代文明实践工作主动性，不断推动建设企业社会责任联盟，培育国企公益品牌。进一步擦亮志愿公益超市品牌。苏州首家综合性志愿公益超市已顺利运行，接收来自爱心人士捐赠的物品，爱心物资也种类繁多，包括"兔小囡"苏州"非遗"绘本、爱心人士捐赠框画、爱心工厂捐赠画家画包等。志愿公益超市吸引了大批志愿者参与到志愿公益超市的日常运营与活动策划中，成为苏州志愿服务的新载体、展示志愿服务的前沿窗口，发挥着综合阵地的作用。为配合疫情防控，响应"就地过年"的号召，2022年很多人选择留在苏州过年。为了给广大人民群众度过欢乐祥和、健康安全的新春佳节提供志愿服务保障，在春节期间，市志愿者总会组织开展"家在苏州　温暖新春"就地过年志愿服务系列活动。围绕"美哉苏州·江南百园百馆行""文艺苏州·江南文化大舞台""成长苏州·节日陪伴共成长""来自苏州·乡音乡情解乡愁""德善苏州·温暖惠民进万家""文明苏州·平安祥和过大年"六大方面主题，提供贴近民生的系列志愿服务项目，通过丰富多彩的活动让留苏过年人员领略江南文化的独特魅力。

各企业在党组织的引领下不断用行动践行社会责任使命，涌现出一批在全省乃至全国具有影响力的爱心企业及企业家。捐赠兴办慈善组织是苏州民营企业的一大特色，例如亨通慈善基金会、波司登公益基金会2家在民政部登记注册的基金会，以及江苏沙钢公益基金会、苏州金螳螂公益慈善基金会、苏州乐助慈善基金会、张家港市永联为民基金会、苏州通鼎社会工作发展基金会等，这些企业基金会积极承担社会责任，投入人力、物力、财力，传承"义利兼顾"的商业传统，参与慈善事业的深度和广度不断拓展、延伸。自2015年以来，苏州金螳螂公益慈善基金会收到企业和员工自愿捐赠的资金累计1.1亿元，自2019年起连续3年企业年人均捐赠大于360元。波司登集团积极响应国家脱贫攻坚号召，与中华慈善总会达成战略合作——10年内捐赠2亿元物资。"情暖万家"公益项目深入"三区三州"深度贫困区，每年向青海、四川、云南、西藏、甘肃、新疆等国家重点贫困地区的困难群众捐赠2万件防寒服，让他们能够切实感受到来自社会的关怀和温暖；携手中国光彩会积极开展"万企帮万村"精准扶贫行动，2018—2020年，向深度贫困地区建档立卡贫困群众捐赠防寒服装，总价值约1 800万；以"扶志扶智"为思路积极开展教育扶贫工作，通过出资搭建教育基础设施和开展各类教育扶持项目，大力推进东西部扶贫协作，2018年与江苏省、苏州市、常熟市三级慈善总会共同出资1 100万元援建贵州思南县波司登长坝中心小学。作为苏州爱心企业家代表，通鼎集团有限公司董事局主席沈小平荣获2021年全国脱贫攻坚先进个人。他的足迹遍及全国23个省、20个国家级贫困县、11个经济薄弱地区，24年持续扶贫助困，累计向社会捐赠超7亿元，用实际行动积极响应国家号召，助力打赢脱贫攻坚战。恒力集团有限公司董事长、总裁陈建华带领恒力集团在发展过程中把对社会的贡献视为企业发展不可缺少的重要组成部分，2012年5月成立江苏恒力慈善基金会，以"安老、扶幼、助学、济困等社会救助，扶助弱势群体，为努力构建和谐社会贡献力量"为宗旨，致力做好慈善事业；积极参与"希望工程"和"光彩事业"，支持地方基础设施的建设，平均每年捐款数千万元到各类慈善机构，历年捐赠累计达6亿多元，为慈善公益事业、新农村建设和经济发展贡献力量。

苏州慈善事业的发展，同样离不开港澳台同胞、华人华侨的付出，以及国际友人的支持。香港翔龙有限公司董事长朱恩馀热爱祖国，情系家乡，关注苏州社会事业的发展，为祖国特别是家乡的慈善公益事业和卫生教育事业做出了突出贡献，多次获得"中华慈善奖""江苏慈善奖""苏州慈善奖"。已故华裔企业家唐仲英创办的唐仲英基金会，在其故土苏州设立办事处，自1996年开始在教育、医疗卫生、农村等领域实施各类资助项目：设立奖学金，通过各种公益活动提升青少年学生的民族责任感和社会责任心；资助高校科技发展、文化创新，社会公益事业进步和人才培养及引进等项目，资助医疗卫生项目，提升教育及医疗水平；开展农业援助，推广科教兴农示范，让服务社会、帮助他人的精神薪火相传。一个个"洋面孔"也为开放包容、兼收并蓄的苏州慈善事业写下了生动篇章，如"在园区的英国女婿"——慈善达人"汤妈妈"的丈夫约翰、苏杰夫苏贝妮夫妇、"慈善拳王"马国伦等，以他们为代表的众多国际友人，或积极筹口罩、募资金，或在疫情防控一线主动担当成为志愿者，或帮孩子们实现梦想……他们与港澳台同胞、华人华侨一起捐款捐物，参与慈善项目、提供志愿服务，用奉献精神在苏城大地书写着大爱无疆。

"社区慈善基金"着力解决群众"小急难"

"五线"促"善治"的"社区慈善基金"在苏州遍地开花，有效提升基层社会治理水平，推动慈善事业和社会工作、志愿服务共同进步、融合发展。围绕慈善、社工、志愿"三驾马车"，苏州构建起"主体线、资金线、项目线、服务线、参与线"的模式，逐步走出以社区基金为纽带、协同联动为方式、慈善项目为核心、专业服务为支撑、多元参与为保障的基层社会治理慈善之路。一是健全主体线。由管理委员会运作、慈善组织托管、基层社工站或社会组织执行，形成联动协作运作模式。二是完善资金线。通过多元捐赠、项目筹款、政府购买服务等方式，做大资金池。三是建设项目线。围绕"三个聚焦"，开展社区慈善项目，涵盖扶老助残帮困、困境儿童关爱、失独家庭帮扶等领域。四是延伸服务线。专业社工借助社区慈善基金、依托基层社工站，策划小微项目，联合社区、志愿服务等力量，开展专业服务，破解社区治理难题。五是扩大参与线。通过"时间银行"积分兑换，完善志愿服务激励机制，壮大社区志愿者队伍。截至2021年，全市97个乡镇（街道）社区已实现全覆盖，共计引导慈善资金5 200万元；各地不断推动"社区慈善基金"精准对接慈善需求，链接近1 300万元资金对接实施超过118个慈善项目和活动，使慈善资源流转到社区，搭建了社区慈善平台，动员了各方参与，建立了社区募捐机制，丰富了社区慈善内容，扩大了社区志愿参与，提高了慈善服务精准化、精细化水平，逐一解决群众身边的"小急难"问题，让居民收获实实在在的幸福。

三、苏州慈善事业发展的未来展望：打响"乐善苏州"品牌

近年来，苏州各级党政部门关心支持慈善事业发展，不断完善政策创制，打造浓厚慈善氛围；各类企业以社会责任乃至共享价值的创造为目标，多方面参与并推动慈善事业发展；城乡社区大力提升所在地慈善事业水平，慈善组织、志愿服务组织等社会组织越来越成为慈善行业的中流砥柱；媒体借助"三微两端"，以融媒体发展合力关注慈善事业，公众参与的热情不断高涨、程度不断加深，苏州慈善事业更加繁荣、更加开放。未来，在种种社会力量的推动下，"乐善苏州"的品牌将被叫得更响、擦得更亮，慈善将逐渐成为苏州人民的生活方式，助力苏州持续走在全国共同富裕征程前列。

（一）转变发展理念，进一步助力提质增效

苏州慈善参与基层治理的探索已初结硕果。未来，要进一步重视基层治理，以社区慈善基金、社工站等的建设为抓手，以慈善力量促

进基层治理精细化、精准化。如着力发展社区服务类慈善组织，推动社区服务类慈善组织与基层组织相融合，在城乡社区居（村）委会、物业管理公司、业主委员会建立慈善互助会或设立社区慈善基金（会），发挥其在基层社会治理中的积极作用，推动实现政府治理和社会调节、居民自治良性互动；依托基层社会工作站（室），建立慈善"访问员"制度，深入调查、及时搜集并联系对接慈善需求，支持引导慈善资源向基层倾斜，统筹推进乡镇（街道）和城乡社区治理，促进治理体系和治理能力现代化。同时，与国家战略相契合，推动慈善与乡村振兴有效衔接。促进社会慈善力量、慈善资源向乡村倾斜，通过项目引领、资金支持、服务提供等多元形式，聚焦乡村民生保障、社会治理、社会服务等方面的需求，进一步缩小城乡差距、推进城乡融合发展。

值得一提的是，新时代苏州慈善事业覆盖面逐步扩大、影响力日渐提升，迎来了拓展慈善领域、创新发展模式的高质量发展阶段，"绿色慈善"的概念被提上议事日程。党的十九届五中全会提出"推动绿色发展，促进人与自然和谐共生"，"促进经济社会发展全面绿色转型"；江苏省第十四次党代会强调"在全社会积极倡导简约适度、绿色低碳生活方式，共建共享绿色家园"；苏州市第十三次党代会也提出，苏州要"始终坚持生态优先绿色发展，推动生态环境质量进一步提升"，"成为'美丽中国'的先行示范、'美丽江苏'的标杆城市"。这些重要论述凸显出新形势下绿色发展的重要性，为慈善事业的发展方向提供了遵循——树立绿色发展理念，是慈善事业高质量发展的重要内涵。促进慈善事业高质量发展，必须着力推动"绿色发展、慈善同行"理念深入人心。支持鼓励慈善组织、志愿服务组织、爱心企业等社会力量围绕长江大保护、污染防治攻坚战、太湖水环境综合治理、古城保护更新、生物多样性保护等生态保护修复领域，创新实施慈善项目，开发慈善生态产品，建立生态公益基金，更好地满足人民日益增长的优美生态环境需要，将绿色生态的美丽旋律谱写进慈善事业发展新篇章中。

随着信息化、数字化渗透进生活的方方面面，慈善事业也应强化信息化发展理念，与数字化转型同频共振。一方面，借力新应用、新技术，创新慈善供需精准对接机制，为社会公众参与慈善事业、慈善组织募集慈善资源、困难群众开展求助搭建更加便捷的平台，激发全社会的捐赠意愿，让慈善项目和慈善需求高效、精准衔接；紧跟前沿技术发展，广泛应用区块链技术，探索建立慈善行为记录和激励机制，让"跟踪一生、记录一生、回馈一生"从口号变为现实。另一方面，逐步推广使用全国慈善信息统一管理平台，推动数据归集的同时，建立慈善信息统计发布制度，健全民政部门与其他部门之间的慈善信息沟通共享、信用信息披露机制，避免"信息孤岛"，让多角度、全方位的慈善信息全面反映慈善发展情况，进一步激活数字信息技术效能，优化慈善组织内部管理和活动发布流程，打破部门壁垒，提高管理服务效能。

"海纳百川，有容乃大"，苏州慈善要真正实现高质量发展，须秉持开放心态，在交流合作中谋进步，在取长补短中求突破。一方面，向国内、国际先进地区学习经验，通过实地调研、文件学习、论坛交流等方式学习慈善政策创制、模式创新、管理优化等方面的先进举措。另一方面，通过举办沙龙、对接项目、便利捐赠渠道、加强典型宣介等方式支持鼓励港澳台同胞、华人华侨、国际友人等参与慈善事业；依托中新、中日、中德等开放平台，鼓励引导慈善组织深化对外交流合作，提升国际化、专业化水平。

（二）做大"慈善蛋糕"，进一步优化发展环境

一是做大做强慈善组织。慈善组织可以通过调研了解群众的需求与困难，帮助、关怀需要援助的弱势群体，可以将社会声音反映给政府机构，为政府决策提供参考意见，其在社会中发挥的作用不断凸显，社会地位也日益突出。进一步做大"慈善蛋糕"，关键任务就是培育各类慈善组织。扶持发展不同层级、不同领域、不同类型的慈善

组织，推动形成结构更加合理、功能更加完善、层级更加多元、作用更加明显的慈善组织发展体系，让越来越多的头部慈善组织充分发挥桥梁纽带、统筹协调、示范引领作用。推动建立慈善行业组织，发展全市性、区域性和服务类、评估类等慈善行业组织，发挥行业协同联动及自律功能。鼓励倡导国有企业、民营企业等各类企业，以及有条件的高等院校、科研院所依法设立基金会，促进慈善组织形成"百花齐放""百家争鸣"局面。

二是培育培优慈善载体。各类慈善载体使得公众参与慈善的场景更加接近和贴近生活，有利于让慈善成为一种先进、时尚的文化，将奉献与博爱的精神融入生活细节，使人们在慈善行为中获得更大、更持久的精神满足。未来，苏州将激活各类慈善载体的社会效应。鼓励社会力量兴办"慈善实体"，支持慈善组织开办公益性医疗、教育、养老、助残、应急救助等方面的社会服务机构和设施，为困难老人、残疾儿童、困境儿童、罕见病患者等特殊群体免费提供慈善服务。依托城乡社区党群服务中心、新时代文明实践所（站、点）、基层社会工作站（室）、企业、学校、景区、街道、商业综合体、福彩销售点等，设置慈善宣传与社会参与型慈善载体，探索"慈善空间""慈善街区"认定命名活动，为群众参与慈善活动、体验慈善文化搭建平台。扩大慈善捐赠站（点）覆盖面，方便群众开展经常性捐赠，不断创新慈善超市运营机制，促进慈善常态化、社会化。强化乡镇（街道）、社区、学校、医院、企事业单位等红十字会基层组织建设，全市70%以上中小学和100%高校建立红十字会，"博爱家园"建设实现乡镇（街道）全覆盖。

三是扶持发展爱心企业。激发企业更好地发挥慈善活力，需要营造良好的发展环境，稳定企业家信心，在保护其合法权益、稳定生产力的基础上制定清晰的慈善参与路径，为企业家、行业精英等先富群体投身慈善事业提供条件。要支持有能力、有意愿的企业回报社会，积极参与和兴办慈善事业，倡导各类企业在做强主业、提高效益、稳定就业的基础上,把参与慈善捐赠、志愿服务、设立慈善组织等作为履行社会责任的重要方面,定期发布企业社会责任报告。在设立慈善公益组织方面,应为企业依法设立慈善公益组织提供有效咨询和指导;在优惠政策方面,指导企业对发生的公益性捐赠支出进行所得税税前扣除,民政、财政、税务等部门协同做好有关基金会等公益性社会团体的公益性捐赠税前扣除资格的审核工作;在慈善需求对接方面,详细了解、全面把握优秀慈善组织和慈善项目的运行情况,为企业与慈善需求对接提供便利,同时搭建展示交流会、项目推介会等平台,促进企业与慈善组织对接,开展长期、多样、高效合作;在慈善宣传方面,积极协调报刊、广播、电视、互联网等媒体,大力宣传企业慈行善举,在各级慈善奖评选时注重推荐、表扬企业慈善先进典型,努力营造有利于企业投身慈善事业的社会氛围和舆论环境。

四是提升扩大社会参与。苏州有着深厚的慈善文化底蕴,有着可挖掘、可传承、可发扬的"源头活水"。基于此,苏州将以社会主义核心价值观为引领,传承弘扬"范氏义庄""普济堂"等蕴含的苏州传统慈善文化精髓,丰富、拓展现代慈善文化内涵,厚植新时代苏州慈善文化底蕴。利用"中华慈善日""世界红十字日""世界急救日"等重大时间节点,开展主题活动,推动慈善文化传播和交流,让慈善理念深入人心。利用各类媒体、社区宣传栏、城市地标、公共交通等载体和公益广告宣传平台,着力讲好"苏州慈善故事",用浓厚的氛围感染人,以真诚的故事打动人。同时,推动慈善文化纳入家庭、家教、家风建设,将家庭慈善活动开展情况作为评选文明家庭、最美家庭的重要依据;开展慈善文化进校园,推广慈善通识教育,培育学生慈善意识,让家庭和学校为青少年"上好慈善人生的第一堂课"。此外,社会实践的发展离不开科学理论的指导,苏州高校资源丰富,面对慈善行业的新特点、新问题、新挑战,应鼓励慈善事业相关的学术研究,支持高等院校开展慈善文化课题研究;发挥红十字国际学院平台作用,加强红十字运动理论研究,让体系化的科学理论不断指导慈善实践深入探索。

(三) 加强"五社联动",进一步办好民生实事

一是夯实政策制度基础,为苏州慈善事业发展提供坚实保障。"求木之长者,必固其根本。欲流之远者,必浚其泉源。"政策制度先行是治理的需要,也是行动的基础和准则。推动慈善事业高质量发展,让慈善充分发挥第三次分配在促进共同富裕方面的重要作用,首要任务是优化政策体系。出台《关于推进新时代苏州慈善事业高质量发展的实施意见》《苏州市慈善事业促进条例》,健全慈善事业发展法制政策体系,完善"五社(社区与社会组织、社会工作者、社区志愿者、社会慈善资源)联动"机制,制定慈善组织培育发展、监督管理、人才培养、应急救援等相关政策;进一步落实慈善捐赠、慈善信托、房产捐赠、股权捐赠等财税优惠政策,将慈善领域的公共服务事项纳入政府购买服务指导性目录,扩大向符合条件的慈善组织购买服务的范围,加大对慈善事业的支持力度。

二是注重协同融合联动,为苏州慈善事业发展织密协作网络。坚持系统化思维,发挥慈善事业与社会工作、志愿服务等其他各项事业的协同效应,强化区域之间、部门之间、组织之间的融合发展、良性互动,构建多元参与、广泛合作、共建共治的慈善事业发展新格局。慈善组织联合社会工作者、社区社会组织、社区志愿者在城乡社区共同开展慈善项目,深入引导慈善力量参与基层社会治理,提升共建共治共享水平。慈善事业与社会工作深度融合,发挥社会工作为慈善事业提供人才和专业支持、慈善事业为社会工作提供资源和资金的双向促进作用。在慈善组织设立更多社会工作岗位,鼓励社会工作机构申请认定为慈善组织。引入社会工作者参与实施慈善项目,提供心理疏导、情绪支持、保障支持等服务,推动慈善组织从单一的物质救助向物质救助与精神支持、能力提升并重转变。支持慈善组织与各类专业服务机构、社会工作者、志愿者加强联动协作,不断提高慈善服务水平。

三是强调项目引领,为苏州慈善事业发展积蓄不竭动能。继续深化"慈善同心·志愿同行"活动开展,建立完善慈善项目库,整合志愿服务力量,加强宣传推广,完善运作机制,实现精准发力,满足公众多样化、多层次慈善服务需求。同时,引导有较强影响力的头部慈善组织打造品牌慈善项目,加大对优秀慈善组织及慈善项目的支持力度,促进其发展效能及影响力提升。鼓励红十字会、志愿者总会、慈善总会等社会团体(慈善组织)以项目为枢纽平台,"急民之所急、想民之所想",推出精品项目、链接多方资源,让慈善发展成果惠及更多群众。

第十章
紧抓良好生态环境这个"最普惠的民生福祉"

实现共同富裕既要创造更多的物质财富和精神财富，也要提供更多优质生态产品，不断满足人民日益增长的优美生态环境和高品质生活的需要，不断增强人民群众的生态环境获得感、幸福感、安全感。苏州在推动共同富裕的行动中牢固确立"良好的生态环境是最公平的公共产品、最普惠的民生福祉"的理念，将共同富裕不仅是看作单纯的物质富裕，而且看作精神富足，致力于通过生态文明建设，最终达到人与自然和谐共生。苏州素有"鱼米之乡"之美誉，历来十分重视污染治理、风险管控和环境保护，生态文明建设取得了实实在在的进步。党的十八大以来，苏州市委、市政府高擎人与自然和谐共生现代化的旗帜，围绕建设绿色宜居新家园和打造人间新天堂的主题，深入学习贯彻习近平生态文明思想，按照省委、省政府和生态环境部要求，紧密围绕污染防治攻坚战阶段性目标任务，以改善环境质量为核心，以解决人民群众关心的突出环境问题为重点，聚焦专项行动，持续统筹推进打好污染防治攻坚战，铁腕治理、铁面问责，解决了一大批群众反映强烈的环境问题，生态环境质量持续好转，民生福祉得到有效保障，不断满足人民群众对水清岸绿、人水和谐的美丽苏州的期盼。

一、建设生态文明与实现共同富裕的逻辑关系

坚持"富"而"美"是苏州推动共同富裕的重要做法。党的十九届六中全会审议通过的《中共中央关于党的百年奋斗重大成就和历史经验的决议》强调:"党领导人民成功走出中国式现代化道路,创造了人类文明新形态。"中国式现代化道路和人类文明新形态,是包含了物质文明、政治文明、精神文明、社会文明和生态文明等多种文明要素在内的综合性、系统性、整体性的文明新形态,是在"五位一体"整体文明协调发展中创造并实现的。苏州市委、市政府坚持以习近平生态文明思想为指导,以习近平总书记对江苏省、苏州市工作的重要指示、批示精神为指引,深刻认识生态文明建设的重要性和紧迫性,牢固树立"两山"理念,锚定"富"而"美"目标,将建设生态文明当作是关系苏州人民福祉的重大民生问题。

(一)良好的生态环境是实现共同富裕的基本前提

共同富裕作为苏州高质量发展和建设社会主义现代化强市的重大价值目标与追求,既包括要协调好和平衡好人与社会的关系、人与人的关系以及人自身的身心关系,又包括要协调和平衡好人与自然的关系,让人民群众平等地享有生态环境这个最普惠的民主福祉,实现好、维护好、发展好人民的环境权益,以保证每个人的自由而全面发展。人与自然是不可分割的有机整体,人类社会与自然环境相依相存,休戚与共,处于相互关联与作用之中,人、自然、社会构成了全球生态大系统,三者普遍联系、相互制约、协调发展,完整健康的生态系统是人类赖以生存发展的基础,也是实现共同富裕的重要前提。苏州扎实推动共同富裕不仅是社会历史的演进,而且是人与社会、人与自然关系互动变化的过程,是在人与自然和谐共生中实现人的全面自由发展的过程。近年来,苏州始终牢记"生态环境保护是功在当

代、利在千秋的事业",以对人民群众、子孙后代高度负责的态度和责任,在经济社会高质量发展促进共同富裕的同时,始终坚持生态优先、绿色发展,解决人民群众热切期盼的生态环境问题,擦亮幸福美好生活的生态底色,使生态系统的质量和稳定性持续提升,生态治理能力现代化水平持续提高,让人民群众在天蓝、地绿、水清的生态环境中共享自然之美、生命之美、生活之美,为子孙后代积攒绿色财富,留下可持续发展的"绿色银行",为扎实推进共同富裕走在全省、全国前列提供前提条件。

(二) 良好的生态环境是实现共同富裕的有效保障

近年来,随着经济社会的快速发展,人与自然的生态矛盾日益凸显,国家的生态安全面临挑战。生态安全关系到民生福祉和社会稳定的大局,与人民群众的生活质量息息相关,没有生态安全,就不会有大气安全、水安全、食品安全、能源安全,甚至还会危及人民群众的生命财产安全。良好的生态环境是人们生活质量的保障,必须紧紧抓住环境治理这项系统工程,作为重大民生实事扎实推进,让良好的生态环境成为人民生活的增长点、成为经济社会持续健康发展的支撑点。党的十八大以来,苏州市协同推进生态优先和绿色发展,进行了一系列生态安全保障新探索和新实践,探路建设"生态安全缓冲区",统筹协调生产、生活和生态三者之间的关系,让生产兴旺、生活富足、生态优美。位于苏州"太湖生态岛"上的消夏湾生态安全缓冲区,具有鲜明的苏州特色,一滴水要经历多道"考验",完成一次生态洁净之旅,才能排入太湖。建设之前,当地是一片破败的滩涂,利用经过本土化改造的德国湿地技术,建立三道湿地拦截处理体系,对原有的面源污染进行拦截,通过植物、微生物和滤料共同组成处理系统,和周边的山林、农田形成一个"山水林田湖草"的自然生态系统。消夏湾湿地生态安全缓冲区建成后,预计每年可以削减进入太湖的总磷量7.29吨,总氮量67.4吨,给太湖生态安全和人民健康福祉提供有效保障,积极打造水利高质量发展的共同富裕现代化样板。

（三）良好的生态环境是实现共同富裕的重要内容

共同富裕不是少数人的富裕，也不是大部分人的富裕，而是惠及全体人民的共同富裕；不仅包括某一代人的共同富裕，从时间延续上看，也包括世代间的代际共同富裕。这就意味着，我们追求的发展不是一时地满足当代人的发展，而是具有长远眼光和系统性思维的人类社会的永续发展。党的十九大报告全面论述了实现中华民族永续发展的主要路径，"建设生态文明是实现中华民族永续发展的千年大计，必须树立和践行绿水青山就是金山银山的理念，坚持节约资源和保护环境的基本国策，像对待生命一样对待生态环境，统筹山水林田湖草系统治理"。这种超越和颠覆了传统非绿色价值观的新时代科学价值观，具有丰富的价值蕴含和鲜明的价值导向。近年来，苏州紧扣共同富裕的时代主题，紧紧围绕人民这个发展中心，坚持打好污染防治攻坚战，切实维护好、实现好、发展好人民群众的根本利益、近期利益和长远利益，以绿色发展引领苏州经济社会可持续发展，以优质的生态产品保障人民群众包括经济权益、政治权益、文化权益、社会权益、生态权益在内的"五位一体"整体性权益，把绿色打造成苏州共同富裕和高质量发展的鲜明底色。

二、在生态高质量发展中推动共同富裕

党的十八大以来，苏州牢记习近平总书记对江苏扎实推进生态文明建设的嘱托，肩负"率先、带头、先行"的光荣使命，强化绿色发展理念，不断推动产业转型升级，努力使苏州天更蓝、地更绿、水更清、环境更优美，使绿色发展成为苏州领跑全国的鲜明优势和品牌，成为首批国家生态文明建设示范市，建成首个国家生态园林城市群，在全省"263"专项行动暨打好污染防治攻坚战考核中连续4年居于首位。"绿水青山"和"金山银山"比肩而立、生态城市与美丽乡村

有机融合、生态文化与人文素养互为促进、制度优势和治理效能充分彰显,在人民群众共享生态高质量发展中推动共同富裕。

(一)"绿水青山"与"金山银山"比肩而立

"绿水青山"与"金山银山"所喻指和体现的是保护生态与发展经济的辩证关系。"绿水青山"是经济社会发展的重要物质基础,以"绿水青山"为代表的高质量生态系统本身就是绿色生产力,是绿色发展的新动能。保护生态环境就是保护生产力,改善生态环境就是发展生产力。苏州自觉践行"绿水青山就是金山银山"的理念,把生态环境的"高颜值"和经济发展的"高质量"当作一幅"双面绣"来精耕细作,在经济发展中促进绿色转型,在绿色转型中实现更大发展,不断探索经济绿色发展转型模式,构建绿色经济增长新范式,使绿色、低碳、循环经济成为引领苏州新时代高质量发展和持续推动共同富裕的有力引擎。近年来苏州全力打好大气、水、土壤污染防治攻坚战,生态文明建设持续向纵深推进,环境质量得到明显改善,人民群众对生态环境的满意度不断提高,共同富裕的生态底色更加靓丽。"十三五"时期,在全市经济社会发展综合实力稳步增强的同时,主要污染物排放总量持续下降,碳排放强度持续下降。2020年,全市化学需氧量及氨氮、总氮、总磷排放量分别较2015年削减15.29%、17.1%、14.26%、13.87%,二氧化硫、氮氧化物排放量分别较2015年削减30.77%、24.21%,全面完成省级下达的"十三五"污染物减排目标。控制温室气体排放考核综合得分持续位居全省前列。2020年,市区空气质量优良天数比例为84.4%,较2015年上升17.5个百分点;$PM_{2.5}$年均浓度为33微克/立方米,较2015年下降43.1%,成为江苏省$PM_{2.5}$浓度率先达到环境空气质量二级标准的城市之一。水环境质量全面提升,集中式饮用水水源地水质(湖泊总磷除外)达标率100%,省考以上断面水质优Ⅲ比例上升到92%,长江干流及主要通江河道水质全部达到Ⅲ类及以上,太湖连续14年实现安全度夏。土壤环境质量总体保持稳定,受污染耕地安全利用率、污染地块安全利用率全部达到90%以上。人民群众对生态环境的满意率从2015年的81.7%上升到2020年的91.8%。

"逆水行舟用力撑，一篙松劲退千寻。"苏州是中国制造业体系最完备的城市之一，制造业是苏州经济社会的"基本盘"，也是苏州高质量发展和推动共同富裕的"压舱石"。近年来，苏州经济绿色转型升级向纵深推进，世界一流创新型城市建设迈出重大步伐，创新水平和创新能力建设迈上新台阶。"十三五"期间，苏州持续优化产业结构，大力发展智能制造，经济由高速增长转向高质量发展，地区生产总值迈上2万亿元新台阶，年均增幅达6.1%，碳排放强度下降超22%。产业结构不断优化，服务业增加值占地区生产总值比重达到52.5%。先进制造业呈现蓬勃发展势头，高新技术产业、新兴产业产值占规模以上工业总产值的比重分别达到50.9%和55.7%，新一代信息技术、生物医药、纳米技术、人工智能四大先导产业产值占比达25%。全市域、全岸线、全方位、全领域推动长江大保护工作，严格落实"三线一单"管理机制。大力淘汰低端落后产能，完成关停及淘汰低效产能企业7 344家，关闭退出化工企业661家，全市化工园区（含集中区）压减至6个，整治"散乱污"企业（作坊）53 529家，腾出发展空间7.8万亩，其中复耕复绿面积1.16万亩。持续优化能源消费结构，煤炭消费占能源消费总量比重降至59.2%，较2015年下降9.6个百分点，非电行业规上工业企业煤炭消费量较2016年减少462万吨。绿色循环低碳交通运输快速发展，截至2020年，共有市区公交线路496条、轨道交通线路4条、有轨电车线路2条，轨道交通里程、轨道交通线网密度位列地级市第一，建成投运全国首个绿色交通网络体系示范项目。这些措施为打造共同富裕的绿色样本提供了重要支撑。

苏州工业园区被誉为"中国改革开放的重要窗口"和"国际合作的成功范例"，2008年就跻身全国首批"国家生态工业示范园区"，是苏州高质量发展推动共同富裕的示范区。苏州工业园区没有山，蓝天绿水就是人民最可贵的生态财富、最珍惜的家园环境。近年来,苏州工业园区牢固树立"生态立区""环境立区"的发展思路,始终坚持高起点、高标准、高水平谋划推进绿色园区建设,构建以绿色、低碳、循环为特色的工业共生体系,探索生态建设与经济发展齐头并进的路子,不断将苏州工业园区的绿色家底增肥、增厚,逐步构筑起"环境优美宜居、设施低碳共生、产业绿色高端、资源高效循环、治理高效智慧"的发展格局,成为能耗低、生态优、环境美的绿色发展"园区样本"。根据2021年科技部火炬中心对全国169个国家高新区的评价结果,苏州工业园区综合排名第四,其中知识创造和技术创新能力、产业升级和结构优化能力、高新区可持续发展能力等指标均名列前茅。在"碳达峰、碳中和"的战略目标下,苏州工业园区将立足新发展阶段,坚持新发展理念,持续加强绿色技术供给、构建绿色产业体系、健全绿色发展机制,探索科技创新引领绿色崛起的高质量发展路径,培育更多"低碳""零碳"样本,争创国家高新区绿色发展示范园区,让绿色成为苏州向世界展示社会主义现代化"最美窗口"的鲜明底色。

(二) 生态城市与美丽乡村有机融合

城市和乡村在社会发展的大系统中是两个紧密联系的组成部分,在互动互利的依存和促进中构成了完整的社会形态。近年来,苏州始终高举城乡发展一体化旗帜,持续推进城乡发展一体化战略,勇于实践,敢于创新,不断深化对城乡发展一体化规律的认识,以共同富裕的指导思想为统领,全面推进城乡发展一体化综合改革试点的"八个示范区"建设,一步一个脚印,着力破除城乡二元结构,有效缩小城乡差距。从全省唯一的城乡一体化发展综合配套改革试点区,到国家发改委城乡一体化发展综合配套改革联系点,再到全国农村改革试验区,以及全国城乡发展一体化综合改革试点城市,城乡发展一体化已成为苏州工作的特色、品牌和亮点,彰显了具有时代特征、中国特色、苏州特点的生态城市与美丽乡村相互促进、协调发展,一体推动城乡共同富裕的融合之美。

苏州是典型的江南平原水网地区，境内河网密布，有湖泊353个，河流2万多条，水域面积3 205平方千米，素有"东方水城"的美誉。水是苏州的灵魂，是苏州千百年来传承的文脉和主题，亦是苏州可持续发展的源头与机遇。与此同时，苏州在城市水环境、水安全、水生态等方面也面临着不少困难和问题，如何保持水生态平衡、维护人城水共生，成了一个亟待解决的问题。建设海绵城市，是系统推进解决城市水问题的一项重要举措，也是打造生态城市的一项关键举措。海绵城市建设就是将大量排至管渠末端的雨水，借助如同"海绵"一样的道路、建筑、草地和河流，提前渗透、吸收、存蓄，既能破解"逢雨必涝"的难题，又能补充和净化地下水源。当城市干旱缺水时，大量存蓄的水被释放出来并加以循环利用，这是城市发展的新理念、新方式。推进海绵城市建设是党中央、国务院的一项重要战略，也是建设安全韧性城市的重要特征和内在要求。2016年，苏州成为江苏省首批海绵城市建设试点城市。在海绵城市建设的推进过程中，苏州将生态和安全放在突出位置，以实现"青山清水新天堂"和"绿色、循环、低碳"为目标，统筹水环境、水生态、水安全、水资源、水文化、水科技，通过"大、中、小""海绵"协同运作、系统运行，让区域流域、城市、设施不同层级的作用得以充分配合与发挥，构建了一套"全域、全程、全覆盖"的高标准、健康循环的城市水系统，形成了海绵城市建设的苏州特色。在东苑新村、教师新村、水岸家园等大批老旧小区改造典型示范项目中，都将海绵城市建设理念植入，用上了装配式透水铺装等创新技术和产品，构筑了更好的居住环境。海绵化改造改变了传统雨水收集排放系统，让原本普通的道路充满科技感和遍布生态景观。虎殿路、金筑街、博士路、昆山中环高架、张家港梁丰路等一大批市政道路海绵建设样板项目，晴天绿意盎然，雨天井然有序。在校园建设中，蓄水装置让雨水不但没有成为积水，还得到了重新利用，为学生们提供了参与体验式的海绵校园和自然课堂。除此以外，苏州还推进了历史街区渐进式、小规模海绵化改造和"大分散、小集中、一体化、多样化"的社区公共空间建设，以"小切口"实现"大成效"，提升社区宜居品质。近年来，苏州抓住国家地下综合管廊试点建设的契机，积极探索地下空间与海绵城市融合发展的形式，充分发挥城市绿地空间综合价值，跨尺度构建水生态系统，利用城市水体、滨水绿地设置、雨水花园等低影响开发设施，净化雨水径流污染。发挥城市内河雨水调蓄功能，强化内源治理，开展城区河网生态修复，推行活水循环，实现城市中心区水质和透明度再提升，以期形成海绵城市建设的"苏州标准"，打造海绵城市"苏州品牌"。

乡村是中华文化传承的载体，是中华五千年文明之根，没有乡村振兴，就没有共同富裕，乡村振兴关系着广大农民的获得感、幸福感、安全感，是实现共同富裕的必经之路。实现乡村全面振兴，既要有"金色"价值，更要有"绿色"颜值。农村的环境直接影响米袋子、菜篮子、水缸子，只有实现农村生态的良好才能体现文明和谐的"乡村振兴"目标。党的十八大以来，苏州市深入贯彻党中央关于乡村振兴战略的总体部署，坚持"创新、协调、绿色、开放、共享"发展理念，立足苏州乡村实际，充分利用现有丰富资源，厚植乡村生态的绿色底色，提升乡村发展的质量成色，在推进乡村振兴、率先基本实现农业农村现代化征程中，尊重乡村特有田园景观、传统建筑，优化山水、田园、村落等空间要素，统筹推进乡村经济、政治、文化、社会和生态文明建设，注重挖掘保护传统农耕文化、彰显乡土特色风貌，着力打造特色产业、特色生态、特色文化，塑造田园风光、田园建筑、田园生活，建设美丽乡村、宜居乡村、活力乡村，规划建设和培育打造"生态优、村庄美、产业特、农民富、集体强、乡风好"的立足乡土社会、富有地域特色、承载田园乡愁、体现现代文明的特色田园乡村。"十三五"期间，苏州乡村振兴向纵深推进，高水平推动村强、民富、环境美，城乡融合发展水平显著提升。截至2021年年底,全市已评定农村人居环境整治示范镇 20 个、示范村 200 个。昆山市、太仓市分别在 2019 年、2020 年开展的农村人居环境整治获国务院表彰。全市累计培育 121 个特色田园乡村市级试点,49 个村庄被命名为省特色田园乡村,数量和质量领先全省。累计建成市级特色康居乡村 3 038 个、特色康居示范区 53 个。美丽乡村建设迈出坚实步伐,不断擦亮乡村振兴绿色生态底色。

(三) 生态文化与人文素养交相辉映

共同富裕是全体人民共同富裕,是人民群众物质生活和精神生活都富裕。精神生活共同富裕是满足人民日益增长的美好生活需要的重要任务和提高城市文化软实力的重要支撑。苏州推动共同富裕是一项系统工程,涉及很多方面的工作,追求的是由诸多价值目标组成的统一体。党的十八大以来,苏州将生态文明建设与提升市民的人文素养紧密结合起来,全面谋划部署生态文化工作,将生态文化建设作为创建生态示范市县的重要考核指标,深入挖掘生态人文资源,开展生态文化宣传活动,全面倡导绿色生活方式,厚植生态文化根基,提升公民人文素养。以生态文化与人文素养的交融之美,促进"美而文"的苏州美丽文化赋能共同富裕。

"清波一脉通古今",作为世界上开凿时间最早、沿用时间最久、空间跨度最大的人工运河,中国大运河承载了中华民族悠久的历史和灿烂的文明,是中华民族奔流不息的血脉,也是中华文明的重要标识。开凿于先秦时期的大运河苏州段地处江南运河中段,承载着丰厚璀璨的文化记忆,孕育了独具特色的吴地文化,延续着生生不息的中华文脉,是推动共同富裕的不竭动力。近年来,苏州深入贯彻习近平总书记关于大运河文化保护传承利用工作的重要论述,强化规划引领,突出文脉传承,完善综合治理体系,围绕将大运河两岸建成"高品位的文化长廊、高颜值的生态长廊、高水平的旅游长廊"的目标,在持续提高水生态综合水平的同时,把推进大运河文化带建设作为弘扬地域特色文化的重要载体,再绘"姑苏繁华图",持续推进大运河生态保护和文化传承，让绿色成为大运河最动人的色彩，让历经沧桑的千年运河风采依然。作为苏州大运河文化版图上的重要组成部分，苏州高新区以《大运河文化带建设三年行动计划》为导向挖掘历史资源，推进项目建设，弘扬运河文化，努力将大运河文化带苏州高新段打造成具有区域特色的"文化符号"。"江南要冲地、吴中活码头"，千百年来，大运河从苏州高新区北端的浒墅关古镇穿境而过，孕育出商贸、人文等勃勃生机。近年来，作为苏州"运河十景"之一的浒墅关古镇以大运河文化保护为宗旨，对浒墅关重要历史遗迹进行保护与复建，运用最前端的呈现技术，将浒墅关钞关文化、桑蚕文化、席草文化等特色文化与运河文化相结合，遵循新型产业小镇开发理念，打造钞关衙署、浒墅学宫、阅帆楼、仰宸楼、上塘老街五大特色项目；昌阁风桅、龙华晚钟、白荡菱歌等昔日景点，助推大运河文化带建设从"地理空间"走向"文化空间"。"十四五"期间，苏州将着眼于引领未来的战略需求，着手于国计民生的战略工程，着力于共同富裕的战略举措，把大运河文化带和大运河国家文化公园建设，特别是与"运河十景"建设贯通起来，把大运河文化遗产保护、生态环境整体提升、沿线名城名镇的保护修复以及文化旅游融合发展、运河航运转型提升统一起来，在保护中利用，在利用中保护，始终保持并不断创造大运河文化带新的精彩。

  吴头越尾、千年溇港、百年江村，是苏州市吴江区七都镇独树一帜的人文资源。七都镇用费孝通"志在富民"的学术思想指导乡村振兴实践，以延续传统文脉为己任，挖掘当地文化资源，突出文化引领，在提升村容村貌、建设生态宜居美丽乡村的同时，不断丰富文化内核，努力打造"湖光丰韵、鱼耕水韵、溇港古韵、江村新韵"的乡村振兴现实样本，探索出了一条文化引领城镇发展之路，从相对闭塞落后的江南小村庄发展成为一个"富民、小康、开放"的新农村。在七都镇，人们可以去开弦弓村瞻仰学术泰斗，那里有费孝通江村纪念馆、江村历史文化陈列馆等；或者去太湖大学堂体会国学文化的博大精深；还可以去欣赏源于七都洪福木偶昆剧团的木偶昆曲，感受这一民间文化艺术的独特魅力。近年来，七都镇基于特殊区位价值，依托自然生态优势和深厚文化底蕴，系统梳理研究了全域乡村、农业、工业、文化、水系等要素，布局"一厅、两廊、三园"的沿太湖岸线空间结构蓝图。其中，"一厅"即中国江村客厅，"两廊"即沿湖乡振示范廊和环漾乡振示范廊，"三园"即现代渔业园、休闲农业园、高效农业园，促进渔耕、溇港、江村、国学"四种文化"融合共生，做好"太湖"生态经济文章，有效释放水资源生态和人文经济价值，着力推动农文旅产业"精品化""品牌化"，以打造"江村农文旅融合示范区"、创建"美美与共"世界级乡村振兴共同富裕新典范为目标，让乡愁弥漫的七都镇烟火气更足、水乡韵更浓、人文气息更厚重。

（四）制度创新和治理效能协同推进

打造系统的制度体系，被喻为改革发展的"最先一公里"，能为基层实践提供方向和保障。苏州紧密结合自然禀赋实际，牢固树立"大生态"理念，高度重视生态文明建设的制度设计，并摆在发展全局的突出位置，建立健全紧密联系的制度框架，注重系统性布局、协同性建设，将生态文明制度体系优势转化为生态治理效能，推进生态文明制度创新和生态治理效能同步一体地协同发展，促进生态文明建设质量和效益得到极大提升。

生态补偿机制是以保护生态环境、促进人与自然和谐发展为目的，根据生态系统服务价值、生态保护成本、发展机会成本，运用政府和市场手段，调节生态保护利益相关者之间利益关系的制度安排。生态补偿是生态产品价值实现的重要途径，为促进区域协调发展和绿色共富提供重要支撑。2010年7月，苏州在全国率先出台《关于建立生态补偿机制的意见（试行）》，明确提出要让生态环境的守护者通过生态补偿机制获取相应的经济补偿。对基本农田，县级以上集中式饮用水源地保护区范围内的行政村，太湖和阳澄湖及各市、区确定的其他重点湖泊的水面所在行政村等，给予补偿。这不但保护了苏州的生态环境，而且对全国范围内的生态保护，有着积极的示范作用。同年，市财政局等部门又联合下发了《苏州市生态补偿基金专项管理办法》，至此，生态补偿全面实施，成为苏州各级政府的具体行动。2014年10月1日，全国第一部生态补偿地方性法规《苏州市生态补偿条例》（简称《条例》）施行。《条例》共24条，对适用范围、补偿原则、政府职责、补偿范围、补偿对象、补偿标准、审核程序等内容进行了规定。该《条例》填补了国内生态补偿立法方面的空白，在生态补偿机制的法律化、规范化、制度化建设方面起到示范、引领、推动作用。2015年，苏州出台省内首个生态补偿资金管理办法。根据苏州市规范性文件制定的相关要求，以及市政府出台的《关于实施第四轮生态补偿政策的意见》文件精神，2020年市财政局重新制定了《苏州市生态补偿资金管理办法》，明确了部门职责，即"市、区财政部门负责统筹协调本行政区域的生态补偿工作，农业、水务、林业、生态环境等主管部门负责做好本部门职能范围内的生态补偿工作"，并且首次增加了生态环境部门的职责。同时，明确了资金用途，增加了生态补偿资金用途和使用程序。2020年苏州全市投入生态补偿资金8.6亿元，共104.8万亩水稻田、31.76万亩生态公益林、175个湿地村、60个水源地村、10.26万亩风景名胜区得到了补偿。截至2020年年底，11年来全市已累计投入生态补偿资金101.7亿元，促进了苏州生态优势的发挥，有效建立了生态保护者恪尽职守、生态受益者积极参与的生态保护补偿激励机制。

全面推行河湖长制，是以习近平同志为核心的党中央立足解决我国复杂水问题，保障国家水安全，从生态文明建设和经济社会发展全局出发做出的重大决策。苏州市地处太湖下游，灵动的水文化，展现了苏州人健康向上的审美情趣。早在2013年，苏州就对全市的生态红线区进行了全面从严划分。按照"应保尽保、该划全划"的原则，划定了总面积达3 205平方千米的生态红线保护区域，占全市总面积的比例超过37%，为全省最高。生态红线区共有自然保护区、风景名胜区、森林公园、地质遗迹保护区、湿地公园、饮用水水源保护区、重要渔业水域、重要湿地、清水通道维护区、生态公益林、太湖重要保护区等11大类、103块。2017年，苏州市委、市政府按照中央决策部署，坚持问题导向和目标导向，出台《关于全面深化河长制改革的实施方案》，在全市范围推行河长制，进一步完善河长、湖长组织体系。苏州市委书记任第一总河长、市长任总河长。从市、县、乡到村，苏州构建起四级河长体系，5 106名河长、湖长上岗履职，实现了全市河湖河长、湖长全覆盖。河长、湖长治水还带动形成全民治水热潮，许多"民间河长""民间湖长"活跃在苏州治水一线，成为巡查员、宣传员、参谋员、联络员和示范员。在河长、湖长的统筹协调和统一指挥下，各部门协调联动，密切配合，黑臭水体治理力度空前，集中力量啃下了一批河湖管理保护中的"硬骨头"，很多过去难以解决的问题一一得到破解，河湖面貌得到改善，赢得了群众称赞。2019年，苏州市河长制工作经验成功入选由中组部组织编选的《贯彻落实习近平新时代中国特色社会主义思想、在改革发展稳定中攻坚克难案例》，成为全省治水工作唯一入选的案例。2021年，苏州建立"断面长""责任人"直通工作机制，设置国、省考重点关联断面224个，明确了80个国、省考断面县级"断面长"和224个关联断面乡镇级"责任人"，建立了流域协同治理水质评价体系。"断面长""责任人"分别对国、省考断面和重点关联断面水质达标工作总负责，针对断面水质突出问题，通过苏州市生态环境局短信平台向县级断面长进行预警。2021年，苏州市国考断面水质优Ⅲ比例为86.7%，省考断面水质优Ⅲ比例为92.5%，在"十四五"国、省考断面数量大幅增加的前提下，水质保持稳中向好。苏州河长制带来的生态福利不断被释放，"太湖生态岛生态产品价值实现案例"列入自然资源部典型案例，"张家港湾"生态修复入选联合国可持续发展优秀实践案例，"东方水城"重塑"水清、岸绿、景美"的江南水乡风貌，"绿色财富"的家底越来越厚实，人民群众的获得感、幸福感、安全感明显增强。

全国第一部生态补偿地方性法规
——《苏州市生态补偿条例》

在2010年之前,关于生态补偿,我国从国家层面到地方还没有相关方面的专门立法,只有一些原则性规定散见于《中华人民共和国水污染防治法》等法律中,生态补偿工作也处于不断探索阶段。为有效应对人民群众对生态环境保护的强烈诉求,提升苏州市生态文明建设水平,2010年1月22日,苏州市第十四届人民代表大会第三次会议明确提出建立健全生态补偿机制。同年7月,苏州市委、市政府出台《关于建立生态补偿机制的意见(试行)》,苏州在全国率先建立生态补偿机制。2014年5月,江苏省人大常委会批准实施《苏州市生态补偿条例》,这是全国第一部生态补偿地方性法规。

《苏州市生态补偿条例》共24条,明确规定了生态补偿是指主要通过财政转移支付方式,对因承担生态环境保护责任使经济发展受到一定限制的区域内的有关组织和个人给予补偿的活动。同时,对生态补偿的适用范围、补偿对象、支付方式、承担方式、资金使用等内容也进行了规定。《苏州市生态补偿条例》的出台将多年来的实践上升为地方性法规,对生态补偿实行专门综合立法,为生态补偿机制的规范运作提供了法律依据,也使人与自然和谐共生的理念越来越深入人心。2016年,苏州市政府对生态补偿标准进行了调整,相较于2014年来说,市、县两级投入资金提高了4 973.11万元,增幅达30%,有效保障了人民群众生活空间、生产空间与生态空间的优化,进一步推动了人与自然的共生、共存、共荣。

三、为共同富裕打造生态现代化的"苏州样本"

"十四五"时期,我国生态文明建设进入了以降碳为重点战略方向、推动减污降碳协同增效、促进经济社会发展全面绿色转型、实现生态环境质量改善由量变到质变的关键时期。苏州始终牢记习近平总书记对苏州要"在率先、排头、先行的内涵中,把生态作为一个标准"的重要指示,全面落实美丽江苏建设的总体部署安排,全面贯彻新发展理念,站在人与自然和谐共生的高度谋划经济社会发展,坚持节约优先、保护优先、自然恢复为主的方针,形成节约资源和保护环境的空间格局、产业结构、生产方式、生活方式,以高水平规划引领高标准建设,以更高标准建设美丽苏州,打造践行"两山"理念的先行示范、共同富裕的现代化样本。

(一)把"双碳"纳入生态文明建设整体布局

力争2030年前实现碳达峰、2060年前实现碳中和,是以习近平同志为核心的党中央统筹国内、国际两个大局做出的重大战略决策,是着力解决资源环境约束突出问题、实现中华民族永续发展的必然选择,是构建人类命运共同体的庄严承诺。扎实做好碳达峰、碳中和工作,是"十四五"时期的重要任务,可以为共同富裕奠定高质量发展之基。"双碳"战略不能以牺牲经济增长速度、国民财富积累和人民生活水平提高为代价。苏州作为全国工业大市和国家低碳试点城市,碳减排任务繁重而艰巨,要深刻认识实现碳达峰、碳中和目标的重大意义,将"双碳"目标融入政策规划的顶层设计中,切实把系统观念贯穿"双碳"工作全过程,坚定不移走生态优先、绿色低碳的高质量发展道路,把碳达峰、碳中和纳入生态文明整体布局,加快形成节约、集约的生产生活方式,推动经济社会向资源高效利用和绿色低碳发展全面转型。苏州应全面落实国家、省下达的碳排放约束性目标,将碳排放强度降低目标纳入全市高质量发展考核指标,结合经济社会发展实际,制定出台碳达峰实施方案,加快构建碳达峰、碳中和政策框架体系,明确达峰时间、目标、路线图和落实方案,支持有条件的地区和行业率先达峰。大力推动低碳技术和低碳产业发展,针对本地优势产业,加大低碳技术先行先试力度,深化低碳示范试点,探索低碳示范区和示范企业建设,建设一批"近零碳"排放示范工厂,争创国家EOD模式(生态导向开发模式)试点。高标准推进太湖生态岛建设,开展园区循环化和企业绿色节能改造,加快环太湖城乡有机废弃物处理利用示范区建设。推进农业低碳融合发展,深化实施农业绿色发展行动,开展低碳农业建设,推广农业循环生产方式。全面倡导绿色低碳生活,加强绿色消费行为引导,推广节能、可再生能源等新技术和节能低碳节水产品的应用,提倡低碳餐饮,鼓励食用绿色无公害食品,积极推行"光盘行动",提升全社会节能意识和节能能力,形成健康、文明、节约、环保的新生活方式,让低碳可持续成为美丽苏州最坚定的追求,为实现碳达峰、碳中和贡献更多的"苏州力量"。

(二)深入打好"水气土"污染防治攻坚战

近年来,苏州推动"水气土"污染防治的措施之实、力度之大、成效之显著前所未有。"十四五"时期,我国生态文明建设进入以降碳为重点战略方向、推动减污降碳协同增效、促进经济社会发展全面绿色转型、实现生态环境质量改善由量变到质变的关键时期,污染防治触及的矛盾问题层次更深、领域更广,要求也更高。苏州要继续强化大气环境质量目标管理,以持续改善大气环境质量为导向,以$PM_{2.5}$和臭氧协同控制为重点,以优良天数比例稳步提升为主线,全面开展源头治理,编制空气环境质量改善专项规划,加强达标进程管理,巩固提升大气环境质量。严格落实空气质量目标责任制,深化"点位长"负责制,深化固定源、移动源、面源污染治理,实施氮氧化物和VOCs(挥发性有机化合物)协同减排,强化多污染物协同控制和区域协同治理,全力守护"苏州蓝"。继续坚持统筹治理,提升水环境质量。坚持污染减排与生态扩容两手发力，做好"水安全、水生态、水资源、水文化"四篇文章，统筹协调、综合施策，推进上下游、左右岸协同治理，大力推进生态美丽河湖建设，全方位提升河湖生态质量，着力打造"清水绿岸、鱼翔浅底"的景观风貌。持续加大"一江、两湖、两河"保护力度，积极打造生态美丽河湖示范样板。加强水文化遗产保护、传承与利用，提升河湖与水工程文化内涵，打造水文化公共服务设施，加强水文化教育与传播，讲好"苏州水故事"，提升水文化软实力和影响力。大力推进系统协同防控，改善土壤和农村环境，坚持预防为主、保护优先、风险管控，持续推进土壤污染防治行动，强化土壤和地下水污染风险管控和修复，实施水土环境风险协同防控，确保"吃得放心、住得安心"。以"乡村振兴"为统领，深入推进农业农村环境治理，建设生态宜居的美丽乡村，为子孙后代留下美丽家园，绘就乡村振兴共同富裕壮美画卷。

（三）持续加大生态系统保护和修复力度

近年来，苏州在加强生态保护的基础上，不断加大生态修复力度，持续推进国土绿化、湿地和河湖保护修复、水土保持、生物多样性保护等重点生态工程，取得了显著成效。但自然生态系统总体仍较为脆弱，生态承载力和环境容量不足，经济发展带来的生态保护压力依然较大。苏州应牢固树立"山水林田湖草是一个生命共同体"理念，不断坚持尊重自然、顺应自然、保护自然的理念，严守自然生态安全边界，加强重要生态空间保护监管，加大生物多样性保护力度，强化生态系统的稳定性，提升苏州城市生态韧性，促进人与自然和谐共生。继续加强生态安全体系构建，优化市域生态安全格局，着力构建由山林生态屏障、江河湿地团块、水生态廊道与农田生态基质组成的江河湖联动的网络化生态空间格局，提升生态系统质量和稳定性。坚持系统化思维，强化自然生态系统治理修复，统筹考虑自然地理单元的完整性、生态系统的关联性、自然生态要素的综合性，开展山水林田湖草多自然要素整体保护、系统修复、综合治理。编制国土空间生态保护和修复规划，开展生态产品价值实现机制试点，完善生态保护补偿制度。以自然生态保护和修复为核心，严格实施生态空间管控，加强自然保护地管理体系建设，加强湿地生态系统保护修复，逐步建立分级管理、分类保护和恢复的湿地保护管理体系，推进生态安全缓冲区建设，提高水环境承载能力，构建区域生态安全屏障。强化生物多样性保护基础，提升重点生态区域多样性保护水平。以太湖上游入湖河口、长江、京杭大运河等沿线及重要支流汇水区为重点，加大重要湖泊、河流特有水生生物物种种质的养护力度。全力抓好长江大保护，持续推进长江禁渔工作，总体规划生产、生活、生态岸线，管理和使用好每一米沿江岸线。强化全方位、全要素生态空间监督管控，守住自然生态安全边界，促进人与自然和谐共生。

（四）着力构建生态环境现代化治理体系

近年来，苏州坚决扛起生态环境保护重大政治责任，扎实做好生态环境保护执法监管、"放管服"改革、生态环境立法、生态文明制度建设等各项工作，不断健全完善生态环境治理体系，奋力推进生态环境法治建设迈上新台阶，为共同富裕提供生态环境法治保障。随着多领域、多类型、多层面的生态环境问题叠加，经济社会发展与资源环境承载的矛盾依然存在，对加快推进源头治理、精准治理、系统治理，提升治理体系和治理能力现代化水平提出了更高要求。面对新形势、新情况、新问题，苏州应继续聚焦生态环境法规政策、环境管理、执法监管、全民行动等重点领域，着力构建全链条生态环境现代化治理体系，落实各类主体责任，形成有机、协调、良性的社会运行生态，为探索具有苏州特色、时代特征的现代环境治理之路提供坚实的制度保障。不断完善环境治理法规和政策标准，加快推进污染防治类地方性法规、规章的立法和修订进程，逐步完善市级生态环境保护领域法规、规章，形成规范高效的"专业化司法监督+恢复性司法实践+社会化综合治理"审判结果执行机制。健全生态环境管理机制，建立健全生态环境保护工作责任体系，进一步压实"党政同责""一岗双责",完善上下联动、分级负责、条块结合、齐抓共管的责任体系,优化分级分档考核制度,将生态环境保护指标纳入高质量发展考核,考核结果作为干部综合考核评价、奖惩任免的重要依据。优化生态环境执法监管体系,健全市、县(区)、镇(街道)、村(社区)四级环保监管网络,健全完善各类省级以上开发区和功能园区、镇(街道)网格化生态环境监管体系。构建全民行动体系,将生态环境保护融入国民素质教育和现代公共文化服务体系建设议程,强化生态文明思想宣传,积极倡导生态文明公约。举办各类生态文明宣传活动,建设一批生态文明教育实践基地,引导全社会增强对生态文明理念的认同度、接受度和践行度,逐步建立健全苏州特色的环境治理全民行动体系。

宜居指数苏州排名全国第一

在英国经济学人集团研究和分析部门经济学人智库发布的2019年度《全球宜居指数报告》中,苏州位列榜单第75位,超越北京和上海,成为中国内地最宜居城市。经济学人面向全球进行的宜居城市评选已有20多年的历史,《全球宜居指数报告》根据城市安稳程度(25%)、医疗服务状况(20%)、城市文化与环境(25%)、教育(10%)以及基础设施建设(20%)5个因素进行综合评估。最后的结果和排行,则会对跨国公司的投资去处、国际高端人才的流向等产生重要影响,因而全球著名。除了2019年,苏州在2016年、2017年、2018年也都被评为中国内地最宜居城市。苏州以其深厚的文化底蕴和地级市第一的经济实力被认可和关注,便捷的交通、舒适的环境、多元的饮食文化等共同构成了美丽宜居的苏州。

第十一章
在促进跨区域共同富裕中扛起使命担当

多年以来，苏州始终面向全国，为促进跨区域共同富裕体现苏州作为做出苏州贡献。党的十八大以来，以习近平同志为核心的党中央把推动区域协调发展作为我国经济社会发展的重大任务及党和国家工作全局的重要战略。党的十九大提出到 21 世纪中叶"全体人民共同富裕基本实现"，党的十九届五中全会对扎实推动共同富裕做出重大战略部署。从范仲淹的"先忧后乐"到顾炎武的"家国天下"，苏州始终抱有浓厚的天下情怀。当前，我国仍处于社会主义初级阶段，区域发展不平衡不充分问题长期存在，区域协调发展任务艰巨。东西部扶贫协作和对口支援是推动区域协调发展、协同发展、共同发展的大战略，是加强区域合作、优化产业布局、拓展对内对外开放新空间的大布局，是实现先富帮后富、最终实现共同富裕目标的大举措，必须长期坚持下去。

根据党中央、国务院西部大开发开展东西部扶贫协作的战略部署，按照江苏省委、省政府要求，苏州市以强烈的使命感和高度的责任担当，全程参与国家对口帮扶支援政策实施和工作实践，承担的对口支援、扶贫协作任务涉及西藏、新疆、贵州、青海、陕西、四川、重庆、辽宁、江苏 9 个省（区、市），10 个市（州），24 个县（市、区）。在全国脱贫攻坚主战场体现了"苏州担当"、展现了"苏州形象"、打响了"苏州品牌",有力有效地促进了受援地区的经济社会发展。

一、促进跨区域共同富裕的苏州行动

苏州坚定不移贯彻新发展理念,坚持共同富裕发展方向,把"先富带后富"、促进跨区域共同富裕作为自身使命,不断拓展、优化、协作援建工作。苏州承担的对口支援、扶贫协作任务具有"点多、面广、线长"的特征,对口支援新疆三县(阿图什市、巩留县、霍尔果斯经济开发区)、西藏林周县、三峡库区重庆云阳县及青海海南州,东西部协作陕西周至县、青海,对口合作辽宁锦州市和沈抚新区,省内南北挂钩合作宿迁市,结对帮扶合作安徽阜阳市。各前方指挥机构结合受援地实际,大胆创新,勇于实践,注重突出产业帮扶带贫益贫效果,拓展产业增质、增值、增效空间,助力贫困群众脱贫致富,促进内生可持续发展;继续加大产业帮扶力度,帮助培育龙头企业和新型农村经济组织,不断增强集体经济实力,确保巩固拓展脱贫攻坚成果同乡村振兴有效衔接,大力促进跨区域共同富裕。

(一)扎实推动对口支援工作取得成效

1. 对口支援新疆三县

根据习近平总书记关于新疆工作系列指示精神和江苏省委援疆工作部署,苏州紧紧围绕"社会稳定和长治久安"工作总目标,始终坚持把"输血"与"造血"、硬件建设与软件建设、物质支援与文化交流相结合,将苏州发展经验和新疆本土实践相融合,找准产业援疆和乡村振兴工作的突破口和着力点,突出产业招商、聚焦民生福祉、开展民族交流,全力做好援疆工作。

一是聚焦基础民生,推进项目建设。坚持把援建项目实施作为援疆工作的重中之重,积极打造优质样板工程。苏州援疆工作组紧扣当地经济社会发展实际，坚持项目引领，聚焦民生基础，充分发挥援助资金对产业发展、民生福祉的提升作用，集中实施创业孵化中心建设等基础民生工程，围绕受援地城乡住房建设、社会公共事业发展、产业发展、干部人才培训、城乡建设规划等领域大力实施苏州援疆建设项目，民生项目资金占援疆资金比重超80%，体现了民生优先的援疆工作重点。

二是聚力产业培育，推动乡村振兴。苏州援疆工作组积极抢抓"两霍两伊"一体化发展重大机遇，提升产业援助霍尔果斯经济开发区成效。针对当地硅产业链、农产品深加工等产业招商重点，举办招商会、洽谈客商，赴粤、浙、苏等地招商，引进未来纺织等项目计划。苏州援疆工作组积极协调推动苏州工业园区综合保税区和霍尔果斯市综合保税区签署合作共建协议，在规划建设、招商引资、产业发展、业务创新等方面助力霍尔果斯市综合保税区跨越提升。加大霍尔果斯市农产品在苏宣传推介力度，推出苏州援疆产品品牌"苏伊优果"。持续深化镇村结对帮扶，深化"'1+1'帮1"援疆帮扶机制，持续巩固脱贫成果。积极推动消费扶贫，线上线下深度合作拓展巩留是农副产品销售渠道。强化多领域搭建农业产业平台，格达良乡盐碱地改良等一批农牧业项目工程完成，在增加村集体资产的同时，托底农牧民实现长久脱贫。

三是聚焦人才支撑，深化智力援疆。充分发挥苏州人才及教育资源优势，促进受援地干部人才队伍素质提升。苏州援疆工作组积极推进苏州市教育局和霍尔果斯市教育局结对共建，苏霍两地共15所学校签订结对共建协议。苏州工业园区教育部门通过线上云平台实施"远程教研互动课堂"暨"教育质量提升工程"，提升霍尔果斯市中小学教学质量。建立两地医生帮带工作机制，铸造卫生援疆精品，常态化开展常规援疆医疗救治，开展多学科下乡义诊活动，服务农牧区群众，拓展特色公益救助项目，持续实施"琼花救助工程""并蒂莲工程"，推进城乡医疗设施建设，完成疾病预防控制中心卫生应急疫苗、应急装备和医疗设备采购任务，进行阿图什市人民医院老院改造和乡镇卫生院、街道社区卫生服务中心设施设备维修，方便城乡居民就地就近就医。

四是聚焦民族团结，深化交流交往。充分发挥桥梁纽带作用，努力营造民族团结一家亲的浓厚氛围，苏州援疆工作组积极对接各类文旅资源，多渠道搭建边疆文化与江南文化交流平台。如2021年启动"寻访红色记忆·行走美丽边疆"苏州人游霍尔果斯市主题活动，协调苏州多家重点旅行社组织苏州游客来霍旅游，全年累计吸引游客3 000余人。组织苏州知名文创企业开发3个系列30余种霍尔果斯市特色文创产品，组织苏州文博专家赴霍尔果斯市开展重点文物的保护、鉴定等交流并签订合作协议。张家港援疆工作组积极推动张、巩两地优秀文化交流互鉴，加强文化阵地建设，建成二十四小时开放的自助书屋——"石榴籽书屋"，持续擦亮"石榴籽"品牌。推进公共文化服务，选派张家港优秀文化人才开展柔性援疆，在巩留各乡镇、村推广建成100余座"石榴籽书屋"。昆山援疆工作组深入推进结对帮扶、交流培训、捐赠资助等形式多样的交流交往交融活动，昆山各镇与阿图什各乡镇签订结对帮扶协议，精准帮助阿图什各乡镇开展乡村振兴各项工作。开展"书信手拉手活动"，1万余名阿图什中小学生与昆山学生进行书信交流。

2. 对口支援西藏林周县

根据党中央、国务院的部署和中央西藏工作座谈会精神，自1995年起江苏省对口支援拉萨市，苏州市对口支援林周县。从2003年起，苏州在全国援藏工作中首创乡镇结对帮扶，明确对口关系，实现苏州对口支援林周县9个乡镇的"全覆盖"。27年来苏州援藏工作涵盖产业发展、民生改善、社会事业、基层党建、维护稳定等各个领域，形成了以资金援藏、技术援藏、智力援藏、项目援藏、产业援藏、公益援藏为主要形式的多层次、多渠道、综合式的援藏格局，为推动林周经济发展和社会稳定做出巨大贡献。据统计，"十三五"时期，西藏林周县地区生产总值由"十二五"末的11.42亿元增至15.3亿元，增长34%，2018年全县实现1 844户8 576人稳定脱贫。

一是聚焦规划项目，抓紧推进落地见效。苏州援建的林周县高效节水饲草生产示范基地，江热夏乡、边交林乡"幸福路"工程，松盘乡中心小学改扩建工程，林周县人民医院远程超声诊断系统等项目均已竣工，林周县牦牛产业研发和服务中心、数字产业发展中心、卡孜乡康姆桑村易地搬迁配套基础设施提升工程、唐古旅游小镇配套提升工程、春堆乡春堆村"美丽乡村·幸福家园"生态宜居建设工程、旁多乡达龙村"美丽乡村·幸福家园"生态宜居建设工程和交往交流交融工程等项目有序推进。

二是聚力产业援藏，激发内生发展动力。积极促进格桑塘现代农牧产业示范园规模化、集约化、标准化运营，协调推进总投资300万元的格桑塘智慧牧场项目，以就业形式带动低收入群众实现增收。建成总投资1 200万元的高效节水饲草生产示范基地；实施总投资1 800万元的牦牛产业研发和服务中心建设，开展牦牛肉产品研发和精深加工，打造林周牦牛品牌、提升产品附加值。推动唐古旅游服务中心建成运营，实现林周县域精品酒店"零"的突破，编制完成旅游口袋书《拉萨后花园——林周》。

三是聚焦民生改善，提升百姓幸福指数。实施春堆村"美丽乡村·幸福家园"生态宜居建设工程、达龙村"美丽乡村·幸福家园"生态宜居建设工程，开展卡孜乡康姆桑村易地搬迁配套基础设施提升工程，建成江热夏乡、边交林乡"幸福路"工程，持续提升当地农牧民群众、易地搬迁群众的获得感、幸福感、安全感。完成松盘乡中心小学改扩建工程，为学生提供更加优质的教育环境。《2021—2025苏州林周两地教育对口帮扶合作协议》深入实施，苏州、林周两地25所中小学结对帮扶关系进一步强化。苏州市委宣传部向林周县委宣传部援建的"苏萱图书室"建成开放。深化"组团式"医疗援藏，苏州援藏医疗队主持和指导各类手术，开展培训讲座、下乡义诊活动，使农牧民群众得到更优质的诊疗服务。打造"苏林云诊"医疗援藏品牌，开展"苏州—拉萨共享大医生""情暖心窝""援藏光明行"等系列活动，组织多批次林周县卫生专技人员赴苏州挂职培训。

四是深化交往交流，铸牢中华民族共同体意识。苏州各地代表团多批次到访林周，林周县文旅交流考察团、新任村党组织书记集中培训班等也多次赴苏培训。乡镇、部门结对共建持续深化，常熟市海虞镇、工业园区娄葑街道、高新区枫桥街道等赴林周开展结对帮扶活动，苏州市总工会与林周县总工会签订对口援助协议；苏州市农产品质量安全监测中心赴林周县实施农产品质量安全监测帮扶项目；广泛发动苏州慈善总会、团市委、爱心企业等参与各种形式扶贫帮困活动，《人民日报》、"学习强国 学习平分"、新华社江苏分社、新华网等主流媒体纷纷宣传报道西藏林周县援建中的苏州实践与苏州经验。

3. 对口支援三峡库区重庆云阳县

1992年，党中央、国务院做出开展全国对口支援三峡库区移民工作的重大决策；1994年，江苏省安排苏州、无锡、常州、徐州四市对口支援云阳县；1999年，江苏省要求各市筹措资金集中上交省财政，由省组织实施对口支援项目。2021年，为深入贯彻落实习近平总书记关于长江经济带发展和对三峡工程等的重要指示精神，《江苏省对口支援三峡库区重庆市万州区、云阳县和湖北省秭归县合作实施规划（2021—2025年）》正式印发。按照党中央、国务院和江苏省委、省政府关于继续开展全国对口支援三峡库区工作的决策部署，苏州市进一步加大对口支援重庆市云阳县的工作力度，积极促进当地经济社会发展。

一是注重基础设施项目建设。自1994年对口支援重庆市云阳县以来，苏州财政统筹、社会帮扶援云资金，捐赠物资，实施帮扶项目近90个，先后帮助援建少儿图书馆、广播电视中心、第一初级中学、第二初级中学、云阳中学、双江小学、群众文化活动中心等，帮助双江等12个移民乡镇建设希望学校，帮助云阳县医院、中医院、第四初级中学、云阳特殊教育学校和南溪镇、耀灵镇加大基础设施项目建设，有效提升了当地群众的教育、医疗和民生基础条件，极大提升了当地群众的幸福感。

二是多措并举强化人才培育。苏州市积极利用干部培训这个载体，加大对云阳县干部人才的智力支持，先后帮助云阳县培训县属部门乡镇领导干部、企事业单位负责人、移民致富带头人，为云阳县经济建设培养了一批生力军。

三是优势互补实现强企富民。多年来，苏州积极探索依托资金、技术、管理等优势，与利用东西部地区资源优势相结合的产业合作路径，帮助三峡库区做大做强支柱产业，推动实施强企富民工程，为促进云阳县经济发展、解决移民就业、维护三峡库区社会稳定做出了重要贡献。自1997年以来，苏州市积极帮助云阳县移民安置企业云海药业、万力药业和旭达药业生产的药品进入苏州市场，年均实现销售额超4 000万元，累计销售额已超过2.2亿元，位居全国地级市销售榜首位。

4. 对口援建四川绵竹市

按照党中央、国务院要求和省委、省政府的统一部署，2008年，苏州市对口援建四川省绵竹市21个乡镇中的6个镇，分别为：苏州市区—孝德镇、张家港市—东北镇、常熟市—土门镇、昆山市—广济镇、太仓市—齐天镇、吴江市—兴隆镇。在"5·12"特大地震后的2008年8月6日，苏州市派出市区及张家港、常熟、昆山、太仓、吴江5市6个援建指挥组共43名援建干部奔赴极重灾区绵竹。苏州"1+5"模式是江苏"1+20"援建模式的缩影。援建项目主要以学校、医院、安置房、廉租房等民生项目和道路、桥梁、汽车站、自来水厂、文体场馆等公共基础设施项目为主，还包括年画产业基地、产业孵化基地等产业项目。截至2009年9月，受援的6个镇4.6万户受灾农户已全部入住永久性住房。苏州援建的39个项目于2010年

"5.12"前全面竣工交付，提前实现中央提出的"三年援建任务，两年基本完成"目标，项目建设总体进度位居江苏前列。援建绵竹工作于2010年8月结束，与绵竹市的关系转为正常的市县交往关系。

（二）高质量推进东西部协作全面升级

1. 对口帮扶贵州铜仁市

东西部扶贫协作工作是党中央、国务院为加快西部贫困地区扶贫开发进程，缩小东西部发展差距，推动共同富裕做出的重大战略决策。国务院新一轮对口帮扶贵州工作，明确从2013年起苏州市长期对口帮扶贵州省铜仁市。2016年国务院扶贫开发领导小组和省委、省政府明确苏州10个市（区）与铜仁10个区（县）作为携手奔小康行动结对关系，近年来结对工作不断向基层延伸，两市积极互动、紧密合作，帮扶工作从起步磨合向全面纵深发展推进，实现优势互补、共赢发展。

一是加强组织领导，健全工作机制。苏、铜两市分别成立对口帮扶工作领导协调小组，安排挂职干部保证对口帮扶工作的延续性。苏州市10个板块与铜仁市所辖10个区（县）结对，落实习近平总书记提出的"完善结对，深化帮扶"，实施"携手奔小康"行动的要求，形成了全覆盖的对口协作格局。市、县两级党政代表团频繁交流互访，建立了较为密切的沟通联络机制。每年召开联席会议，确定当年的工作重点和中心工作，签订年度对口帮扶合作框架协议，落实责任主体，确保如期完成帮扶任务。各有关部门立足自身职能，突出发挥优势，积极创新帮扶形式，广泛开展对接活动，积极落实对口帮扶建设资金，并制定了项目资金管理办法，在省政府的大力支持和帮助下，建立了资金增长机制。

二是促进产业合作对接，推进共建园区工作。产业对接合作是帮扶的长远之计，双方加强农业、工业、旅游业等领域的交流合作，铜仁在苏州成功举办多场招商推介会，自2015年两市签订共建园区合作框架协议以来，铜仁·苏州共建产业园区各项工作快速稳步推进，以产业为纽带，深化结对帮扶内涵，合作共建工业、农业园区19个，累计有133家企业在共建园区落户。苏州引导250家企业在铜仁投资落户，通过与铜仁市开展产业园区共建工作，铜仁市产业化进程明显加快，产业园区承载能力实现历史性变化。共建园区提升了铜仁产业发展水平，带动了当地人口就业，促进了铜仁经济快速增长。通过不断创新务实合作、发展经营和利益均衡机制，走出了一条多方共赢的发展新路。

三是保障帮扶项目如期实施，拓展丰富帮扶形式。围绕美丽乡村、职业技校、农业产业化、人才培养等四大领域，苏州推动实施一批帮扶项目。截至2021年，苏州参与建设的4所中等职业技术学校、4个历史文化名村基础设施已竣工使用，核桃、中药材等一批特色农业产业化项目形成产出并成功打入市场，铜仁干部在苏培训工作持续推进。同时，苏州组织百名教师、百名医生、百名教授（专家）、百名艺术家、百家旅行社走进铜仁，对口帮扶工作在助推铜仁发展经济的基础上，向教育医疗协作、文化旅游开发、科技人才交流等领域全方位拓展。

2. 对口帮扶陕西周至县

自1996年开始，苏州市与陕西省榆林市建立对口扶贫协作工作关系。两市建立对口扶贫协作关系后，苏州认真贯彻落实党中央、国务院西部大开发的战略部署，按照省委、省政府的要求，坚持"优势互补，互惠互利，长期合作，共同发展"的原则，开展了形式多样的对口扶贫协作工作。2016年12月30日，省委办公厅、省政府办公厅出台的《关于深入推进东西部扶贫协作工作的实施意见》（苏办发〔2016〕55号）文件明确，苏陕扶贫协作工作关系调整为苏州市与西安市结对，重点县（市、区）结对关系为苏州太仓市结对西安周至县，不再与榆林市结对，同对口帮扶铜仁市一起统一到"东西部扶贫协作"范畴。

一是同向发力，提升组织保障合力。苏州太仓市积极探索党政主导、全员发动、全社会参与精准帮扶的有效途径，全面加强组织领导、人才支援、资金支持、产业合作、劳务协作和携手奔小康行动，助力周至县共奔小康。积极召开东西部联席会议，发挥联席会议决策功能，结合周至县实际发展需求，制订扶贫专项工作计划，不断巩固党政干部、教育、卫生、农业、文化、科技等领域专业技术人才相结合的工作格局，发挥人才帮扶能力。

二是产业合作，增强脱贫致富造血机能。周至县政府出台了《支持江苏省社会力量在周至县投资兴业参与产业扶贫的若干意见》等优惠政策，鼓励东部地区企业赴周至投资，太仓全力推进"太周创新产业园"载体项目建设，积极承接引进东部地区产业项目，新引进至太和商贸、伊莱机械等东部企业落户周至。围绕主导产业，聚焦精准扶贫，两地政府出台政策引导保障，积极鼓励市场主体参与协作，周至猕猴桃种植技术被引入太仓，太仓梅山猪原种母猪被引进周至，有效促进了两地种养殖产业提档升级。同时，两地在文化、旅游、商务等领域加大对接交流，在特色农产品销售、文旅资源开发等方面展开合作。太仓邮政公司与周至秦周电子商务有限公司合作在太仓开设周至秦岭农特产品展销中心，投资建立太仓陕西特色农产品太仓物流配送中心，通过在东部地区建立线下实体店推动"陕货进苏"，销售结对地区农特产品。

三是劳务协作，搭建精准帮扶服务平台。两地积极搭建人力资源平台，提高就业技能、增加就业渠道；举办多期培训班，开展贫困人口就业培训。太仓市苏州健雄职业技术学院与周至县教育科技局达成在陕招生对周至籍考生优惠政策的合作框架协议。多次举办"周至—太仓就业扶贫劳务对接暨春风行动"大型招聘会，太仓市援建的"太仓周至人力资源市场"投入使用，在周至县16个乡镇均安装了跨区域公共就业一体化信息平台终端，东部地区用工信息实时动态覆盖周至全县。太仓周至远程视频面试平台的启用为周至劳务人员提供了便捷快速的就业通道，实现就业求职"零成本""未离家已定岗"。同时,"周至太仓劳务协作工作站"在太仓揭牌,两地人社部门签订《跨区域劳动保障权益维护合作协议》等政策文件,切实为周至劳务人员赴苏州就业提供服务保障。

四是创新社会帮扶,携手共奔全面小康。社会帮扶既是脱贫攻坚措施的重要组成部分,又是政府性帮扶的有力补充。太仓、周至两地政府加大宣传力度,引导东部地区企业、公益组织、学校等社会力量参与扶贫协作工作。太仓多家企业、社会组织与周至19个贫困村建立结对帮扶关系,每年通过资金支持、项目建设、人员交流互动等方式开展帮扶工作,帮助贫困村提升产业、改善基础设施。两地相关部门积极探索项目协作共建,总工会"工会爱心驿站"、人社部门"劳务协作工作站"、卫生系统"戒烟门诊"、镇街党建"红印小屋"等一系列项目启用。发挥各界力量,以点带面开展各类公益活动,进一步扩大太仓对口周至东西部协作工作的影响力。太仓市文明办每年发动社会各界捐赠1 000个左右爱心包裹送给周至贫困学生。太仓公益组织连续多年举办"心手相连,共护未来"公益夏令营活动,拉近两地青少年感情交流。太仓市妇女联合会爱心妈妈关爱助学,支助百名周至贫困学生完成学业。太仓市第三人民医院组织"心灵天使走进您"公益团队赴周至骆峪学校开展贫困留守儿童心理健康活动,太仓支医团队开展"糖友俱乐部""校园控烟"等系列关爱健康活动。

(三)深入探索对口合作创新转型路径

在《国务院关于深入推进实施新一轮东北振兴战略加快推动东北地区经济企稳向好若干重要举措的意见》《辽宁省与江苏省对口合作实施方案》等文件明确苏州和锦州及沈抚新区从2017年开始建立对口合作关系后,苏州市认真学习贯彻习近平总书记辽宁考察和深入推进东北振兴座谈会重要讲话精神,落实两省对口合作分工方案,推动与锦州市在城市建设、产业合作、资源共享、载体建设等方面的共赢发展。

一是强化招商引资,拓宽产业合作。强化招商引资,充分利用各类产业投资、招商等平台,拓宽对口合作招商思路和引资渠道,围绕精细化工、金属新材料、先进装备制造、生物医药及大健康等产业,以新能源、消费品、新一代电子信息技术及应用为培育重点,开展建链、补链、延链、强链招商,继续承接长江经济带产业项目转移、落户。形成政府搭台、园区唱戏、科研院所和社会广泛参与的多元化、宽范围、广领域的合作局面。持续推进苏州中元集团与锦州凌河区政府共建的锦州蓝园"蓝朋友"众创空间建设,支持其创建省级众创空间。

二是依托加工优势,搭建农产品交流合作平台。依托苏州果蔬、花生、畜禽、水产品等加工优势,办好中国北方(锦州)农业博览会,发挥"锦州苹果""北镇葡萄""沟帮子熏鸡""黑山北纬42°特色农产品"等品牌优势,组织两市农业品牌企业联合开展特色产品展销活动,促进农产品供给链发展,扩大两市农产品消费市场。

三是挖掘旅游资源,搭建文旅体育合作平台。开展锦州英雄红色之城等"四城"品牌在苏州的落地宣传和营销推介。合力打造锦苏旅游品牌和主题线路,使两地互为旅游客源地和目的地。推进锦州市与苏州市体育领域深度合作,重点推进锦州市体育运动训练管理中心与苏州市体育运动学校在体育领域合作,打开两市体育事业交流合作新局面。

四是打造创业平台,做大做强辽苏合作项目。依托锦州蓝·科技文化创意产业园创建省级众创空间,打造"双创"孵化平台,推进两市创新创业交流发展。依托建成达产的华复创研港产业园项目,引进医疗大健康相关产业项目,构建完善的生物医药产业链。依托推进龙宇十万吨有机颜料项目建设,引进上下游产业链项目,打造有机颜料产业集群。

(四)积极构建省内南北挂钩合作格局

南北挂钩合作是加快苏北振兴、促进区域共同发展的重要战略举措。苏州、宿迁南北挂钩合作历程,呈现出步步深入、层层递进之势。2001 年至 2005 年是以扶贫转移为主体的"南北挂钩"阶段。2001 年 4 月，江苏省委、省政府决定由苏州市与宿迁市开展南北挂钩合作，拉开了苏、宿两市合作的帷幕。在这一阶段，苏州主要对宿迁开展"输血"式帮扶，给予宿迁帮扶资金，转移 500 万元以上的产业项目，帮助转移农村劳动力，培训各类干部等。2006 年至 2018 年是以园区建设为核心的"南北共建"阶段。2006 年 11 月，苏州、宿迁正式签订了关于合作开发建设苏州宿迁工业园区（简称"苏宿工业园区"）的协议，开启两市合作共建园区新时代。双方以共建园区为核心，不断拓宽挂钩合作的广度与深度，形成了全方位、多领域、深层次的合作格局，产业项目从零散落户变为集群转移，合作领域从产业为主转为全面开花。2019 年至今是以改革创新为突破的"互惠共赢"阶段。2019 年 10 月，江苏省委、省政府启动苏宿工业园区高质量拓园发展创新试点。宿迁迎来了新的发展机遇，以苏宿工业园区拓园为代表的新一轮发展周期全面开启，共建园区要素空间、政策空间等得到全面拓展和延伸，江苏省委、省政府制定支持苏宿工业园区拓园发展"十条政策"，出台《关于支持宿迁"四化"同步集成改革推进现代化建设的意见》，从健全管理体制机制、加强干部人才挂职交流、推动卫生教育事业发展等方面，支持苏宿全面加强南北挂钩合作，为双方深化合作注入了强大动力。苏州、宿迁两地通力协作、携手并进，形成产业互补的良好格局，走出了一条南北互通的特色之路。

一是加强政府推动，形成社会帮扶合力。苏州市始终坚持以政府推动为主，各级、各部门协调推进，动员全社会力量共同参与的帮扶模式。每年通过两地政府签订《南北挂钩合作协议》，确定对口挂钩合作的重点和任务，并对年度目标任务进行分解，加强跟踪管理和督促检查。坚持落实党政领导互访机制，苏、宿两市党政主要领导定期开展互访座谈。认真落实苏宿年度挂钩合作协议，层层分解目标任务，增强工作合力。持续有序推进苏宿工业园区拓园发展，定期组织完成园区规划编制工作。积极开展两地科技、教育、卫生、农产品等领域的合作，定期举办干部能力提升培训班，选派教师、医生开展交流。持续深化加强金融等领域合作，定期组织两地政府部门、社会机构、企事业单位加强协作交流，拓展交流合作领域，组织社会力量帮扶。

二是深化对口合作，共建园区成效显著。区域协调发展是苏、宿两市挂钩合作赋予的重要历史使命。共建园区是苏州、宿迁两市深化挂钩合作的创新产物，是宿迁加快发展、苏州加快转型的互惠互利之举。截至2021年，经省政府批准的全省南北共建工业园区共45个，苏州有10个（其中3个为自行结对），占全省结对园区的22%，其中，苏州宿迁工业园连续11年位列全省园区考核第一。作为全省南北共建园区高质量发展先试先行的代表，苏州宿迁工业园区开始尝试作为主体，结合苏、宿两地共建五大县级园区"1+5"联动发展，努力争创国家级经济技术开发区。2021年每平方千米土地预计创造GDP 8亿元、一般公共预算收入1亿元，全员劳动生产率、工业增加值率、万元工业增加值能耗等反映高质量发展要求的指标位居宿迁全市前列。

三是积极引导推进，加快产业转移步伐。为进一步引导和推进苏州产业有序向宿迁转移，两地积极搭建合作交流平台。苏宿工业园区作为两地承接主体，始终坚持"项目为王"理念，狠抓招商引资、项目建设核心关键，持续推进产业转型升级。15年来，苏宿工业园区先后引进100亿元以上项目2个、50亿元以上项目2个、10亿元以上项目12个，累计完成投资420多亿元（其中外资项目投资占比超50%），精密机械、电子信息、新材料新能源三大主导产业成为园区发展的强力引擎。

苏州宿迁工业园区
——江苏省南北共建园区高质量发展先试先行的代表

南北挂钩合作，是江苏省委、省政府加快苏北振兴、促进区域共同发展的重要战略举措，苏州市承担对口帮扶宿迁市的任务。2006年11月，苏州、宿迁正式签订关于合作开发建设苏州宿迁工业园区的协议。2019年10月，苏宿工业园区被列为高质量拓园发展创新试点。2020年4月，苏宿工业园区拓园开工，在全省率先开展高质量创新试点，标志着江苏省南北共建园区进入高质量发展新阶段。

苏宿工业园区的开发建设按照苏州宏观主导、宿迁属地领导原则，健全完善了联合协调理事会、双边工作委员会、园区党工委和管理委员会等3个管理层级。在基础设施资金投入方面，苏宿工业园区通过开发公司和苏州工业园区国资国企累计投入54亿元，建成12纵11横通车路网58千米，园区公舍、污水处理厂、苏宿工业坊、生产力中心、学校、公园、邻里中心等基础配套设施建成投用。在招商工作方面，苏宿工业园区以苏州为主负责实施，专门成立投资促进委员会，出台《进一步加快工业项目招引实施办法》《进一步推进科技创新扶持政策》《推动两岸中小企业合作园区开放发展十项措施》等政策。开发建设以来，初步形成了以电子信息和精密机械为主导的"1+1+N"特色产业体系。

15年来，苏宿工业园区先后引进100亿元以上项目2个、50亿元以上项目2个、10亿元以上项目12个，累计完成投资420多亿元（其中外资项目投资占比超50%），在全省南北共建园区考核中荣膺"十一连冠"，获评6项国家级荣誉、30多项省级荣誉。截至2021年年底，宿迁共承接苏州各类转移项目

952个、计划总投资1 899亿元，到位金额780亿元，累计实现税收123亿元，带动就业近50万人，经济社会效益十分明显。

二、促进跨区域共同富裕的苏州经验

"十三五"期间，苏州市对口帮扶的贵州、新疆、西藏、陕西等4省（区、市）13个贫困县（市、区）全面打赢脱贫攻坚战，近70万人脱贫摘帽，与全国一道实现全面建成小康社会的目标。新发展阶段，苏州市委、市政府深入贯彻落实习近平总书记关于东西部协作和对口支援合作的重要指示精神，围绕党中央、国务院决策部署，做好巩固拓展脱贫攻坚成果同乡村振兴的有效衔接，在开展东西部协作和对口支援合作的过程中，不断丰富对口帮扶工作实践经验，为促进结对地区产业加快发展壮大、巩固拓展脱贫攻坚成果同乡村振兴有效衔接提供了坚实支撑，为促进区域协调发展、构建新发展格局做出了新的贡献。

（一）始终把产业协作作为巩固拓展脱贫攻坚成果的重要基点

苏州在对口帮扶过程中注重突出产业帮扶带贫益贫效果，把产业帮扶项目建在产业链上，把贫困人口镶在利益链上，促进贫困群众与贫困区域协同发展，激活贫困地区发展动力。2020年打赢脱贫攻坚战后，苏州继续加大产业帮扶力度，各前方指挥机构结合受援地实际，在推进结对地区产业发展方面开展了富有成效的工作，受到了国家和结对地区的认可与肯定，具体经验可总结为以下几个方面。

1. 因地制宜加强产业对接，深入推进地区经济发展转型升级

将苏州的人才、技术和产业优势与对口帮扶地区资源优势紧密结合起来，精准谋定产业协作重点，搭建产业交流平台，因地制宜培育

特色产业。如在贵州铜仁对口帮扶过程中,苏、铜已合作共建工业、农业园区 19 个,累计有 133 家企业在共建园区落户,实际完成投资 89.81 亿元,铜仁市产业化进程明显加快,产业园区承载能力实现历史性变化。结合当地产业基础和资源优势,聚焦重点产业,通过登门招商、靶向招商、以商招商等多元化方式,不断提升招商引资效率,积极承接外地产业转移。如在伊犁,援建霍尔果斯前方工作组 2021 年共召开大型推介会 3 场,实施小分队招商 30 余批次,参会及拜访企业逾 500 家,签订意向合作协议 58 个,合同资金逾 80 亿元。根据产业特色及发展需求,协调对接科创资源,促进本土产业创新发展。如在伊犁的对口支援工作中,推动苏州援疆重点项目——"霍尔果斯人力资源大数据产业园"落地运营,相继输送各类人才 3 000 余人次,开展培训 20 000 余人次,成功吸引 25 家科技型、平台型人力资源服务机构入驻,建园当年就实现产值超亿元,对当地经济发展产生了较强的带动作用。

2. 着力培育乡村产业环境,巩固拓展脱贫攻坚成果同乡村振兴有效衔接

苏州在开展东西部协作和对口合作支援过程中,全面提升农村基础设施建设水平,不断改善农村人居环境,着力推进农村现代化。如在伊犁,围绕巩固脱贫攻坚成果助力乡村振兴,集中实施创业孵化中心建设、乡村人居环境整治、高效节水项目建设、农房抗震防灾改造等基层民生工程 16 个;结合乡村产业发展需求,促进优质资源导入,推动形成内外互动、多方联动的工作格局。如霍尔果斯前方工作组协调中科院上海计物所苏州研究院、苏州农业职业技术学院等科研院校与受援地乡场开展合作,建立了 3 个一千亩高品质示范种植基地,推动当地合作社规模化发展、规范化管理和市场化定位。为推进铜仁市万山区电子商务产业发展,苏州投资建立万山区苏高新农产品供应链中心,整合了乡镇电子商务服务中心及村级电子商务站的功能,从根本上解决物流、收发货等"最后一公里"的问题;充分发挥西部地区

特色旅游资源禀赋，不断加大招商引资、帮扶资金投入力度，大力发展文化旅游产业，带动乡村振兴发展。如张家港市与铜仁市沿河县重点打造乌江画廊黎芝峡景区，苏州银行与乌江投资发展有限公司签订融资租赁合作协议。巩留前方工作组全力推进大小莫合旅游景区蜂香驿站等观景平台建成开放。紧密对接港中旅、中传景创、同程旅游、湖北文旅集团等大公司，开展旅游招商，推动港中旅托管库尔德宁景区，实现景区管理开发运营规范化、科学化、长效化。

3. 积极开展两地科技、教育、卫生等领域合作，为受援地产业发展夯实人才基础

拓展交流合作领域，组织多层次人才交流互动，推动形成社会帮扶合力。苏州在苏宿南北挂钩合作中定期举办干部能力提升培训班，选派教师、医生开展交流。持续深化加强各领域合作，定期组织两地政府部门、社会机构、企事业单位加强协作交流，动员全社会力量共同参与。鼓励受援地坚持"走出去"学习，依托苏州丰富的培训资源，对专业技术人员开展培训，鼓励创新创业氛围，提升地区发展活力。从2018年开始，苏州结对地区每年实施贫困村创业致富带头人培训，目前已选送3 000多人到苏州开展培训，回到受援地后，600余人已成功创业，带动5 000多贫困人口实现就业；积极扶持当地教育培训资源，推动优质培训资源向基层延伸。巩留工作组持续加大对县技工学校的支援力度，支持开展大规模职业技能培训，从建设资金、实训设备、品牌专业等方面，助推学校建设，切实为产业持续发展提供坚实的人才支撑。

（二）始终把共建合作园区作为推动区域产业协调发展的关键之举

根据党中央、国务院和省委、省政府关于推进区域协调发展的部署，苏州市委、市政府高度重视，积极抢抓区域协同发展、协调发展和共同发展国家战略机遇，坚持把建设共建园区作为推动结对地区产业高质量发展的重要抓手。苏州本着"政府推动、优势互补，合作共

赢、共同发展"的原则，探索与不同结对地区各类共建园区的合作机制与模式，形成了一批共建园区实践探索样板，取得了显著成效和积累了有益经验，为全省乃至全国的协调发展贡献了苏州力量。当前苏州主要共建园区有22个，其中市内共建2个，省内共建12个，省外共建5个。具体经验可总结为以下几个方面。

1. 以国资国企为引领抱团"走出去"，推广精简高效的管理架构，促进政务政策环境集成优化

在共建合作园区过程中，国资国企采取抱团"走出去"的方式，主导或参与合作园区的开发。在管理架构上，苏宿工业园区构建了"管委会—社工委—居委会"三级管理体系，规范化推动"社区、社工、社会组织"三社联动，"苏州三为主、宿迁三到位"共建经验在全省复制推广。在政务服务方面，苏宿工业园区在全省率先开展区域能评、环评改革和生态环境政策集成改革，行政审批、政务服务效能大幅提高。在组织运营上，针对有条件的共建合作园区推进市场化开发主体合作，依托苏州工业园区输出的品牌、资金、人才、管理与招商经验，由双方成立合资股份公司，负责规划开发、招商引资和经营管理等工作，按照市场化方式充分考虑双方诉求，提升共建合作园区运营效率和发展活力。

2. 聚焦管理理念、管理模式、开发机制，突出苏州工业园区的经验和品牌输出

在共建合作园区过程中，由于政府发包的重资产开发模式存在预算金额高、开发周期长、回报率较低等特点，苏州在发展共建合作园区时，优先考虑轻资产输出模式，结合合作园区发展特点和需求，聚焦管理理念、管理模式、开发机制等进行有目的、有针对性的充分移植，系统导入规划咨询、招商代理、产业导入、委托运营、项目策划等方面成功经验。截至2021年年底，仅苏州工业园区累计外派党政干部104人次，外派工作人员307人次，组织专题培训59场、培训共建合作园区的工作人员1 840名。

3. 顺应产业梯度转移规律，有序推动产业转移

随着苏州各类园区用工成本、商务成本、生活成本上升，早期引进的一些附加值较低的加工贸易企业出现了产业转移的趋势。为鼓励企业、就业、税收留在国内，为园区发展腾出空间，园区积极引导上述项目向合作园区梯度转移。合作共建园区为进一步有序承接产业转移，积极搭建合作交流平台，坚持"项目为王"理念，狠抓招商引资、项目建设核心关键，持续推进产业转型升级。据不完全统计，截至2021年，苏州工业园区累计向合作园区转移项目近百个、投资总额近600亿元，帮助合作园区招商引进项目1 800多个、投资总额1 622亿元。

（三）始终把消费帮扶作为持续增强结对地区可持续发展的重要抓手

围绕贯彻党中央和国务院消费帮扶要求，苏州市每年多次召开市委常委会、市政府常务会议、东西部帮扶协作和对口支援工作部署会议，研究东西部协作及消费帮扶工作，营造社会广泛参与帮扶的良好氛围。2019年全国消费帮扶市长论坛在苏州召开，国家发改委充分肯定了苏州的消费帮扶工作成效和经验。自2021年以来，苏州在受援地实现消费帮扶销售农产品7.2亿元，超过2万名脱贫人口直接受益，有效带动6 000余名农民增收致富。

1. "供应+需求"并联，助力提升供应水平质量

支持受援地做大做强产业规模，提升农产品组织化水平，帮扶打通供应链，助力物流体系建设，提升供应能力。一是强化示范引领，培育市场主体。"十三五"期间，苏州支持铜仁深度贫困地区完成202个产业项目，并形成了德江县和沿河县食用菌、思南县茶叶等特色产业集群，有效带动了12.98万名建档立卡贫困户脱贫。太仓市助推对口帮扶的玉屏侗族自治县（简称"玉屏县"）着力做强"油茶、黄桃、食用菌、生猪"四大主导产业，强化产销对接，着力做大消费规模，助推玉屏县主导产业由弱变强，起到了典型示范作用。二是注

重资源导入，强化龙头带动。苏州高新区苏高新集团与苏州食行生鲜电子商务有限公司合作，在铜仁万山经开区投资 1.5 亿元建设的农产品供应链中心项目，集农产品收购、分拣、加工、检测、包装、冷链配送于一体，2020 年 2 月投入运营后，每年向上海、苏州、无锡三地 200 万户居民提供铜仁绿色优质农产品 5 000 吨以上，真正做到"一头连着贫困地区，一头连着广阔市场"，形成长效发展的、可持续的消费帮扶机制。

2. "线下+线上"并行，助力打通流通销售环节

注重拓展销售渠道，加快流通服务网点建设，打通供应链堵点，拓宽农产品供销渠道。在线上，与阿里巴巴（天猫）、京东（中国特产·贵州馆）等国内主流电商平台以及苏州食行生鲜电子商务有限公司等苏州本地电商企业加强合作，推动结对地区农特产品线上触网畅销。积极发展"互联网+消费"模式，苏州布瑞克农业大数据公司为铜仁石阡县援建农业大数据平台，开创了"农业大数据+品牌农业电商"模式，助力当地农业转型升级和精准帮扶工作。在线下，与苏州农发集团、常熟王四食品集团、常客隆连锁超市等本土农产品龙头企业合作销售铜仁农产品。阿图什前方工作组在昆山开设线下馆——"遇见新疆"名优特产店，助力销售阿图什羊肉、木纳格葡萄、无花果等特色农产品。做优做实招商营销活动，协助受援地在苏州及江苏举办各类农特产品推介会、招商洽谈会。开展"买产品、献爱心、促脱贫"大礼包以及各类农产品展销会等系列消费帮扶活动，鼓励爱心企业、慈善人士等社会力量，优先采购结对地区帮扶产品。

3. "近期+长远"结合，助力消费帮扶落地落实

将消费帮扶纳入"万企帮万村"精准帮扶行动，鼓励民营企业采取"以购代捐""以买代帮"等方式采购脱贫地区农产品和服务，帮助脱贫人口增收致富。发挥行业协会、商会、公益慈善机构等社会组织作用，组织动员爱心企业、爱心人士等社会力量参与消费帮扶公益慈善项目建设。加大结对帮扶单位开展消费帮扶工作力度，将消费帮

扶工作纳入结对帮扶内容。依托中国社会帮扶网和各地电商等平台，针对脱贫地区策划相关活动，推动参与消费帮扶各类主体需求与脱贫结对地区特色产品供给信息精准对接，推广乡村特色美食和美景。利用帮扶日，积极开展消费帮扶活动，引导全社会参与，营造良好氛围。鼓励援受双方联合举办形式多样的农产品产销对接活动，建立长期稳定的产销关系，实现苏州"菜篮子""米袋子"的有效供给和促进受援地帮扶产业健康发展。

苏州太仓全链消费帮扶模式入选全国典型

2021年12月2日，国家发改委召开全国消费帮扶助力乡村振兴典型案例视频推介会，发布了2021年全国消费帮扶助力乡村振兴典型案例名单。太仓"'三抓三强'打造消费帮扶新模式"入选"2021年全国消费帮扶助力乡村振兴入围典型案例"。

消费帮扶作为巩固拓展脱贫攻坚成果、促进乡村全面振兴的重要举措，对于带动脱贫人口等农村低收入人口增收致富，促进脱贫地区特色产业提质增效，激发欠发达地区振兴发展内生动力，推动共同富裕具有重要意义。"十三五"以来，太仓市通过"抓项目强产业，壮大产业发展根系""抓营销破瓶颈，强大产销两端渠道""抓服务强支持，营造全面帮扶氛围"，全面深化消费帮扶工作，携手西部地区构建起"大市场、大消费、大产业"三位一体的全链消费帮扶新模式。

太仓市围绕培育并提升西部地区主导产业核心产品价值和附加值，投入大量资金扶持西部地区发展并壮大其主导产业；围绕东西部两地产销市场对接瓶颈，携手西部地区全力打通产品销售的"堵点"；围绕消费市场端人群，广泛动员社会力量参与消费扶贫工作，扎实做好农特产品产销对接工作。5年来，太仓累计向玉屏、周至地区直接采购带贫农畜牧产品520多万元，助力两地向东部销售扶贫产品2.3亿元，带动近3.5万脱贫人口增收致富。

（四）始终把体制机制创新作为促进区域协同发展的重要保障

对口帮扶是一个系统工程，既离不开市场在资源配置中的基础性地位，也离不开政府的支持、规划和引导。现代经济学的研究成果表明，市场机制和政府机制是调节和推动现代社会经济发展的"两只手"，它们在各自的领域内能够发挥资源优化配置的作用。因此在多层次、多形式、多领域的区域合作中，建立健全制度化的区域合作机制尤为重要。

1. 建立健全工作机制，着力加强组织领导

苏州市委、市政府高度重视对口支援工作，援建伊始，专门成立苏州市对口支援工作领导协调小组实施集中统一领导，常态设立领导协调小组办公室，明确由市发改委具体承担前方、后方日常总体协调和服务保障工作。市委、市政府主要领导和分管领导每年均要组织多次会议，专题研究部署相关工作。同时，由组织部门牵头，按照"政治过硬、业务和组织协调能力强"的要求，定期精心选派援藏、援疆干部赴对口地区轮换任职。各工作组能够根据受援地所需及苏州所能，依托苏州"政府援建"和"产业援建"，充分发挥政府管理优势和企业市场资金优势，确保援建工作有序开展。苏州市发改委与前方工作组建立紧密联系工作制度，加强前后方工作对接协调，定期交流情况交换意见处理问题，确保对口支援工作高效推进。

2. 高标准做好各类管理软件转移，增强受援地区发展软实力

"苏州理念"核心要义是植入先进理念，在做好资金项目援助的同时，更加注重观念、机制援助，突出做好苏州开发和管理经验的输出，全力配合受援地区做好各类开发园区建设。苏州注重紧密结合受援地区实际，坚持把保障和改善民生放在优先位置，统筹兼顾，突出

重点，围绕受援地区经济跨越式发展和社会长治久安等固本强基目标任务，以"苏州理念""苏州效率"扎实高效推进各项援建工作，全面凸显苏州对口援建特色。强调在加大"输血"的同时，更加注重增强受援地经济发展的内生"造血"功能，不断夯实受援地区经济社会发展基础。积极帮助受援地强化人才培训，通过双向挂职、专题培训、技能培训和网络培训等多种途径和方式，有计划地为受援地培养各类干部人才，增强受援地内生发展水平。

3. 努力探索机制创新，拓展对口援建工作内涵

苏州把"园区经验""张家港精神""昆山之路"的成功做法科学嫁接植入到对口援建实践，不断丰富工作内涵。积极探索创新对口援建机制，做到引人与引智并措、筑巢与引凤并施、硬件与软件并重、规定动作与自选动作并进，全力打造党建促援建、创建促援建以及教育、医疗组团援建等具有鲜明特色的苏州援建品牌。进一步深化苏州与受援地区对口支援体系建设，增强受援地区内生发展能力，实现科学发展、跨越发展和长治久安目标，为推动受援地区经济社会持续发展和长期稳定贡献苏州最大力量。

三、促进跨区域共同富裕的苏州实践展望

在新起点新征程上，苏州要全面深化援外工作，立足新发展阶段、贯彻新发展理念、构建新发展格局、推动高质量发展，大力弘扬脱贫攻坚精神，为全体人民共同富裕贡献苏州力量。根据国家脱贫攻坚任务完成后的5年过渡期的要求，苏州援外工作重点从解决建档立卡贫困人口"两不愁三保障"转向实现乡村产业兴旺、生态宜居、乡风文明、治理有效、生活富裕，从集中资源支持脱贫攻坚转向巩固拓展脱贫攻坚成果和全面推进乡村振兴。

（一）持续巩固脱贫攻坚成果，确保不发生规模性返贫

坚持把巩固拓展脱贫攻坚成果作为首要任务，牢牢守住不发生规模性返贫的底线。坚持"输血"与"造血"相结合，将物质上推动高质量发展、改善民生与精神上扶志扶智相结合。要总结运用好过去探索出的有效做法，在持续扩大产业、劳务、消费协作，保持资金安排、人员选派等的基础上，通过共建"区中园"、发展"飞地经济"等方式，充分激发受援地区内生发展动力，持续提升脱贫地区帮扶产业规模和质量，积极打造特色优势产业和劳动密集型产业，发展壮大县域经济，加强与结对地区经济联系，通过发展从根本上改变脱贫地区面貌，不断带动脱贫人口增收。

（二）加快推进农业农村现代化，全面推进乡村振兴

深刻领会以人民为中心的发展思想，推进农业农村现代化，全面推进乡村振兴，促进跨区域共同富裕。持续加强基础设施建设和公共服务资源导入。加强结对地区乡村水、电、路、气、通信、广播电视、物流等重点领域的基础设施扶持力度，加快补齐便民生活设施短板。深入推进与结对地区科技、教育、卫生等领域的合作，提升普惠性、基础性、兜底性民生服务质量。深入挖掘乡村多元价值，推进农业高质高效发展。推进电子商务进乡村，完善产业布局，提升发展层次，提高农业市场价值。积极培育结对地区乡村旅游新业态，推动乡村文化旅游提质升级，促进现代农业与二、三产业深度融合。

（三）聚焦产业链供应链合作，提升合作层次和水平

要立足新发展阶段，把援外工作与服务构建新发展格局结合起来，与受援地现代化建设统筹起来，聚焦产业链供应链合作、能源安全、统一大市场建设，推动有为政府和有效市场更好结合，深化拓展合作领域。引导企业投资，注重发挥市场作用，强化以企业合作为载体的协作模式，充分用好大型展会平台，鼓励引导一批有实力企业到对口地区投资兴业。培育受援地特色产业，继续加大产业

合作力度，集中发展一批特色林果、高效养殖、民族手工业等特色产业项目。加强园区共建，有力有序推进共建园区建设，着力提升双方产业链供应链协作水平，切实增强对口地区"造血"功能和内生发展动力。

第十二章
在推动共同富裕中加强党的全面领导

中国共产党是领导我们事业的核心力量，贯穿于苏州共同富裕行动始终的是党的领导。习近平指出，中国共产党的领导，是中国特色社会主义最本质的特征。历史和现实都证明，没有中国共产党，就没有新中国，就没有中华民族的伟大复兴。中国特色社会主义进入新时代，党中央准确把握当前社会主要矛盾的变化，深入研究不同阶段的目标和举措，把推动全体人民共同富裕作为为人民谋幸福的着力点，部署了三步走推动全体人民共同富裕的发展规划。苏州市委坚决贯彻落实党中央和省委的决策部署，充分发挥党总揽全局、协调各方的领导核心作用，把党的领导贯穿于扎实推动共同富裕的全过程、各领域、各环节，坚持和完善中国特色社会主义制度，把党的领导的政治优势和制度优势转化为扎实推动共同富裕、广泛凝聚各方共识的强大动力和坚强保障。

一、强化政治引领　确保共同富裕始终沿着正确方向前进

正是江南好风景，一步一履总关情。习近平对江苏、对苏州探索现代化、建设现代化、率先实现现代化一直寄予厚望，从 2009 年提

出"勾画现代化目标",到2014年提出"积极探索开启基本实现现代化建设新征程这篇大文章",再到2020年提出"争当表率、争做示范、走在前列"。苏州市各级党组织始终牢记习近平的殷殷嘱托,自觉把苏州各项工作放在大局全局中,为开启社会主义现代化建设新征程、扎实推进共同富裕不断做出新的贡献。

(一)深刻领会共同富裕的内涵要求

苏州市委深入学习领会习近平关于共同富裕的重要论述精神,深刻理解共同富裕的划时代意义、核心要义、本质要求、目标任务和实现途径,增强"四个意识"、坚定"四个自信"、做到"两个维护",始终在思想上、政治上、行动上同以习近平同志为核心的党中央保持高度一致。从进入新世纪到奋进新时代,苏州市委、市政府始终牢记党中央对苏州的殷切期望,强化全局意识、接力意识,坚持一张蓝图绘到底、一任接着一任干,在确定工作思路、工作部署、政策措施中自觉同党的政治路线对标对表,及时校准偏差,谱写"强富美高"现代化新篇章,从市域层面为实现共同富裕做出鲜活诠释。苏州市第十三次党代会提出,围绕"在率先建设全体人民共同富裕的现代化上走在前列",深入践行以人民为中心的发展思想,推动人民生活品质进一步提升。在江苏省第十四次党代会召开后,苏州市委及时制定《关于深入贯彻落实江苏省第十四次党代会精神加快建设社会主义现代化强市的实施意见》,自觉扛起"争当表率、争做示范、走在前列"的光荣使命,坚持以人民为中心的发展思想,把扎实推动共同富裕列为重点工作,做出规划部署。

发挥"关键少数"示范带头作用。苏州市委把学习贯彻新思想作为首要政治任务,聚焦习近平对江苏、对苏州工作重要讲话指示精神,建立健全市委常委会第一议题制度,用新思想领航定向。市委常委会成员第一时间深入学习领会习近平关于全面建成小康社会、开启社会主义现代化建设、推动共同富裕的重要指示批示和重要讲话精神,研究贯彻落实党中央和省委决策部署,深刻理解共同富裕的划时代意义、核心要义、本质要求、目标任务和实现途径，不断提高政治判断力、政治领悟力、政治执行力，坚定不移沿着总书记指引的共同富裕道路奋勇前进。市委常委会理论学习中心组采取专家辅导与研讨交流相结合的方式，多次安排习近平关于共同富裕重要论述精神专题学习，以上率下带动全市党员干部学习领会精神，引导大家不断通过新思想增信心、明思路、找对策，以实际行动坚决做到"两个维护"。

（二）努力汇聚起推动共同富裕的强大合力

充分发挥市委总揽全局、协调各方的领导核心作用。党政军民学，工农商学兵，党是领导一切的。苏州市委建立健全集中领导重大工作的体制机制，建立健全国企党委（党组）和农村、事业单位、街道社区等基层党组织发挥领导作用的制度规定，不断完善党对人大、政府、法院、检察院和政协、民主党派、工商联、人民团体、国有企业、高等学校、有关社会组织等实施领导的制度规定，确保习近平关于共同富裕的重要论述和中央、省委关于共同富裕的决策部署贯彻到各地区、各领域、各方面。市委把扎实推动共同富裕列入市委常委会会议重要内容和年度工作计划、工作要点，持续推动党的领导的政治优势、组织优势、制度优势转化为共同富裕的发展优势。

构建有利于共同富裕的政策体系。坚持问题导向，瞄准阻碍实现共同富裕的薄弱环节，率先探索实现城乡区域协调发展的路径，完善先富带后富的激励帮扶机制和制度设计，提出着力缩小城乡区域发展和不同群体间收入分配差距的政策举措，更加注重向农村、基层倾斜，向困难群众倾斜，在人人参与、人人尽力的基础上实现人人享有。坚持以改革创新为动力，主动承担全国性、全省性的改革试点、探索示范任务，努力在科技创新、数字化改革、分配制度改革、城乡区域协调发展、公共服务、生态产品价值实现等方面先行先试，着力破除制约高质量发展、高品质生活的体制机制障碍，持续推动共同富裕体制机制创新。紧扣共同富裕、全面发展，从人的物质生活、精神生活、生态环境、社会环境和公共服务等方面进行谋划部署，着力打造以社会主义核心价值观为引领、传承中华优秀文化、体现时代精神、具有"江南文化"特色的现代化苏州,实现人民群众精神生活丰富、社会文明进步、人与自然和谐共生的"天堂"苏州。

广泛凝聚社会各方的共识。认真学习贯彻习近平关于全过程人民民主的重要论述精神,准确把握中央人大工作会议重大意义,更加坚定地坚持党对人大工作的全面领导,更加充分地发挥人大代表在全过程人民民主中的重要作用。积极用好人民政协"有事好商量"协商议事工作机制,深刻把握习近平对苏州发展的系列重要指示精神,坚决把贯彻落实党中央和省委决策部署作为重中之重,凝聚各方合力,切实把习近平关心的事、强调的事,把党中央和省委部署的事、交办的事,扎扎实实做好、做到位。2021年,苏州市政协持续开展"有事好商量"协商议事工作,全市累计开展活动4 331次,共围绕城乡协调发展、推动共同富裕、创新发展等方面提出意见建议13 871条,其中94.5%已转化落地。

(三) 加强城乡区域协调发展的统筹谋划

苏州建立健全先富带后富的帮扶机制,积极主动落实长三角一体化发展国家战略,深入实施东西部协作和对口支援合作,持续推进智力支援、产业支援、民生改善、文化教育支援,加大对省外欠发达地区的帮扶力度,探索南北共建园区、"飞地经济"等利益共享模式,努力在率先建设城乡区域协调发展的现代化上走在前列。

加快推进城乡协调发展。坚持党管农村工作和城乡协调发展原则,着力推进体制机制创新,进一步增强城乡协调发展的合力。苏州作为全国农村改革试验区和国家城乡发展一体化综合改革试点城市,承担了全国农村改革试验区试点任务并顺利通过农业农村部验收,在此基础上又承担了股权固化改革、土地承包经营权、"政经分开"改革试点及农村产权交易体系建设等4项国家级农村改革试点任务。截至2021年年底,股权固化改革、土地承包经营权确权登记颁证工作全部完成,"政经分开"改革试点、农村产权交易体系建设有序推进,城乡协调发展的体制机制更加健全，发展活力更加强劲。苏州市第十三次党代会提出了高水平全面小康"四个更加"的要求，持续推动农业强、农民富、农村美、社会文明程度高、体制机制活的发展方向，努力实现高水平城乡协调发展。农业农村发展的好形势，为改善民生质量、促进社会和谐提供了重要支撑，为扩大发展内需、推动共同富裕做出了积极贡献。

积极落实长三角一体化发展国家战略。深入学习贯彻习近平关于长三角一体化发展的重要讲话和指示批示精神，全面落实长三角一体化发展规划纲要，滚动实施三年行动计划，长三角生态绿色一体化发展示范区加快推进，以苏州工业园区为重点带动自贸试验区联动发展，"沪苏同城化"全面提速，苏州成为国内循环重要支点城市、双循环关键枢纽城市。积极探索长三角地区跨区域干部交流任职，首批8名交流干部已到岗。加快推进市内全域一体化，在省内全域一体化上展现更大作为，融入以上海为龙头的长三角城市群一体化发展，依托上海国际化高端平台对接国际合作资源，助力"三省一市"从"各补短板"走向"共拉长板"，以更大力度、更高质量服务长三角一体化发展，在落实国家战略中奋力展现苏州担当、苏州作为。

深入实施东西部协作和对口支援合作。党的十八大以来，苏州市委、市政府深入贯彻落实习近平关于东西部协作和对口支援合作的重要指示精神，在开展东西部协作和对口支援合作过程中重点加强产业协作和消费协作，为促进区域协调发展、构建新发展格局做出贡献。扎实推进共建园区建设，其中，省外共建5个，省内共建12个，市内共建2个，跨国共建3个。在2021年年度考核中，苏州市与宿迁市合作共建的6家园区进入全省前10位，苏宿工业园区连续11年位列全省第一。坚持"政府推动、优势互补，合作共赢、共同发展"原则，推进产业协同发展。助力贵州、新疆、西藏、陕西等4省（区）13个贫困县（市、区）全面打赢脱贫攻坚战，近70万人脱贫摘帽。2019年6月，全国消费帮扶市长论坛在苏州市召开，国家发改委肯定和推广苏州市坚持"政府+社会"并举、"线下+线上"并行、"供应+需求"并联、"硬件+软件"并进的消费帮扶工作经验和成效。

二、强化思想引领　凝聚起共同富裕的强大精神动力

任何伟大的事业背后，必定有一种伟大的精神力量。而任何伟大的精神力量，都不会从天而降，必定来自不断地学习和创新。改革开放以来，苏州一直是个创造发展奇迹的地方。"小康构想"由这里萌发，"城乡一体化"从这里试点，"两个率先"在这里实践。特别是党的十八大以来，在党中央、省委坚强领导下，苏州市委吐故纳新、踔厉奋发，团结带领全市人民创造了许多"不敢想""不可能"的发展奇迹，为接下来苏州探索实现共同富裕凝聚了意志、提振了信心。解读共同富裕的苏州行动，须将目光聚焦于促进苏州成功的强大精神动力。这种动力来源于苏州各级党组织构筑的学习力，和随之迸发出的创造力，也来源于全社会形成的凝聚力。这股精神力量正被运用到苏州高质量发展的具体实践中，也在苏州共同富裕的进程中发挥出巨大作用。

（一）抓实党员干部学习教育，夯实共同富裕的思想基础

开路看先锋，群众看干部。事业的成败关键在人，关键在干部。党的十八大以来，苏州深入贯彻落实习近平重要讲话和指示精神，坚持用新思想解放思想、统一思想。

一是充分运用马克思主义中国化最新成果武装党员干部。马克思主义是党员干部的"看家本领"。苏州市委坚持把学习宣传贯彻习近平新时代中国特色社会主义思想作为首要政治任务，用马克思主义中国化最新成果武装头脑、凝心聚魂，不断提高党员干部的理论思维能力和思想政治水平。根据不同类别、不同层次、不同岗位党员干部的

特点，把学习的普遍性要求与特殊性需要结合起来，提出相应的任务和要求。各级党组织把学习纳入重要议事日程，书记亲自抓，领导带头学，党委会、支委会定期分析学习形势，形成党委统一领导、部门齐抓共管、一级抓一级、层层抓落实的工作格局。充分运用学习讲坛、党员冬训、阅读节、知识竞赛等多种方式和基层党校、党员活动中心、乡镇文化站等载体，发挥各类理论教育讲师团作用，培育社区党员学习中心户，凝聚基层党员学习合力。通过运用丰富的信息化平台载体，有效构建多层次、全方位、立体化的学习网络。

二是建立健全党员教育培训体系。举办领导干部"菜单式"选学讲座，开展"领导干部上讲台"，每年为主体班次、专题讲座、任职培训等各类干部培训教育对象授课。完善党员教育培训相关制度，累计建设远程教育站点2 221个，建立市级党员教育示范阵地47个，组建了市、县两级总计8 515人的师资队伍，摄制党员教育电视片1 421部，市、县两级举办各类示范培训班1 500多期，直接培训党员近22万人次，基层党委实现党员培训全覆盖。不断完善巡学、述学、评学制度，将各县（市、区）、各部门单位党委（党组）理论学习中心组学习纳入年度高质量考核中，将干部教育培训学时纳入干部年度考核中，使学习由"软任务"向"硬约束"转变，由"抓活动"向"促常态"转变。苏州市党员教育培训取得了一定成效，党员队伍整体素质明显提高，基层党组织凝聚力、战斗力不断加强，为实现苏州高质量发展提供了坚强的组织保证和人才保障。

三是党内主题教育扎实开展、成果显著。掌握马克思主义根本立场，最根本的就是彻底践行全心全意为人民服务的根本宗旨。党的十八大以来，按照党中央统一部署，苏州通过开展一系列党内集中教育，把群众立场、群众观点、群众路线落实在解决与群众生活密切相关的衣食住行各个方面，让改革发展成果更多惠及人民。2013年，开展党的群众路线教育实践活动，全市累计投入250亿元兴建30项民生实事项目，实施生态文明建设"十大工程"、老新村改造和燃气管网改造等一批重大项目,在全省率先打造"阳光政务"服务体系;2015年,开展"三严三实"专题教育,全市民生支出累计1 000余亿元,圆满完成10大类24项实事项目;2016年,开展"两学一做"学习教育,制定出台一系列惠民举措,生态文明建设"十大工程"加快实施,年度民生实事项目全面完成;2019年,开展"不忘初心、牢记使命"主题教育,全市解决民生实事5 000多个、解决发展难题2 700多个,建章立制2 400多项;2021年,深入开展党史学习教育,全市实现2 329项重点民生实事落地,推出"惠民利民微实事"3.46万项,有效解决群众和基层"急难愁盼"问题。全市党员干部坚持面对面、心贴心、实打实联系群众,扎扎实实解决好群众最关心、最直接、最现实的利益问题、实际问题,人民群众的获得感、幸福感、安全感不断增强。

四是理论研究持续深化。近年来,"改革开放和高质量发展"理论研讨会、"建设社会主义文化强国"专题研讨会、"全面建成小康社会"理论研讨会等全国性的理论盛会连续在苏州举办,来自全国各地的理论工作者、相关部门负责同志参加研讨,为苏州共同富裕的探索提供了宝贵经验。成立新时代苏州经济文化研究中心,创新组织"社科专家看一线"活动,围绕重大理论和现实问题深入开展研究阐释,推出高质量、高水平研究成果。开展新时代苏州精神研究与弘扬工作,探讨、挖掘新时代苏州精神的本质内涵和价值意义。全面总结苏州高水平全面建成小康社会的成功经验,编纂出版《风正帆悬两岸阔——苏州全面建成小康社会实践与高质量发展探索》等图书。加强新型智库体系建设,开展重大理论和现实问题研究,较好发挥建言资政作用。

传承弘扬"为农民办好事"首创精神
苏州深入开展"我为群众办实事"

1981年7月13日,《人民日报》头版头条刊登长篇报道《沙洲县扎扎实实为农民办好事》,沙洲县(1986年撤县建市改称张家港市)各级干部为农民办好事的经验在全国推广。

党史学习教育中,苏州市弘扬"为农民办好事"首创精神,将人民群众反映的问题征集出来,研究制定出做好事、办实事的项目清单,以实际行动解决群众"急难愁盼"的关切问题。市领导带头开展企业大走访活动,集中走访企业1 140家,收到各类意见诉求1 071条,发出问题交办单,做到事事有回音、件件有答复。全市排出长效工作机制建设项目1 127项,重点项目202项。比如,为有效解决人才住房难题,制定出台《关于加强苏州市人才租赁住房保障工作的若干意见》;再比如,为破解"托育难"问题,制定出台《关于促进托育服务高质量发展的若干意见》;等等。各地各部门也纷纷出台了一批办实事的长效机制,如姑苏区将每月的第二个星期日定为"社情民意联系日",最大限度为群众排忧解难;苏州工业园区打造"诉求快递"平台,一站式解决企业难题;市工业和信息化局构建线上、线下企业服务长效工作机制,为企业"智改数转"提供及时精准服务。以基层党组织(含行动支部)为实施主体,开展"惠民利民微实事"3.46万项,有效形成党员干部全员参与的声势。各地各部门确定了两批共2 329项"我为群众办实事"重点项目并在年内办结,与此同时,遴选出10项重点工作项目,作为政府实事项目和政府长效管理的工作内容加以持续推进。

2022年7月,市委办印发《关于推动党史学习教育常态化长效化的实施方案》,明确提出要进一步巩固党史学习教育成果,

> 聚焦"急难愁盼"、持续办好实事、加强机制建设,持之以恒推动"我为群众办实事"常态化、长效化,让全市人民共享更好发展成果。

(二)深入开展社会宣传教育,凝聚共同富裕的广泛共识

思想的力量最深刻,也最持久。近年来,苏州广泛开展社会宣传教育活动,用思想含量赢得了传播流量,以思想理论培育中国特色社会主义事业的可靠接班人。

一是特色宣讲入脑入心。理论一经群众掌握,便能赋予共同富裕强大的实践力量。近年来,苏州打造"众说学习"理论品牌,积极开展分众化、多层次理论宣传普及教育,深入实施理论宣讲"七进工程",组织近万场"百名局长百场宣讲"及"师说""名家说""新时代青年说""'理论飞燕'进万家"等系列宣讲活动,组织全市2 800余名"百姓名嘴"开展基层主题宣讲活动3.6万余场次,覆盖群众120余万人,有效推动党的创新理论"飞入寻常百姓家"。

二是氛围营造不断加强。坚持"发展上头条",围绕市委、市政府中心工作推出深度报道,统筹网上网下、内宣外宣,策划推出"苏城议事厅"等一批优质节目,建强用好新时代文明实践中心、县级融媒体中心和"学习强国"苏州学习平台,做优《苏州日报》"思想+"理论月刊和市广电总台"学习进行时"特色节目,集中推出一批有深度、有分量的理论文章和研究成果。近年来,围绕改革开放40周年、中华人民共和国成立70周年、中国共产党成立100周年、全面建成小康社会等主题主线,组织推进好"我和我的祖国""永远跟党走"等群众性主题宣传教育活动,联动开展好"壮丽70年 奋斗新时代""奋斗百年路 启航新征程"等大型主题系列报道,精心策划"中国共产党在苏州""苏州人家的小康生活"等大型主题采访,组织实施苏州市"纪录小康工程",主流思想舆论的"能见度""到达率"不断

提升。

三是大力培育和践行社会主义核心价值观。深入贯彻《新时代爱国主义教育实施纲要》《新时代公民道德建设实施纲要》《关于新时代加强和改进思想政治工作的意见》，在全社会厚植爱党、爱国、爱社会主义情感。推进全市各级各类爱国主义教育基地展陈提升，保护管理利用全市现有170家县级及以上爱国主义教育基地、143处红色革命遗址等红色资源。推动理想信念教育常态化、制度化。深入实施"苏州时代新人"培育工程，选树一批时代楷模、道德模范、最美人物、身边好人等先进典型。建成未成年人社会实践体验站171个，不断放大"成长苏州"品牌效应，教育引导青少年扣好人生"第一粒扣子"。

（三）创新弘扬苏州城市精神，提供共同富裕的持续动力

进入新发展阶段，新时代苏州城市精神创新有了新方向、新目标和新动力。创新弘扬苏州城市精神，统筹推进文明培育、文明创建与文明实践，持续提升市民文明素养和社会文明程度，为苏州共同富裕的持续提供强大动力。

一是用新时代的苏州城市精神汇聚发展意志。苏州一直秉持"敢为天下先"的开放创新精神。20世纪90年代苏州创新形成了苏州"三大法宝"——"张家港精神""昆山之路""园区经验"，它们是苏州人民自觉性和主动性的伟大创举，是苏州经济社会迅速发展的催化剂。进入新时代与新发展阶段，苏州在"率先基本实现现代化"、"走全面高质量发展之路"、创建"新发展格局"上"争当表率、争做示范、走在前列"，为全国探路，其尖兵意识更加自觉、标杆意识更加明确、自主创先意识更加强烈。传承苏州"三大法宝"，弘扬新时代苏州精神，再燃干事创业奋斗之火的主旋律，成为中国开辟"自主辐射型现代化道路"的先锋，"崇文睿智、争先创优、开放包容、和谐创新"的苏州城市精神有了更加先锋的气质与内涵。"自主、创先、融和、致远"的新时代苏州精神显露出更加先锋的气质，放射出更加耀眼的光芒。

二是持续提升城市文明程度。在全市域实现全国文明城市"满堂红"基础上，大力实施文明典范城市创建三年行动计划，聚焦环境卫生、文明交通、公共秩序等领域推进三大提升行动，解决现阶段城市文明突出问题。87个单位（家庭）获评全国精神文明建设先进，数量位列全省第一。《苏州市文明行为促进条例》完成立法。创新实施新时代文明实践示范引领工程，建强用好全省首个新时代文明实践研究院，推进"百所千站功能提升工程""百岗千亭站点覆盖工程""百团千项服务优化工程""百行千业资源整合工程"，推动文明实践与文明创建深度融合，打造新时代文明实践"苏州样本"。持续提升新时代文明实践中心（所、站）功能，建成新时代文明实践站2 105个，实现市域全覆盖。成立大院大所新时代文明实践联盟，推动新时代文明实践志愿服务提质增效。建强用好"文明曝光台""文明随手拍"群众性平台，推进"不文明行为"曝光机制建设，深化全域联动、部门联创，坚持绵绵用力、久久为功，推动市民文明素养和社会文明程度稳步提升。持续遴选发布"苏州时代新人"和志愿服务先进典型，以身边人、身边事汇聚向上向善正能量。

一个时代的画卷，底色是人心；一座城市的奋进，关键在精神。党的十九届五中全会在描绘2035年基本实现社会主义现代化远景目标时提出"全体人民共同富裕取得更为明显的实质性进展"，在改善人民生活品质部分突出强调了"扎实推动共同富裕"。苏州全市党员干部、群众争做坚定信仰者、有力传播者、忠实践行者，为共同富裕的苏州行动踔厉奋进。

三、强化组织引领　夯实推进共同富裕的组织基础和人才基础

党的基层组织是党的全部工作和战斗力的基础。苏州市各级党组织始终牢记习近平的殷殷嘱托,全面贯彻党的十九大和十九届历次全会精神,大力推进抓党建促乡村全面振兴和党建引领市域社会治理现代化,以党建"绣花针"穿起基层治理"千条线",全力推动"美美乡村""美美家园"党建品牌建设,以"美美家园"新行动推动"美丽苏州"新实践,引导基层党组织和党员干部在探索率先实现高水平共同富裕中当好组织者、推动者、先行者,不断满足人民群众对美好生活的向往,为推进市域社会治理现代化建设提供了坚强组织保证。

(一) 建强组织体系,广泛汇聚"治"的力量

坚持和加强党组织对基层工作和各类组织的全面领导,积极探索"大村发展、小村治理"模式,持续优化基层党组织设置方式,健全完善覆盖严密、贯通上下、联通左右的组织体系,全面推动建立党组织领导下的自治、法治、德治相结合的乡村治理体系,延伸"组织触角"、推进"组织扎根",以党建"绣花针"穿起乡村治理"千条线",不断将组织优势转化为治理效能。

一是织密基层治理网格。坚持系统推进,构建基层党建"四梁八柱",有效保证各项工作有规可循、有据可依,凝聚起强大合力。建立新时代基层党建"1+2"制度体系,统领全市党建工作,推动全域提升。在农村领域,全面实施"新时代美美乡村新接力"专项提升计划,推动实现"先锋领航·千村振兴"。在城市领域,持续强化"一核两化、三级联动、四方共建",不断推动"1+N"制度文件落地见效。健全"镇(街道)党(工)委—村(社区)党委—自然村(住宅小区)党支部"的基层治理三级架构,实现"支部建在网格上"

"党员进到网格里""服务延伸到网格"三个100%,推进"党建、服务、治理"三网深度融合,确保做到"大事不出村(社区)、小事不出网格"。充分发挥党员先锋作用,合理设置党员楼栋长、党员中心户等,不断延伸"组织触角",推进"组织扎根",全市镇(街道)共有党员志愿者5万多人,平均每人每年提供服务13.5次。规范基层重大事项党组织决策程序,全面推行"四议两公开",推广"大数据+网格化+铁脚板"工作法,不断提高党组织在基层治理中的组织力、行动力、号召力。

二是不断提升"两个覆盖"质量。积极适应经济发展和社会治理新变化新趋势,不断创新党组织设置,探索功能型党组织建设,重点抓好物业企业、业委会、社会组织、农村经济组织等两新组织的党建工作。坚持"人在哪里、党员在哪里,党的建设就推进到哪里",通过横向组建区域化党建联盟,推行"支部+电商""支部+合作社",推动农村党组织在城乡融合发展中有形、有效覆盖。通过健全"一干十支、五级协同"工作体系、推进区域党建工作站建设等有效措施,不断加大党的组织和党的工作覆盖力度。探索实施"美美家园"行动,加强党建引领物业行业、业委会建设,把物业企业和业委会打造成联系群众的重要平台、服务群众的重要力量、推动基层治理的重要载体。

三是坚持发挥支部主体作用。建立新时代基层党建"1+2"制度体系,统领全市党建工作,推动全域提升。在农村领域全面实施"新时代美美乡村新接力"专项提升计划,推动实现"先锋领航·千村振兴";在城市领域持续强化"一核两化、三级联动、四方共建",不断推动"1+N"制度文件落地见效。坚持系统推进,构建基层党建"四梁八柱",有效保证各项工作有规可循、有据可依,凝聚起强大合力。牢固树立党的一切工作到支部的鲜明导向,大力推进行动支部建设,让党支部在基层工作中唱主角。聚焦抗击新冠肺炎疫情、"263""331"专项整治、文明城市创建、垃圾分类等基层治理重点难点,全市共成立行动支部5 000多个，在急难险重任务和重大关键时刻积极发挥党支部战斗堡垒作用和党员先锋模范作用，有效推动了党建工作与中心工作的深度融合。

（二）健全保障机制，筑牢加固"实"的堡垒

党的十九届四中全会强调，要推动社会治理和服务重心向基层下移，把更多资源下沉到基层。苏州始终重视基层、关爱基层，持续加大人、财、物投入力度，推动力量、管理、服务下沉。

一是加强干部人才队伍建设。抓好基层换届工作，认真落实中央和省、市委部署安排，在2021年圆满完成全市2 121个村（社区）"两委"换届工作，书记、主任"一肩挑"比例达97.74%，基本取得了换出一个好班子、选出一个好班长、形成一个好思路的成效。构建具有苏州特色的选、育、管、评、用、激等村书记"专职五级"全链条管理体系，全面落实村书记"县乡共管"，加快推进苏州乡村振兴学堂等"1+8+N"村干部能力提升实训基地建设，让村干部有情怀、有知识、有奔头。深入开展"先锋工程"，健全村（社区）书记激励保障机制，不断提高基层干部待遇水平。率先出台《姑苏乡土人才培养集聚行动计划》，用3年时间统筹培养农业专业、能工巧匠类等乡土人才600名。积极选拔新时代优秀村党组织带头人、优秀村"两委"班子成员、优秀青年骨干等3类人才，2021年已经选拔47名，2022年将继续选拔50名左右，投入项目资助400余万元。

二是推动实施为民服务项目。紧扣民心，大力推动城乡基本公共服务均等化，在政府持续投入基础上，以集体经济为依托办好乡村医疗、养老等民生实事，完善农村基础设施建设，让老百姓分享更多乡村振兴成果，全市行政村双车道四级公路覆盖率、镇村公交开通率均达100%，实现村内入户道路硬化率100%、农村区域供水入户率100%、农村生活污水治理行政村覆盖率100%。按照每个社区每年20万元的标准，全面实施社区党组织为民服务项目，着力解决好群众的操心事、烦心事、揪心事，切实提高广大居民群众的幸福感、获得感、安全感。截至2019年年底，全市共支出专项经费4.4亿元，实施为民服务项目1.2万余个，惠及党员群众600多万人次。涌现出了"当幸福来敲门""楼道花匠""守护夕阳"等一批金牌项目，赢得了百姓口碑。

三是全面建设"海棠花红"阵地。紧扣群众"急难盼愁"问题，持续推进以党群服务中心建设为重点的"海棠花红"先锋阵地建设。聚焦"党建引领、服务聚心"作用，率先制定和落实党群服务中心"三强三优三规范"30条建设运行标准，持续促进各级党群服务中心功能提升、作用发挥，全市2780个党群服务中心全面达标，形成了10分钟党建服务圈，群众在家门口就看得见、走得进，党建成果可以摸得到、带得走，党群服务中心成为党建工作的生动标杆。集中推进"家门口的海棠花"党群服务点建设，精心规划建成2385个"海棠花红"服务中心站点，打造"海棠花开满城红"市域为民服务特色，涌现出一批功能完善、特色鲜明、作用突出的先锋阵地，成为服务党员群众的"先锋枢纽"、推动基层治理的"红色前哨"，真正做到了"阵地建到家门口、队伍沉到网格里、服务送到心坎上"。

（三）聚力乡村振兴，夯实、夯牢"富"的基础

苏州大力开展富民强村先锋行动，使农村党组织成为引领村级集体经济发展壮大的"主心骨"，推动乡村全面振兴，让农民全体富起来。持续推动南北挂钩和对口帮扶支援合作工作，为实现乡村振兴、共同富裕贡献苏州力量。

一是坚持高位推进。在全国研究出台探索率先基本实现农业农村现代化三年行动计划、"四三三架构"评价指标体系，为我国农业农村现代化的实现路径和评价考核树立了"苏州标杆"。22名市领导带头挂钩联系乡镇，将挂钩镇作为乡村振兴联系点，坚持抓镇促村、强村富民，持续扶持集体经济相对薄弱村，着力解决影响农业高质高效发展、农村宜居宜业、农民富裕富足的困难问题。建立市一级率先基本实现农业农村现代化重大项目库，完善既有项目推进机制和储备项目动态管理机制，形成"建成投产一批、开工建设一批、招引储备一批"的良性循环机制，持续缩小城乡之间、村庄之间的建设差距。全力推进党建引领乡村振兴示范区建设，认真抓好《关于全面推进党建引领乡村振兴示范区建设的实施意见（试行）》，2021年全市示范镇（涉农街道）、村覆盖率均超过80%，力争在2022年年底实现示范镇（涉农街道）、村覆盖率均超过90%，为发展壮大村级集体经济保驾护航。

二是着力精准施策。将受到规划管控、资源制约的集体经济相对薄弱村纳入市、县两级巩固提升范围，常态化开展市级机关部门和企事业单位挂钩结对集体经济相对薄弱村，整合各方面资源力量支持乡村发展。持续抓好驻村第一书记选派工作，市、县两级累计派出4批432人次，通过建强村党组织、推进强村富民、提升治理水平和为民办事服务，助力实现巩固拓展脱贫攻坚成果同乡村振兴有效衔接。发布《关于激励关爱重点乡村驻村第一书记，助推苏州农业农村现代化走在前列的八条举措》，建立健全驻村第一书记激励关爱机制，助推苏州乡村振兴、农业农村现代化走在前列，为推动共同富裕打下坚实基础。搭建"红色心桥"村企联建平台，先后落实帮扶资金上千万元，800多个村企业联建项目精准实施，帮助增强村级产业支撑，上一轮100个市定集体经济相对薄弱村村均年稳定性收入达到444万元、人均稳定性收入达到1 379元。

三是强化人才保障。认真做好援派干部集中考核、日常管理、期满轮换和返回等工作，有对口支援和东西部扶贫协作工作经历的干部提拔重用、晋升职级的达100%，持续激励广大援派干部在受援地建功立业，着力为全市南北挂钩和对口帮扶支援合作工作提供坚强组织保证。持续推进苏州市《援派干部人才管理服务办法》落实落地，建立日常联络、述职报告等制度，健全前后、上下、左右之间"三通"机制，及时协调解决有关问题。落实好各类待遇保障，针对艰苦地区的援派干部人才，个性化提供医疗保健服务，定期组织体检、保健疗养。建立家庭走访慰问制度，坚持逢年过节、生病住院、重大困难"三必访"，切实帮助援派干部人才解决后顾之忧，做到全心投入、轻装上阵。

全国第一家以"党员关爱"命名的公募型基金会
——苏州市党员关爱基金会

苏州市党员关爱基金由苏州市委于2010年发起设立。2012年在省民政厅正式登记注册成立了全国首个以"党员关爱"命名、面向社会困难群体定向帮扶的苏州市党员关爱暨帮扶困难群众基金会。同年，张家港市、常熟市、太仓市、昆山市、吴江区5个县（市、区）也同步建立了党员关爱基金会。市级基金通过市场化方式，委托国有企业运作管理，每年收益率固定为10%，实现了基金保值增值。截至2021年，全市党员关爱基金达5.32亿元，其中，市级基金会2.49亿元。

10年来，基金会打造了关爱帮扶生活困难群众的"新载体"，对低保户、低保边缘户、贫困大学生每年开展全覆盖慰问，全市累计发放帮扶资金5亿多元，帮扶困难群众40万户次，帮扶贫困学生1.1万人次。开创了常态化党员关爱帮扶的"新模式"，创造性地把分散、零星的救助变为常态化、规范化的帮扶，把党员自发的捐助变为长期的社会公益事业，通过市场化运作机制，解决了"关爱资金年年捐年年光"的难题。构筑了发挥党员先锋模范作用的"新平台"，市四套班子领导带头，全市党员干部深入基层访贫问苦，先后探索开展了"海棠助学"行动、"海棠助残"行动、抗疫一线"海棠暖心"专项行动等专项帮扶活动，达到了"党员受教育、群众得实惠"的效果。苏州市党员关爱基金会连续两次被省民政厅评为AAAA级基金会，获评苏州市第三届慈善奖,党员关爱帮扶工作经验做法得到中组部、省委组织部的充分肯定。

四、强化党风廉政建设　以有力有效监督扎实推动共同富裕

苏州各级纪检监察机关深刻把握习近平关于推动共同富裕的重要论述精神,充分发挥全面从严治党引领保障作用,把推动共同富裕和纪检监察工作高质量发展紧密结合,找准监督保障执行、促进完善发展的切入点,有针对性地加强政治监督、专项监督、日常监督,持之以恒正风肃纪反腐,在推进党的自我革命、以自我革命引领社会革命的新实践中保障共同富裕。

(一) 加强共同富裕重大决策部署落实的政治监督

苏州坚持党中央决策部署到哪里,监督检查就跟进到哪里,始终心怀"国之大者",把握大势大局,把服务保障共同富裕作为履职尽责的着眼点,加强对把握新发展阶段、完整准确全面贯彻新发展理念、服务构建新发展格局、推动高质量发展等重大决策部署,以及惠民富民、推动共同富裕各项政策措施落实情况的监督检查,坚决纠治贯彻落实过程中出现的政治立场、政治态度、政治原则上的偏差,督促各级党组织和广大党员干部以实际行动践行"两个维护",确保共同富裕相关决策部署落实不偏离、不走样、不打折。

一是聚焦国家战略实施情况跟进监督。督促建好、用好地方政府隐性债务、阳光惠民、污染防治监管平台,加强对国有融资平台、涉农资金的管理,推动中央环保督察及"回头看"、省环保督察通报问题全部整改到位,助力打好"三大攻坚战"。推动在全省率先完成违规减免缓人防易地建设费追缴,督促完成"大棚房"和违建别墅清查

整治、长江流域禁捕退捕等任务。紧盯交通管控、社区防控、疫苗接种等重点环节压实疫情防控责任,开展重大项目、惠企纾困政策落实的专项监督,助力夺取疫情防控和经济社会发展双胜利。督促狠抓化工及危化品、消防安全、道路运输、既有建筑等重点领域专项整治,严肃查处安全生产领域失职失责行为。把政治监督融入"十四五"建设之中,持续推进"四网融合",深化农村集体"三资"监管成效,更好顺应人民群众对美好生活的向往。

苏州推动党委(党组)履行管党治党主体责任。既把方向、做部署,又抓监督、管落实,把党的领导不折不扣落实到共同富裕全过程、各方面。紧盯关键少数,细化加强对"一把手"和领导班子监督的措施,用好谈话提醒、约谈函询、督查问责等方式,督促落实全面从严治党主体责任、执行民主集中制、依规依法履职用权,一级抓一级、层层抓落实,形成推动共同富裕的合力。深化"两个责任"履责记实工作,实现全过程、零距离监督,督促各级"一把手"和领导班子把扎实推动共同富裕作为重要工作来抓,严负其责、严管所辖。打造政治生态监测预警与分析研判"衡镜"系统,不断优化指标体系,定期形成报告,督促问题整改。

苏州与时俱进深化政治巡察。紧扣问题、形成震慑,推动改革、促进发展,充分发挥党内监督利剑和密切联系群众纽带作用。组建市、县两级巡察机构,完善巡纪、巡组、巡审协作配合机制,实现十二届市委任期内巡察全覆盖。组织优化营商环境、防范化解重大风险与制造业转型升级等专项巡察,开展落实"六保"任务专项巡察,推动解决医疗保障、养老服务等立行立改事项。完善对村巡察工作格局,强化蹲点式驻村巡察,巡察村(社区)2 150个,建设村情民意调查数据库,对已巡村(社区)开展提级巡察"回头看"。紧盯"靠粮吃粮"腐败问题,开展涉粮问题专项巡察。苏州被列入全国"市级巡察机构在上下联动中更好发挥作用"试点城市,建立了"一轴三链一支撑"工作模式,市、县联动开展开发区高质量发展专项巡察,建立两级巡察组协同推进、问题共巡、信息共享等机制，着力发现招商引资、举债融资等方面问题。

（二）持续深化整治群众身边的腐败和不正之风

苏州始终牢记"江山就是人民，人民就是江山"，顺应人民群众期待，立足职能职责，及时掌握群众身边腐败和作风问题新情况、新动向，实施一领域一专项、一地域一方案，严肃整治基层"微腐败"，让群众获得感成色更足、幸福感更可持续、安全感更有保障，不断夯实党长期执政的基础。

一是集中整治群众反映强烈的问题。聚焦教育医疗、养老社保、生态环保、安全生产、食品药品安全等与群众生活息息相关的重点领域，深化整治骗取医保金、有偿转诊、停车乱收费、高价殡葬费等问题，严肃查处贪污侵占、截留挪用、吃拿卡要、徇私枉法等行为，着力从源头上解决群众"急难愁盼"问题，把矛盾化解在基层。巩固拓展营商环境监督成果，建好用好营商环境监督平台，督促深化"放管服"改革，推动放得实、接得稳。推动规范行政执法行为，严肃查纠执法过程中的缺位、越位、错位等问题，以监督执纪"硬约束"提升营商环境"软实力"，助力打造宜居宜业环境。

二是开展过渡期专项监督。深化农村集体"三资"监管，督促做好清产核资，推行村级财务"第三方代理"、农村集体资产资源"线上交易"、村级资金"非现金结算"、村务公开"e阳光行动"等5项工作，推广村级财务记账、资产管理、资金支付和产权交易系统"四网融合"，组织开展"纠偏清违镇村行"专项行动，租金欠缴、土地租金与涉农补贴资金"倒挂"等问题得到有效解决，推动巩固拓展脱贫攻坚成果同乡村振兴有效衔接。

三是常态化开展扫黑除恶"打伞破网"。健全线索管理、案件查处、监督防范等机制，截至2021年年底，全市共查处涉黑涉恶腐败和充当黑恶势力"保护伞"的党员干部、公职人员613人，移送检察机关45人，有力维护了社会的公平正义。推进非法金融活动专项治理,推动全面排查涉嫌"套路贷"虚假诉讼案件,684家经营风险较大的问题企业全部整改到位,全市新发非法集资案件实现案件数、涉案人数、涉案金额"三下降"。

四是全力推进廉勤监督网络建设。在市、县(区)、镇(街道)监督全覆盖的基础上,制定加强村(社区)监督体系建设的意见,推动村(社区)纪委书记(纪检委员)兼任村(居)务监督委员会主任,组建村、组廉勤监督员队伍,监督触角直抵"神经末梢"。发挥全市24个县级监委派出监察员办公室作用,统筹镇(街道)、村(社区)监督力量,紧盯村级工程管理、人居环境整治等开展专项监督,截至2021年年底,政务立案1 171件。开发运用基层廉勤监督平台,持续拓展应用场景,"监督二维码"在全市被广泛运用,实现监督力量在平台整合、权力运行在平台监管、群众反映问题在平台解决。

(三)以"零容忍"态度坚决惩治以权谋私、非法致富等行为

苏州各级纪检监察机关始终把严惩腐败和严密制度、严格要求、严肃教育紧密结合起来,充分运用"室组"联动监督、"室组地"联合办案制度机制,通过有效处置化解存量、强化监督遏制增量,督促各级党组织和广大党员干部、公职人员在促进共同富裕中秉公用权、廉洁用权。

一是坚持无禁区、全覆盖、零容忍。坚持重遏制、强高压、长震慑,加大对重点行业领域腐败的惩治力度,聚焦政法领域存在的违反法律、上下勾连,教育领域存在的利用工程招投标谋利、违规选人用人,医疗领域存在的利用高值医用耗材代理准入、品牌推荐等职权谋利,金融领域存在的利用信贷审批权进行变现、违规经商办企业等问题,严肃查处党员干部的腐败行为。持续围绕政策支持力度大、投资密集、资源集中的领域和环节,坚决查处基础设施建设、项目审批、公共资源交易等方面的腐败问题,严肃查处金融等领域腐败案件以及"雅贿""影子公司"等隐性腐败。

二是推进正风肃纪反腐与深化改革、促进治理贯通起来。深入推

进以案促改、以案促治，健全审查调查对象忏悔书、整改建议书和案件剖析报告"两书一报告"制度，促进有效转化、充分利用。在工程建设领域，督促建立市级投资项目代建制，实现投资、建设、监管、使用"四权分离"；在政府采购领域，推动成立统一的政府集中采购机构，加强对代理机构、评审专家的管理，全市政府采购投诉问题连续三年下降；在行政执法领域，推动26家市级行政执法部门制定涉企免罚、轻罚清单，实施包容审慎监管，规范涉企行政执法；在国资国企监管方面，出台加强市属国企党风廉政建设的意见、违规经营投资责任追究办法，推进跨境腐败治理从国企延伸至民企。用好纪检监察建议有力武器，截至2021年年底，累计制发文件694份，推动整治房产交易乱象、清理回收被违规占用土地等问题。

三是切实增强廉政教育实效。坚持从思想源头抓起，促进理想信念教育、纪法教育、警示教育、廉洁文化建设有机衔接，常态化开展纪律教育，督促认真贯彻廉洁自律准则、纪律处分条例，把党章、党规、党纪教育纳入党校主体班次内容。分层分类常态化开展警示教育，建成市党风廉政警示教育基地，以身边事教育身边人，每年召开全市领导干部警示教育大会、制作警示教育片，督促案发单位开展专题警示教育，形成持续震慑。深入挖掘传统文化中的廉洁元素，深化政德文化研究和教育实践，建成全省首家干部政德教育基地"况公祠"，推动党员干部崇尚对党忠诚的大德、造福人民的公德、严于律己的品德。制定实施廉洁文化建设三年行动计划，唱响"江南廉韵"，构筑更具"江南文化"特质、彰显苏州特色的廉洁文化体系。

（四）为共同富裕持续营造风清气正的政治生态

实现共同富裕是一项系统工程，具有长期性、艰巨性、复杂性，需要人们共同奋斗。作风建设关乎党和人民事业兴衰成败。全市纪检监察机关主动适应新时代、新阶段、新要求，与时俱进、精准施策，持之以恒治"四风"、树新风，以作风建设实效促进履职能力提升，以严实作风抓好共同富裕各项决策部署落实，以自身工作"有为"换取人民群众"有感",在推动共同富裕的跑道上彰显担当作为。

一是纠治"四风"顽瘴痼疾寸步不让。锲而不舍落实中央八项规定及其实施细则精神,常态化开展"清风行动"专项督查。深化纠治形式主义、官僚主义顽疾,对在贯彻新发展理念、构建新发展格局中空泛表态、敷衍应付、运动造势等问题坚决查处、严肃追责。严肃整治推动共同富裕进程中打折扣、搞变通,推诿扯皮、玩忽职守、不思进取等不作为问题和不尊重规律、不尊重客观实际与群众需求的乱作为问题,杜绝搞华而不实、劳民伤财的形象工程、政绩工程。深入整治享乐主义、奢靡之风,坚决查处违规吃喝、违规收送礼品礼金、违规发放津补贴福利等问题。坚决查纠违规吃喝行为,严肃查处"吃公函""吃食堂""吃下级""吃老板"等隐形变异问题。党的十九大以来至2021年年底,全市共查处违反中央八项规定精神问题1 579起,给予党纪政务处分1 836人,通报曝光典型案例1 089起,"四风"新发生问题逐年下降。

二是作风建设长效机制日益完善。建立健全作风建设联动督查、会商会审等机制,党委领导、纪委推进、职能部门各司其职的工作格局进一步深化。抓住反复出现、普遍发生的问题,找准症结、分类解决,推动建章立制。严格公务接待审批报销和因公出国境管理,清理规范办公用房和公务用车号牌,完成公务用车改革,实行加油、保险、维修、租赁"四定点"制度。推动建立健全基层减负长效机制,落实精文减会要求,改进文风会风,对督查检查考核事项实施计划管理,规范评比达标表彰创建工作,让基层干部有更多时间和精力抓落实。

三是传统优良作风持续弘扬。积极构建亲而有度、清而有为的政商关系,制定政商交往正负面清单,运行推广营商环境监督平台,引导企业共建"廉洁生态圈"。坚持"三个区分开来",建立实施激励干事担当"1+5"制度体系,截至2021年年底,容错纠错223人,澄清正名223人,改革创新风险备案168项,旗帜鲜明为敢于迎难而上、勇于闯关夺隘、善于创新创造的干部撑腰鼓劲,激励党员干部在共同富裕新征程中担当尽责、干事创业。加强家庭、家教、家风建设,教育引导广大党员干部发扬勤俭节约、艰苦奋斗等优良作风,督促严格管好家属子女,以优良党风政风带动社风民风,为推动共同富裕营造风清气正、积极向上的社会环境。

后　记

实现共同富裕是社会主义的本质要求。以苏州的实践为案例，在全面总结经验的基础上深入研究新时代如何更加扎实地推动共同富裕，是生于斯长于斯的苏州理论工作者应当承担的重要责任。

早在20世纪90年代，我就围绕共同富裕问题进行了多维度的思考和研究。2001年4月，我与中国社会科学院经济研究所李成勋研究员、桁林研究员出席在美国纽约市召开的世界社会主义学者大会。我向大会提交和宣读了"中国西部大开发战略与社会主义共同富裕"论文，受到了与会者的好评。

我一直认为，深入研究共同富裕问题，不能抽象论道，而应该结合地方实践推进。从2008年起，我在昆山大力倡导共建共享的共同体主义，承担了昆山特色价值观研究课题，并对社会主义核心价值体系区域化问题进行了深入研究，总结提炼了"昆山特色价值观"，形成了"两个共同"的核心表述，即"共谋科学发展，同创昆山之路；共建和谐家园，同享全面小康"。在"两个共同"特色价值观的基础上细化衍生出了三大群体价值观，即"富民、亲商、高效、廉洁"的政府价值观，"守法、诚信、履责、创新"的企业价值观和"包容、进取、友爱、奉献"的市民价值观。2009年第24期的《求是》杂志发表了我作为第一作者的《强大精神力量的支撑——昆山践行社会主义核心价值体系的调查》一文。2010年，由我作为主编之一的《昆山特色价值观市民读本》一书出版,起到了凝聚实现共同富裕的思想共识的作用。

关于社会主义共同富裕,马克思主义经典作家的思想博大精深,必须予以深入挖掘和梳理,以利于发挥出为现实服务的重大价值。2012年上海三联书店出版了我与曹峰旗、王海稳合著的《马克思恩格斯弱者权益保护思想》,该书主要阐明了马克思主义学说本质上是弱者权益保护的理论体系,揭示了马克思主义创始人马克思和恩格斯弱者权益保护思想的形成和发展过程,论述了马克思恩格斯弱者权益保护思想作为一个有机整体所涉及的弱者的政治权益、经济权益、文化权益、社会权益以及生态权益保护的诸多丰富内容,在此基础上说明了马克思恩格斯弱者权益保护思想对于推动实现共同富裕的当代价值。

党的十八大以来,共同富裕成为新时代的重大理论问题和重大实践问题。2013年4月22日,我在《人民日报》理论版发表了《切实贯彻共同富裕的根本原则和要求》一文。我在文章中指出,党的十八大报告把"必须坚持走共同富裕道路"作为夺取中国特色社会主义新胜利的八项基本要求之一,强调"共同富裕是中国特色社会主义的根本原则",深刻阐明了在推进中国特色社会主义事业中必须坚持共同富裕的价值追求、原则导向和实践要求。伴随着中国特色社会主义事业的发展进步,共同富裕的价值理念和实践要求应得到更加有力的彰显,努力在经济发展的基础上让全体人民共享改革发展成果,过上幸福美好生活。该文揭示了共同富裕是中国特色社会主义的根本原则,阐述了坚持共同富裕,推动科学发展、和谐发展的重要性,提出了如何构建科学的体制机制,开拓更加宽广的共同富裕之路的实践路径。

《求是》杂志2021年第20期发表了习近平总书记《扎实推动共同富裕》的重要文章,为新时代共同富裕指明了方向。我结合这篇重要文章的精神要义,发表了《新时代共同富裕:内涵、价值和路径》《从人与自然和谐共生视角推动共同富裕研究》《论人类文明新形态对资本主义文明的全面超越》《绿色慈善助力共同富裕研究》《中国式现代化新道路的崭新内容》等论文，在学术界产生了较大反响，一些文章被"中国人民大学报刊复印资料"、"学习强国"平台等全文转载。

2021年10月，苏州市委举办党史学习教育专题读书班暨市委理论学习中心组学习会，邀请我就新时代如何扎实推动共同富裕问题做专题讲座。我从新时代共同富裕的基本内涵、重大价值、主要路径和拓宽苏州共同富裕之路等4个方面，做了深入浅出的讲解，并提出了一些工作建议。会后，有关领导就苏州推动共同富裕的具体实践与我进行了深入交流，触发了我对此进行专题研究的想法。随后，我与有关方面专家领导反复商研，确定成立课题组，围绕"共同富裕苏州行动"课题开展深度研究，系统总结苏州扎实推动共同富裕的经验做法，全面展示苏州在富民强市中不断提高现代化建设水平的最新成就。同时，认真研究分析苏州在扎实推动共同富裕实践中还存在的短板和弱项，进一步明确苏州实现共同富裕的主要路径和主攻方向。在经过多次深入讨论确定了该书的总体框架和工作分工后，课题组就投入了紧张的调研和写作之中。经过半年多时间的努力工作，《共同富裕苏州行动》一书终于按照预期计划得以完成。

《共同富裕苏州行动》入选中共江苏省委宣传部"2022年江苏省主题出版重点出版物"。

本书是集体研究的成果。我撰写了总论并负责统稿。钱洪明、罗志勇、潘超、范俊玉、储萃、孔川、杨征征、胡小君、高云、陆波、周心欣、李湛、葛文慧、白顺阶、卢雄勇、李伟、黄坤、涂仕涛等同志参与了本书相关章节的撰写。

在调研和写作过程中，市委宣传部、政法委，市发改委、教育局、科技局、民政局、人社局、生态环境局、农业农村局、文广旅局、卫健委、统计局、医保局、社科联等部门和单位提供了大量便利和帮助。方伟、温波、毛文元、严健敏、王平、刘锟、曹杰、李伟等同志对文稿的修改完善提出了许多宝贵意见。苏州大学出版社为本书的编辑出版付出了辛勤劳动。在此一并表示衷心的感谢!

由于时间紧、任务重,能力和水平的限制,加上新冠肺炎疫情对调研和写作的影响,本书难免会存在一些疏漏和不足之处,欢迎广大读者批评指正。

方世南
2022 年 8 月 20 日